中国社会科学院国情调研特大项目"精准扶贫精准脱贫百村调研"

精准扶贫精准脱贫百村调研丛书

CASE STUDIES OF TARGETED POVERTY REDUCTION AND
ALLEVIATION IN 100 VILLAGES

李培林／主编

精准扶贫精准脱贫
百村调研·赛鼎村卷

生计转型视野下的牧村贫困治理

林　红／著

社会科学文献出版社
SOCIAL SCIENCES ACADEMIC PRESS (CHINA)

中国社会科学院国情调研特大项目
"精准扶贫精准脱贫百村调研"
项目协调办公室

主　任：王子豪
成　员：檀学文　刁鹏飞　闫　珺　田　甜　曲海燕

总　序

　　调查研究是党的优良传统和作风。在党中央领导下，中国社会科学院一贯秉持理论联系实际的学风，并具有开展国情调研的深厚传统。1988 年，中国社会科学院与全国社会科学界一起开展了百县市经济社会调查，并被列为"七五"和"八五"国家哲学社会科学重点课题，出版了《中国国情丛书——百县市经济社会调查》。1998 年，国情调研视野从中观走向微观，由国家社科基金批准百村经济社会调查"九五"重点项目，出版了《中国国情丛书——百村经济社会调查》。2006 年，中国社会科学院全面启动国情调研工作，先后组织实施了 1000 余项国情调研项目，与地方合作设立院级国情调研基地 12 个、所级国情调研基地 59 个。国情调研很好地践行了理论联系实际、实践是检验真理的唯一标准的马克思主义认识论和学风，为发挥中国社会科学院思想库和智囊团作用做出了重要贡献。

　　党的十八大以来，在全面建成小康社会目标指引下，中央提出了到 2020 年实现我国现行标准下农村贫困人口脱贫、贫困县全部"摘帽"、解决区域性整体贫困的脱贫攻坚目标。中国的减贫成就举世瞩目，如此宏大的脱贫目标世所罕见。到 2020 年实现全面精准脱贫是党的十九大提出的三大攻坚战之一，是重大的社会目标和政治任务，中国的贫困地区在此期间也将发生翻天覆地的变化，而变化的过程注定不会一帆风顺或云淡风轻。记录这个伟大的过程，总结解决这个世界性难题的经验，为完成这个攻坚战献计献策，是社会科学工作者应有的责任担当。

2016年，中国社会科学院根据中央做出的"打赢脱贫攻坚战"战略部署，决定设立"精准扶贫精准脱贫百村调研"国情调研特大项目，集中优势人力、物力，以精准扶贫为主题，集中两年时间，开展贫困村百村调研。"精准扶贫精准脱贫百村调研"是中国社会科学院国情调研重大工程，有统一的样本村选择标准和广泛的地域分布，有明确的调研目标和统一的调研进度安排。调研的104个样本村，西部、中部和东部地区的比例分别为57%、27%和16%，对民族地区、边境地区、片区、深度贫困地区都有专门的考虑，有望对全国贫困村有基本的代表性，对当前中国农村贫困状况和减贫、发展状况有一个横断面式的全景展示。

在以习近平同志为核心的党中央坚强领导下，党的十八大以来的中国特色社会主义实践引导中国进入中国特色社会主义新时代，我国经济社会格局正在发生深刻变化，脱贫攻坚行动顺利推进，每年实现贫困人口脱贫1000多万人，贫困人口从2012年的9899万人减少到2017年的3046万人，在较短时间内实现了贫困村面貌的巨大改观。中国社会科学院组建了一百支调研团队，动员了不少于500名科研人员的调研队伍，付出了不少于3000个工作日，用脚步、笔尖和镜头记录了百余个贫困村在近年来发生的巨大变化。

根据规划，每个贫困村子课题组不仅要为总课题组提供数据，还要撰写和出版村庄调研报告，这就是呈现在读者面前的"精准扶贫精准脱贫百村调研丛书"。为了达到了解国情的基本目的，总课题组拟定了调研提纲和问卷，要求各村调研都要执行基本的"规定动作"和因村而异的"自选动作"，了解和写出每个村的特色，写出脱贫路上的风采以及荆棘！对每部报告我们都组织了专家评审，由作者根据修改意见进行修改，直到达到出版要求。我们希望，这套丛书的出版能为脱贫攻坚大业写下浓重的一笔。

中共十九大的胜利召开，确立习近平新时代中国特色社会主义思想作为各项工作的指导思想，宣告中国特色社会主义进入新时代，中央做出了社会主要矛盾转化的重大判断。从现在起到2020年，既是全面建成小康社会的决胜期，也是迈向第二个百年奋斗目标的历史交会期。在此期间，国家强调坚决打好防范化解重大风险、精准脱贫、污染防治三大攻坚战。2018年春节前夕，习近平总书记到深度贫困的四川凉山地区考察，就打好精准脱贫攻坚战提出八条要求，并通过脱贫攻坚三年行动计划加以推进。与此同时，为应对我国乡村发展不平衡不充分尤其突出的问题，国家适时启动了乡村振兴战略，要求到2020年乡村振兴取得重要进展，做好实施乡村振兴战略与打好精准脱贫攻坚战的有机衔接。通过调研，我们也发现，很多地方已经在实际工作中将脱贫攻坚与美丽乡村建设、城乡发展一体化结合在一起开展。可以预见，贫困地区的脱贫攻坚将不再只局限于贫困户脱贫，我们有充分的信心从贫困村发展看到乡村振兴的曙光和未来。

是为序！

全国人民代表大会社会建设委员会副主任委员

中国社会科学院副院长、学部委员

2018年10月

前　言

　　为贯彻落实党中央"全面建成小康社会"和"精准扶贫"的重大决策精神，中国社会科学院立项国情调研特大项目"精准扶贫精准脱贫百村调研"，"生计转型视野下的牧村贫困治理"荣幸作为该项目子课题之一，并以《精准扶贫精准脱贫百村调研丛书》形式把调研成果呈现给大家。本课题旨在通过甘肃省张掖市肃南裕固族自治县康乐镇赛鼎村的村庄调查，把握其贫困状况、贫困成因、减贫历程、治理成效，以及脱贫后的发展思路、建议等，以期为我国当前处于攻坚阶段的村庄尤其是牧区村庄脱贫提供经验和借鉴。

　　本课题自 2017 年 4 月立项以来，课题主持人陆续前往赛鼎村开展了五次调研。2017 年 5 月 18 日至 5 月 26 日为第一次调研。此次调研：第一，与当地各相关方包括县政府、乡政府、村干部以及村民建立联系；第二，按照项目统一要求，完成部分村、户问卷调查内容；第三，对村干部、村民、乡镇干部进行随机访谈。2017 年 7 月 10 日至 7 月 25 日是第二次调研。此次调研：第一，再次走访了当地各相关方包括县政府、乡政府、村干部以及村民代表；第二，完成项目统一规定动作，包括 1 份村问卷和 61 份入户问卷填答；第三，有针对性地对部分村民、村干部、乡镇干部进行半结构化访谈。后 2017 年 10 月 27 日至 11 月 7 日、2018 年 8 月 13 日至 8 月 17 日、2018 年 10 月 26 日至 11 月 6 日课题主持人又分别开展了三次调研。第一次和第二次调研的主要工作是完成村、户问卷；之后三次调研则以结构化访谈和重点人物再访谈为主，并搜集相关数据资料。

本课题报告撰写主要基于如下四个资料来源：第一，网络、媒体等官方公开信息源的资料梳理，以及前人相关调查和研究梳理；第二，1份"精准扶贫精准脱贫百村调研行政村调查问卷"，61份"精准扶贫精准脱贫百村调研住户调查问卷"，以及地方管理部门相关工作总结、政策规划等资料；第三，29份个人访谈资料，访谈对象包括县政府、镇政府、村"两委"各级干部，以及农村信用社工作人员和村民（贫困户和非贫困户），其中县、镇、村干部14人，建档立卡贫困户2户7人、脱贫户2户2人，男性20位、女性9位，60岁以上老年人5位、30岁以下年轻人4位；第四，以往田野调查资料，课题主持人曾于2008年2月至2009年2月在康乐镇进行了为期13个月的田野调查，在本课题报告撰写过程中适当、有限地采用了前次田野调查的资料和图片。

本书内容由六章构成，开篇分别从贫困的概念认知、扶贫政策的演变脉络、贫困治理的地方实践出发明确了我国贫困治理体系建构的三种基本路径，即概念建构、制度建构和行动建构。基于总体性贫困治理体系建构路径的分析，以甘肃省张掖市肃南裕固族自治县康乐镇赛鼎村为样本村案例，分别从行政化视域（包括县域、镇村不同行政层级视角）、数字化视域（"精准扶贫精准脱贫百村调研行政村调查问卷"和"精准扶贫精准脱贫百村调研住户调查问卷"的数据分析结果呈现）、主体性视域（包括族群、贫困家庭、村镇和县域不同主体对贫困治理的认知和行动）、总体性视域（政治、经济、社会、文化、生态文明建设视角下的村庄发展现状）四方面分析了赛鼎村贫困成因及其治理现状，最后落脚于乡村振兴战略，从人、地、系统三方面提出培育贫困人口脱贫致富的内生动力、最大化牧区发展的资源禀赋优势、构建地方社会系统的适应变异性，与开篇的贫困治理体系建构形成呼应。

需要特别说明，本课题得以顺利完成，离不开师友、学生和肃南县诸多乡亲、同人的善意和支持，但文责由课题主持人自负，与他人无关。

* 访谈编码说明：访谈时间＋受访人姓名首字母＋访谈次数

目　录

导　语

贫困与反贫困，在历时维度上，几乎贯穿了人类社会的发展历史；在共时维度上，它是当今各种社会形态，不论是所谓发达国家还是发展中国家都不同程度存在并需要直面的问题。1995年12月18日，联合国第50次大会正式宣布1996年为"国际消除贫困年"，倡议各国实施强有力的社会政策，采取一系列政治措施特别是加强立法和制定相关规章制度，以有效应对这一社会发展问题，并呼吁全世界"向贫困开战"。

减贫是国际社会21世纪的重要议题。2000年9月，世界各国领导人在联合国总部一致通过了具有历史性意义的《千年宣言》，郑重承诺共同致力于实施八项千年发展目标（MDGs），其中目标一为"消除极端贫困和饥饿"。2015年9月，基于千年发展目标的实现情况，世界各国领导人在联合国峰会上通过了《2030年可持续发展议程》，为当下和未来的人类规划了一个实现尊严、和平与繁荣的全球发展蓝图。该议程涵盖了17个可持续发展目标，并于2016年1月1日正式生效。这17个可持续发展目标中，排在第一位的仍旧是减贫，即"目标1：在全世界消除一切形式的贫困"。[①] 该目标建议各国，确保从各种途径，包括加强合作发展充分调集资源，为发展中国家特别是最不发达国家提供充足、可预见的资源或手段以执行相关计划和政策，消除

---

① 《可持续发展目标1：在全世界消除一切形式的贫困》，联合国官方网站，https://www.un.org/sustainabledevelopment/zh/poverty/，2019年3月22日。

一切形式的贫困；根据惠及贫困人口和顾及性别平等问题的发展战略，在国家、区域和国际层面制定合理的政策框架，加快对消贫行动的投资。从而实现：到 2030 年，按各国标准界定的陷入各种形式贫困的各年龄段男女和儿童至少减半；执行适合本国国情的全民社会保障制度和措施，包括最低标准，到 2030 年在较大程度上覆盖穷人和弱势群体；确保所有男女，特别是穷人和弱势群体，享有平等获取经济资源的权利，享有基本服务，获得对土地和其他形式财产的所有权和控制权，继承遗产，获取自然资源、适当的新技术和包括小额信贷在内的金融服务；增强穷人和弱势群体抵御灾害的能力，降低其遭受极端天气事件和其他经济、社会、环境冲击和灾害的概率及易受影响的程度。

联合国《2018 年可持续发展目标报告》回顾了《2030 年可持续发展议程》实施第三年的进展情况，实现目标 1 "在全世界消除一切形式的贫困"的进度反映了全球贫困与反贫困的基本现状。报告指出：尽管自 1990 年以来极端贫困大幅减少，但这一最严重的贫穷形式依然零星存在；消除贫穷不仅需要人人普及、贯穿人们整个生命周期的社会保障体系，而且需要采取针对性措施，降低人们面对灾害的脆弱性，并解决各个国家特定被忽视地区的问题。[1]2013 年，全球极端贫困率仅为 1990 年的 1/3。最新全球评估数据显示，过去二十年中，全球劳动者所在家庭每人日均生活消费不足 1.9 美元的人口比例显著下降，从 2000 年的 26.9% 下降到 2017 年的 9.2%；全球范围内，年龄在 25 岁至 34 岁之间的极端贫困人口男女比例为 100∶122；生活在贫困线以下的人大多来自两个地区，南亚和撒哈拉以南非洲；高贫困率常见于脆弱和受冲突影响的小国；全世界有 1/4 的 5 岁以下儿童身高低于同年龄段的正常值；截至 2016 年，全球仅有 45% 的人口享

---

① 《2018 年可持续发展目标报告》，联合国官方网站，https://unstats.un.org/sdgs/files/report/2018/TheSustainableDevelopmentGoalsReport2018-ZN.pdf，2019 年 3 月 22 日。

有至少一项社会保障现金福利。① 世界银行报告《贫困与共享繁荣 2018：解构贫困之谜》以一张图清晰呈现了 1990~2015 年全球减贫的成绩（见图 0-1）。

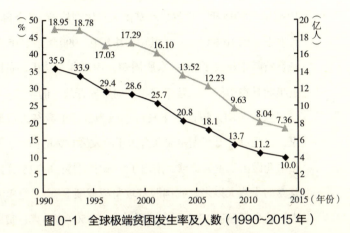

图 0-1　全球极端贫困发生率及人数（1990~2015 年）

资料来源：World Bank, *Poverty and Shared Prosperity 2018: Piecing Together the Poverty Puzzle*, http://www.worldbank.org/en/publication/poverty–and–shared–prosperity, March 22, 2019.

中国减贫行动是全球范围人类减贫行动的一部分，且贡献巨大。2015 年 7 月中国政府提交的《中国实施千年发展目标报告（2000~2015 年）》，② 回顾了过去 15 年来中国的减贫实践和参与全球减贫行动对千年发展目标之"消除极端贫困和饥饿"的贡献：中国贫困人口从 1990 年的 6.89 亿人下降到 2011 年的 2.5 亿人，减少了 4.39 亿人，为全球减贫事业做出了巨大贡献；2014 年中国就业人员总数 7.73 亿人，城镇就业人员总数 3.93 亿人，2003~2014 年全国城镇新增就业累计 1.37 亿人，近十年来城镇登记失业率保持在 4.3% 以下；中国营养不良人口占总人口比例由 1990~1992 年的 23.9% 下降至 2012~2014 年的 10.6%；中国 5 岁

① 《可持续发展目标 1：在全世界消除一切形式的贫困》，联合国官方网站，https://www.un.org/sustainabledevelopment/zh/poverty/，2019 年 3 月 22 日。
② 《中国实施千年发展目标报告（2000~2015 年）》，联合国开发计划署官方网站，http://www.cn.undp.org/content/china/zh/home/library/mdg/mdgs–report–2015–/，2019 年 3 月 22 日。

以下儿童低体重率由 1990 年的 19.1% 下降至 2010 年的 3.6%，5 岁以下儿童生长迟缓率由 1990 年的 33.4% 下降到 2010 年的 9.9%，下降幅度分别为 81.2% 和 70.4%。

实际上，改革开放以来，中国开展的大规模扶贫开发工作取得了举世瞩目的成就，世界银行 2015 年公布的数据显示，从 1990 年至 2015 年，世界极端贫困人口比例从 37.1% 下降到 9.6%，首次下降到 10% 以内；[3] 其中，中国在 1990 年至 2005 年对全球减贫贡献率超过了 3/4；众所周知，1990 年全球极端贫困人口中近半数是在中国。[4] 基于多年"向贫困开战"的努力，中国使 7 亿多农村贫困人口摆脱了贫困，成为世界上减贫人口最多的国家，也是世界上率先完成联合国千年发展目标的国家，为全球减贫事业做出了重大贡献，走出了一条中国特色的减贫道路。[5] 尤其党的十八大以来，我国脱贫攻坚战成绩显著。"每年农村贫困人口减少都超过 1000 万人，累计脱贫 5500 多万人；贫困发生率从 2012 年底的 10.2% 下降到 2016 年底的 4.5%，下降 5.7 个百分点；贫困地区农村居民收入增幅高于全国平均水平，贫困群众生活水平明显提高，贫困地区面貌明显改善。""从总量上看，2016 年底，全国农村贫困人口还有 4300 多万人。"[6]

《社会蓝皮书：2019 年中国社会形势分析与预测》[7] 总结，"脱贫攻坚工作取得阶段性成果，到村到户到人举措成效显著"。2012 年起，中国反贫困战略实践进入以"精准扶贫"重要理念

③ World Bank, World Bank Forecasts Global Poverty to Fall Below 10% for First Time; Major Hurdles Remain in Goal to End Poverty by 2030, http://www.worldbank.org/en/news/press-release/2015/10/04/world-bank-forecasts-global-poverty-to-fall-below-10-for-first-time-major-hurdles-remain-in-goal-to-end-poverty-by-2030, March 25, 2019.

④ Elizabeth Stuart, "China has almost wiped out urban poverty. Now it must tackle inequality", The Guardian, August 19, 2015. https://www.theguardian.com/business/economics-blog/2015/aug/19/china-poverty-inequality-development-goals, March 25, 2019.

⑤ 习近平：《携手消除贫困，促进共同发展——在2015减贫与发展高层论坛的主旨演讲》，《人民日报》2015 年 10 月 17 日，第 1 版。

⑥ 习近平：《在深度贫困地区脱贫攻坚座谈会上的讲话（2017 年 6 月 23 日）》，人民出版社，2017，第 5 页。

⑦ 李培林、陈光金、张翼主编《社会蓝皮书：2019 年中国社会形势分析与预测》，社会科学文献出版社，2018，第 1~25 页。

为引领的脱贫攻坚新阶段。五年来（2012~2017年），中国脱贫攻坚工作取得了决定性进展和历史性成就，贫困人口减少近7000万，相当于每分钟至少有26人摆脱了贫困；贫困发生率由10.2%下降到3.1%；贫困县数量首次实现了减少，减少了153个。中国脱贫攻坚实践更加注重深度贫困地区的脱贫攻坚转变，2018年8月出台的《关于打赢脱贫攻坚战三年行动的指导意见》为今后三年的脱贫攻坚制定了时间表和路线图，25个部门共出台26个支持深度贫困地区脱贫攻坚的政策文件，中央财政补助地方专项扶贫资金达到1060.95亿元，并新增200亿元资金全部用于支持深度贫困地区脱贫攻坚。到村到户到人的精准扶贫工作措施进一步强化。2018年出台了10项到村到户到人的举措：加大产业扶贫力度，全力推进就业扶贫，深入推动易地扶贫搬迁，加强生态扶贫，着力实施教育脱贫攻坚行动，深入实施健康扶贫工程，加快推进农村危房改造，强化综合保障性扶贫，开展贫困残疾人脱贫行动，开展扶贫扶志行动。随着十项扶贫举措到村到户到人，预计到2020年底将有1000多万贫困人口摆脱贫困，贫困村将退出60%以上，贫困县将摘帽50%左右。

第一章

贫困治理体系建构

第一节　贫困作为一种概念建构

"贫困"一词作为一种语言学意义上的能指，在不断更新其所指的过程中逐渐演化为政治、经济、社会、文化、生态等面向不同制度体系的一个基础性概念。

"贫困"的定义需要区分如下三种情况：其一，低于一个客观确定的绝对最小值为贫困；其二，低于社会中的其他一些人为贫困；其三，自我感觉生活需要不足者为贫困。其中，定义一是绝对贫困概念，定义二是相对贫困概念，定义三则兼而有之；定义一和二是客观性概念，定义三是主观性概念。从这三种定义可以引申出各种不同定义，每个定义又可能推导出对贫困程度及贫困线的不同评估。①

定义一，低于一个客观确定的绝对最小值为贫困，可以引

① 奥迪·海根纳斯、克拉斯·德沃斯：《贫困的定义及测定》，《统计研究》1991 年第 2 期（张宏性译自荷兰《人类资源》XXIII.2），第 77~80 页。

申出如下四种定义：①基本需求法。这种方法根据食品、衣着和房租等"基本需求"定义一个最小值。对每一项需求的最小数量进行估值后，它们相加之和就是收入的贫困线。②食品与收入之比。这一贫困定义是建立在恩格尔定律基础之上的，该定律指出随着收入的增加，食品与收入之比值将下降。因此，绝对的最小值可以此比值算出。③固定费用与收入之比。荷兰社会政策中使用的一个贫困指数叫作家庭固定费用与总收入之比，对这个定义的异议主要在于随着能源价格的上涨，许多低收入家庭的固定费用也有所上升。而在固定的收入水平和社会津贴下，他们的可支配收入明显地减少了。④总支出与总收入之比。此定义是指当某人入不敷出，即他必须借款或动用储蓄以维持生计时就被认为是贫困。

定义二，低于社会中的其他一些人为贫困，此定义是建立在相对不足理论上的。它包括两方面，一个是相对于收入定义，另一个是相对于各种商品定义；仅从后一种定义即可引申出第五种贫困的定义，⑤对于各种商品的相对不足。当家庭中缺少某些在社会中已普及的商品时，该家庭即被认为是贫困的。具体做法是选定一个标准的消费模式作为社会普遍情况的代表，与之相比，家庭中缺少的东西越多，其不足程度越大，因而越贫困。

定义三，自我感觉生活需要不足者为贫困，该定义建立在社会调查基础之上，考察各家庭自认为"正好"的收入水平，如果他们的实际收入低于这个水平即被认为处于贫困，这种定义的前提是每人需享受相同的社会福利待遇。由此定义又可引申出两种贫困的定义：⑥主观最小消费定义，一种调和主观贫困定义和基本需求定义的方法是询问人们什么是他们的基本需求，并说明为得到这些必需品需要多少"收入"；⑦官方确定的最小值，官方确定的最低收入水平是一种重要的衡量标准。一个家庭的实际人均收入低于或等于那些享受社会津贴的人所得到的收入时，据官方规定，这些人都属贫困之列。

相关研究发现，以上三种定义延伸出的七种贫困定义中，①基本需求法，⑥主观最小消费定义，⑦官方确定的最小值，这三种定义描述贫困的效果相对于其他几种定义更好，也被各国普遍参照。

国际社会进一步从这些有效的贫困定义出发延伸出了一套关于贫困的权利话语。联合国这样定义"贫困"：本质而言，贫困是一种对选择和机会的否定，一种对人类尊严的侵害；它意味着缺少有效参与社会的基本能力；它意味着一个家庭无法吃饱穿暖，无法获得教育或医疗，没有可以耕种食物的土地或没有可以谋生的工作，无法获得贷款；它意味着个体、家庭和社区面临一种风险、无力和排斥感；它意味着容易受到暴力侵害，通常也意味着生活在边缘化或脆弱性环境中，无法获得清洁水资源或卫生条件。① 世界银行认为，贫困是一种显性的幸福剥夺，且由多方面构成，包括低收入和无法获得可供尊严生存的基本物资和服务；贫困还包括低水平的健康和教育，无法获得清洁水资源和卫生条件，无法获得充分的人身安全保障，缺少发声渠道，改善生活的能力和机会不足。② 贫穷不仅表现为缺乏收入和资源导致难以维持生计，还表现为饥饿和营养不良、无法充分获得教育和其他基本公共服务、受社会歧视和排斥以及无法参与决策。③ 这些代表性的定义，都认为贫困是一种权利剥夺形式，包括各种权利形式，例如人的生存权、发展权、生命权、环境权、政治权，而这些权利的实现关乎人之为人的尊严，指向社会公平乃至全球正义。

不同时期的学者，既有社会学家又有经济学家，对贫困做

① UN, Indicators of Poverty & Hunger (the UN Definition of Poverty is cited in this report, and it comes from the UN Statement, June 1998 – signd by the heads of all UN agencies), https://www.un.org/esa/socdev/unyin/documents/ydiDavidGordon_poverty.pdf, March 26, 2019.

② World Bank, Poverty Home, http://www.worldbank.org/en/topic/poverty, March 26, 2019.

③ 《可持续发展目标1：在全世界消除一切形式的贫困》，联合国官方网站，https://www.un.org/sustainabledevelopment/zh/poverty/，2019年3月22日。

出了诸多定义，大致可归为如下六种：①贫困是生活必需品的缺乏；②贫困是指相对较少的一种状态；③贫困是指收入较少而无力供养自身及家庭的一种低水平的生活程度；④贫困是指经济收入低于当时、当地生活必需品购买力的一种失调状况；⑤贫困是因无适当收入或不善使用（开支），无法维持基本生活以及改善健康条件和精神面貌去做有用工作的一种社会状况；⑥贫困是作为某一特定社会中特定家庭的特征的一个复杂的社会经济状态，现在仍然存在的绝大部分贫困是大量的经济不平衡之结果。① 第一种定义强调了生活必需品，指向基本生存需求不足的绝对贫困概念；第二种定义强调一种相对性，指向相对贫困概念；第三、四、五种定义以收入为标尺，是一种经济性界定；第六种定义则是一种状态描述的定性概况。

　　词汇学视角，"贫困"作为形容词的字面解释为"生活困难，贫穷"，而"贫穷"的释义为"（形容词）生产资料和生活资料缺乏"；② 换而言之，从字面释义来看，"贫困"似乎等于"贫穷"。但如果我们把"贫""穷""困"三字之意拆开来看，区别就显而易见了。"贫"的释义之一为"缺少，不足"；③ "穷"用作形容词的释义之一为"生活贫困，缺少钱财（跟'富'的释义相对）"；④ "困"用作动词的释义之一为"陷在艰难痛苦中或受环境、条件的限制无法摆脱"；⑤ 简而言之，"贫"和"穷"二字均可指缺少物质资料，是一种主体性指向，即指向某一主体（个人、家庭等）的状态描述；而"困"则指向一种情境，并非单纯的主体性指向，而是指向主体所处的外部化环境。因此，我

① 屈锡华、左齐：《贫困与反贫困——定义、度量与目标》，《社会学研究》1997 年第 3 期。
② 中国社会科学院语言研究所：《现代汉语词典》（第 7 版），商务印书馆，2017，第 1003 页。
③ 中国社会科学院语言研究所：《现代汉语词典》（第 7 版），商务印书馆，2017，第 1003 页。
④ 中国社会科学院语言研究所：《现代汉语词典》（第 7 版），商务印书馆，2017，第 1071 页。
⑤ 中国社会科学院语言研究所：《现代汉语词典》（第 7 版），商务印书馆，2017，第 766 页。

们选择"贫困"一词,用以对应英文"poverty"一词;英文中"poverty"是指一种状态,处于这种状态的个体缺少某种通过常规性或者社会化方式可以拥有的一定数量的金钱或物质。[1] 结合中英文释义,我们尝试将"贫困"界定为"一种陷在生产资料和生活资料缺乏或不足的环境、条件下无法摆脱的状态",这也从词汇学角度建构了"扶贫"之"扶"的语义合法性;正因为贫困人口身陷一种"无法摆脱的状态",所以通过外部性扶持作为借力,使之拥有"有法摆脱"的现实可能性。

贫困研究中,贫困线是贫困分析的起点。[2] 布斯在其1887年未公开发表的笔记中使用了"穷人的线"这一概念。1901年劳恩崔在约克和英格兰开展的经验性研究中应用了贫困线这一概念。[3] 劳恩崔以必须满足"生理效率"的收入为分界线,以此划分贫困和非贫困,该定义以食物消费为主;并提出"一篮子法"用以确定贫困与非贫困的界线,即基本营养被转化为具体的食物量并以现金表示,再加上支付房租、最低量的衣物和杂用。1904年,亨特在美国最早给贫困线下定义,并将其发展成一个系列研究,例如为纽约市编制的"最小限度的舒适"和其他预算,以及后来经济报告联合委员会关于1949年低收入家庭的报告。之后,贫困线逐渐成为基本需求的一个有意义的社会测量指标,并在一个多世纪后成为全球通用性概念,在各国应用于贫困测量和评估;收入(消费)在贫困线以下的人口被划分为贫困,而在贫困线以上的则被划分为非贫困。大多数贫困线的划分依据是收入和消费数据,是一个维持生活标准(通常是收入或消费水平)的可接受的最低水平。贫困线的设置需要区分相对贫困和绝对贫困。相对贫困是指个体或家庭相较于国家的平均收入所

---

① Merriam Webster, Poverty, https://www.merriam-webster.com/dictionary/poverty, March 26, 2019.

② World Bank, *Poverty Reduction Handbook,* Washington D.C, 1992, p.13.

③ David Brady, Linda M. Burton (ed.), *The Oxford Handbook of the Social Science of Poverty,* New York: Oxford University Press, 2016, p.23.

处的位置，是由整个社会的代表性收入或消费水平决定的，例如将贫困线设定为平均收入的一半或40%；相对贫困线根据平均收入的变化而变化。绝对贫困是指个体或家庭相较于实际价值固定且不随时间变化的贫困线所处的位置，绝对贫困标准设定是特定时间点上一定量基本需求的有效购买力决定的，是一揽子最低消费的成本，主要基于（科学）建议的卡路里摄入的食物需求。贫困线体现的是维持最低营养标准和其他必需的收入或消费价值，而所谓"其他必需"包含较强的主观性和文化因素，因为即使在同一个国家之内，也可能存在农村和城市的重大差异，而且农村和城市地区相对的食物价格也会不同。[①] 这也是目前各国甚至同一国家之内不同地区或城市划定的贫困线存在较大差异的原因。

有学者梳理了国内外学界对贫困线的定义和国际组织以及国别公共政策执行层面的贫困线定义（见表1-1、表1-2、表1-3），[②] 从学术层面对贫困线界定的差异到政策执行层面对贫困线的解释差异，我们可以见到这一概念本身的丰富程度。

表1-1　国外学者对贫困线的定义

学者	贫困线定义	关键要素
Rowntree(1899)	仅为维持身体正常状态所需的基本开销，即：衣食、房租、燃料以及必需开支的家用杂费	基本开销、消费指标
Goedhart(1977)	贫困线是判断公民是否需要政府补贴其收入的一项标准	补贴标准、收入指标
Orshansky(1963)	贫困线为最低食品消费支出的3倍	食品消费
Stiglitz(1988)	贫困线是指维持最低生活水准的所得	所得水准
Debraj Ray(2002)	贫困线是一个关于收入、消费，或更一般地讲，对产品或服务可得性的门槛，在此门槛之下的人们被认为是穷人。那么，贫困线就是在特定时间、特定社会中的一个最低"可接受的"经济参与水平	可得性门槛、经济参与水平
Martin Ravallion(2006)	贫困线可以视为扣除通货膨胀（物价）因素后的不同生活成本	生活成本

① World Bank, *Poverty Reduction Handbook*, Washington D.C, 1992, pp.14–15.
② 王荣党：《贫困线经典定义的百年演变：特质与内核》，《贵州社会科学》2017年第1期，第136~143页。

表1-2 国内学者对贫困线的定义

学者	贫困线定义	关键要素
张建国（1994）	贫困线也称最低生活标准线。从经济学理论上看，它是对不同时期人们的最起码的社会生存条件或社会平均生活水平差距所作的定量化的界定。从社会生活实践上看，它是指一个国家为救助其社会成员中收入难以维持家庭基本生活需要者（也可称为低收入者）而制定的一种社会救济标准。其核心内容是由政府向低收入者提供在金额上满足基本生活消费需要（也可称作最低生活标准）的救济金，以保证低收入者基本生活需要的满足	平均生活水平、定量化的界定社会救济标准、救济金
吴国宝（1995）	贫困线，简单说就是一个国家确定的一个人或家庭在一定时期内为了取得社会认为体面的生活所必需的一定数额的收入或营养标准	体面生活的收入标准或营养标准
朱凤岐、高天虹等（1996）	衡量个人、家庭或某一地区贫困与否的界定标准或测定体系，称为贫困标准或贫困线	标准体系、确定的量值
唐钧（1997）	贫困线，亦称最低生活保障线，是指为度量贫困而制定的针对最起码的生产条件或者相对社会中等生活水平的差距所作的定量化的界定	生存或生活差距、量化界定
莫泰基（1997）	收入少于中位数的一半的为贫困者	收入、中位数的一半
陈怒祥（2000）	所谓贫困线，乃是一种收入水平线，按照一定年份生活资料价格和服务收费标准，一定人口的家庭获得这样的收入，可得到维持生活所必需的商品和服务，低于这个水平的家庭，就属于贫困家庭	收入水平线、生活和服务标准
马俊贤（2001）	所谓贫困线，就是指在一定的时间、空间和社会发展阶段的条件下，人们维持基本生存需求所必需消费的物品和服务的最低费用（用价值量表示）。具体到农村贫困线，可以表述为农民年人均纯收入刚好达到维持基本生活所必需的最低费用的界线	最低费用、物品和服务价值形态
杨国涛（2005）	绝对贫困线一般按照满足人们最低的消费水平定义的，即人们生存所需要的衣食住等消费的最低水平	最低水平、消费
王碧玉（2006）	简单说就是一个国家（地区）或组织确定一个人或家庭在一个时期、一定地区、一定的经济发展水平下，为了取得维持生存所必需的生活必需品（包括一揽子食品和非食品）或取得社会认为体面的生活所必需的全年费用，一般量化为货币形式。具体到农村贫困线，可以表述为农村人均纯收入刚好达到维持基本生活所必需的最低费用	生活必需品或体面生活、价值形态
张小军、裴晓（2007）	贫困线是指一定时间、空间和社会发展阶段的条件下，维持人们的基本生存所必须消费的物品和服务的最低费用，它又叫贫困标准	最低费用、物品和服务
周敏凯、周薇（2008）	所谓贫困线标准，对于发展中国家而言，就是在一定的社会发展阶段，维持社会成员基本生存所必须消费的物品和服务的最低费用标准；对于发达国家而言，就是在一定的社会发展阶段的条件下，维持社会成员基本生活质量与发展权利所必须消费的物品和服务的最低费用标准	基本生存、最低费用标准、生活质量与发展权利
李芝兰（2008）	贫困线也称为贫困标准，这是一种按照收入或消费水平来确定和衡量贫困的办法	贫困线性质、衡量方法
王春萍（2009）	贫困线的确切含义是指维持一个人或一个家庭的基本生存的收入水平。其具有三层含义：其一，它是一个相对而不是一个绝对的指标。其二，贫困线是一个静态的概念。其三，贫困线仅仅是一个经济的概念。而绝对贫困线是一个人或一个家庭维持最低生活标准的收入水平	收入水平、相对指标、静态、经济概念

表1-3　国际组织以及国别公共政策执行层面的贫困线定义

机构 / 国别	贫困线定义	关键要素
卢森堡收入研究所（LIS）	贫困线是由一个国家或一年内可支的中等收入的50%定义的	中等收入
世界银行（2000~2001）	贫困线，即收入或消费额的重要临界线，在此线以下，一个人或家庭被确定为穷人或贫困家庭	临界线
世界经济合作和发展组织（OECD）	一个国家或地区的社会中位收入或平均收入的50%~60%作为贫困线	收入比例
俄罗斯（1997）	贫困线是指在社会发展阶段能够保障居民最起码的生活条件和维持人的劳动能力和健康所需要的费用	保障费和维持费
美国（1964）	贫困线是通过把一套最低食物补贴（也就是每年养活一个特定家庭的最低成本）与家庭收入中直接用于食物购买的估计比例结合起来得出的值	生活成本、食物比例
英国（1979）	家庭收入低于收入中位数的60%	收入比例
中国（1990）	贫困线是指可以满足一个家庭在食品、住房、衣着等方面最低需求的生活水平标准值	基本需求、最低需求

第二节　扶贫政策作为一种制度建构

我国先后实施的《国家八七扶贫攻坚计划》《中国农村扶贫开发纲要（2001~2010年）》《中国农村扶贫开发纲要（2011~2020年）》，在国家层面建构了我国扶贫政策的系统性框架，也成为我国不同层面扶贫行动的结构化基础。

20世纪80年代中期，中国开始有组织、有计划地实施大规模的扶贫开发行动。1994年，国务院制定和发布了《国家八七扶贫攻坚计划》，这是我国历史上第一个有明确目标、明确对象、明确措施和明确期限的扶贫开发行动纲领。《国家八七扶贫攻坚计划》的实施推动了我国贫困状况尤其是农村贫困状况的显著改善。1994~2000年，我国农村绝对贫困人口从7000万人减少到3209万人，贫困发生率从7.6%下降到3.5%；同期，扶贫工作重点县的绝对贫困发生率从25.9%降至8.9%。截至2000年底，全国贫困地区通电、通路、通邮、通电话的行政村分别达到

95.5%、89%、69% 和 67.7%。[1]

2001 年 6 月，国务院印发《中国农村扶贫开发纲要（2001~2010 年）》，[2] 提出解决温饱问题和巩固温饱成果并重，与《国家八七扶贫攻坚计划》以解决温饱问题为主的扶贫目标有明显区别，继续坚持开发式扶贫方针，强调以经济建设为中心，以市场为导向发展生产力。2001~2010 年，我国农村扶贫标准从 2000 年的 865 元逐步提高到 2010 年的 1274 元，按照这一标准线，我国农村贫困人口数量从 2000 年的 9422 万人减少到 2010 年底的 2688 万人，农村贫困人口数量占农村总人口比重从 2000 年的 10.2% 下降到 2010 年的 2.8%。[3] 贫困分布上，中西部地区尤其是西部地区贫困发生率下降较快，中部地区由 8.8% 下降到 2.5%，西部地区由 20.6% 下降到 6.1%；东部地区贫困人口比重由 10.2% 下降到 4.6%，西部地区则由 60.8% 上升至 65.1%，贫困人口进一步向西部地区集中。

2011 年，中共中央、国务院印发《中国农村扶贫开发纲要（2011~2020 年）》，对我国扶贫形势的整体变化做出了精准判断，认为"我国扶贫开发已经从以解决温饱问题为主要任务的阶段转入巩固温饱成果、加快脱贫致富、改善生态环境、提高发展能力、缩小发展差距的新阶段"，提出"坚持开发式扶贫方针，实行扶贫开发和农村最低生活保障制度有效衔接"，构建专项扶贫、行业扶贫和社会扶贫"三位一体"的扶贫战略体系，从而稳定实现扶贫对象不愁吃、不愁穿，保障其义务教育、基本医疗和住房安全，简称"两不愁、三保障"。2011 年至 2015 年，现行标准下我国农村贫困人口减少了 1 亿多人，贫困发生率降低了 11.5 个百分点，贫困地区农民收入大幅提升，贫困人口生产生活条件

---

[1] 左常升主编《中国扶贫开发政策演变（2001~2015 年）》，社会科学文献出版社，2016，第 1~39 页。

[2] 《国务院关于印发中国农村扶贫开发纲要（2001~2010 年）的通知》，中国政府网，http://www.gov.cn/zhengce/content/2016-09/23/content_5111138.htm，2019 年 4 月 12 日。

[3] 左常升主编《中国扶贫开发政策演变（2001~2015 年）》，社会科学文献出版社，2016，第 1~39 页。

明显改善，上学难、就医难、行路难、饮水不安全等问题逐步缓解，基本公共服务水平与全国平均水平的差距趋于缩小。截至2015年底，我国还有5630万农村建档立卡贫困人口，主要分布在832个国家扶贫开发工作重点县、集中连片特困地区县和12.8万个建档立卡贫困村，多数西部省份贫困发生率仍旧在10%以上，8个民族省区贫困发生率达12.1%；现有贫困人口贫困程度更深、减贫成本更高、脱贫难度更大，[①]对2020年稳定实现现行标准下农村贫困人口"两不愁、三保障"（不愁吃、不愁穿，义务教育、基本医疗和住房安全有保障）、贫困县全部摘帽、解决区域性整体贫困的脱贫攻坚战目标提出了挑战。

从《国家八七扶贫攻坚计划》以解决温饱问题为主，到《中国农村扶贫开发纲要（2001~2010年）》的解决温饱问题和巩固温饱成果并重，再到《中国农村扶贫开发纲要（2011~2020年）》和《"十三五"脱贫攻坚规划》巩固温饱成果、加快脱贫致富、改善生态环境、提高发展能力、缩小发展差距的新阶段，扶贫政策逐级夯实成果且与时俱进。基于政策建构的整体性行动框架，扶贫工作从启动初时确立的18个贫困片区到592个贫困县，其后深入148200个贫困村，从片到点，实践层面逐级下沉的贫困瞄准机制进一步丰富和细化了我国的扶贫图景。

贫困瞄准机制可分解为三个层次。第一个层次是以贫困县为单位，即以县年人均纯收入为划分依据；2001年中央对扶贫重点县进行了调整，但总数依然为592个。自1986年我国开始有组织、有计划地进行扶贫干预行动以来，贫困县作为行动组织单位的做法贯穿始终；在这一过程中，贫困县也从最初作为扶贫项目的客体化目标对象，逐渐演变为各级各类优惠性政策和资源供给叠加的行动主体。"贫困县"这一主体身份之上附着的优惠政策可大致分为三类：第一类，国家专项扶贫资金分配政策倾斜；第二类，国家给予贫困

---

① 《国务院关于印发"十三五"脱贫攻坚规划的通知》，中国政府网，http://www.gov.cn/zhengce/content/2016-12/02/content_5142197.htm，2019年4月12日。

地区的交通、水利、金融、科技、教育、电力、人口、卫生、文化、旅游等行业性优惠政策，例如产业招商引资税收优惠政策、土地优惠政策、扶贫贷款等；第三类，国家财政转移支付政策倾斜。贫困县在国家转移支付这一项上能够获得很大支持力度，包括人员工资、重点产业项目税收减免和优惠补贴等。①

贫困瞄准机制的第二个层次以贫困村为单位，根据亚洲开发银行的参与式贫困指数（PPI）进行识别。随着《国家八七扶贫攻坚计划》的实施，我国农村的贫困问题得到极大缓解，县级贫困人口数量和占比迅速下降；贫困人口分布逐渐从片状转为点状，从而导致以县为单位的贫困瞄准机制有效性逐渐降低。至 2002 年，我国共确定 14.8 万个贫困村，占全国行政村总数的 21.4%；除北京、上海、天津以外，其他省区市均有贫困村；这些贫困村分布于全国 1861 个县域中，占全国县单位总数的 68.8%，覆盖的贫困人口占全国总贫困人口数量的 83%；相较而言，重点县的瞄准方式只能覆盖贫困人口的 61%。因此，《中国农村扶贫开发纲要（2001~2010 年）》在实施过程中将县级瞄准调整为村级瞄准，以适应我国贫困状况的阶段性特征。

贫困瞄准机制的第三个层次是以贫困户为单位，不同于县级和村级瞄准强调行政区划单位的整体性，贫困户瞄准更加强调家庭和个体的具体性，扶贫措施更加强调落实到特定的家庭和人。2013 年 11 月，习近平总书记在湖南湘西考察时首次提出"精准扶贫"的概念；2015 年 6 月，习近平总书记在集中连片特困地区扶贫攻坚座谈会上进一步指出，扶贫工作要做到"六个精准"，即扶持对象精准、项目安排精准、资金使用精准、措施到户精准、因村派人精准、脱贫成效精准，"措施到户精准"即贫困户瞄准机制的具体化表述。贫困户瞄准的基础是贫困户信息建档立卡，通过村有卡、乡有册、县有簿的方式实现扶贫过程的动态管

---

① 左常升主编《中国扶贫开发政策演变（2001~2015 年）》，社会科学文献出版社，2016，第 1~39 页。

理。基于贫困户信息摸底，针对贫困人口的不同类型特征采取相应的扶贫措施，例如对具有劳动能力的贫困人口，扶贫侧重赋能以提升自我发展的能力；对丧失劳动能力的贫困人口，从社会保障和救济途径实现托底式救助；财政扶贫资金则从最初重点投入基础设施建设扩展为向贫困户倾斜。"精准扶贫"这一理念在扶贫实践中与贫困户瞄准机制有机结合，实现了我国扶贫行动的视角从宏观到中观，进而又从中观到微观的转变，也实现了我国扶贫工作从物质性投入到关注主体性人的转向。

总体而言，基于《国家八七扶贫攻坚计划》《中国农村扶贫开发纲要（2001~2010 年）》《中国农村扶贫开发纲要（2011~2020 年）》等系列扶贫战略规划，我国扶贫行动经历了从侧重区域瞄准的救济式扶贫（1978~1985 年）到侧重贫困县瞄准的开发式扶贫（1986~2000 年），再到侧重贫困村瞄准的综合性扶贫（2001~2010 年），直到以片区攻坚和六个精准为重点的精准扶贫（2011 年至今）几个阶段性转化；[1] 我国扶贫行动坚持普惠政策和特惠政策相结合，在加大农村、农业、农民普惠政策支持力度的基础上，对贫困人口实施特惠政策，做到了应扶尽扶、应保尽保。[2] 至此，我国贫困治理从以政策支持为代表的理论指导到以贫困瞄准机制为代表的行动路径，逐步建立起一套既适应国家和地方情境又吸收借鉴了国际先进经验的国家贫困治理体系结构。

第三节　地方实践作为一种行动建构

我国开展大规模扶贫减贫行动以来，各地以国家战略层面

---

[1] 陆汉文、黄承伟主编《中国精准扶贫发展报告（2016）：精准扶贫战略和政策体系》，中国科学出版社，2016，第 11~15 页。

[2] 习近平：《携手消除贫困，促进共同发展——在 2015 减贫与发展高层论坛的主旨演讲》，《人民日报》2015 年 10 月 17 日，第 1 版。

确立的贫困治理体系为基础性支持，基于差异化的资源禀赋探索因地制宜的地方化扶贫方案，为整体性国家扶贫格局的建构贡献了极具借鉴和参考价值的地方模式。例如，脱贫攻坚的"省级样本"贵州，通过体制机制创新，充分发挥了集中力量办大事的社会主义制度优势和政治优势；[①]井冈山按照"一户一丘茶园，一户一片竹林，一户一块果园，一户一人务工"的产业扶贫标准，实施农业产业"231"富民工程（即"十三五"期间，力争打造20万亩茶叶、30万亩毛竹、10万亩果业），并通过大力发展扶贫产业合作社，实现了贫困户加入产业合作社的全覆盖，创出了一个以满足农村贫困人口需求为导向的"契合型"扶贫模式。[②]

甘肃地处我国中部黄土高原、青藏高原和内蒙古高原上，东西蜿蜒1600多公里，全省土地总面积42.59万平方公里（其中宁夏回族自治区飞地53.22平方公里），素有"陇中苦瘠甲于天下"之说。[③]2018年末全省常住人口2637.26万人，比上年末增加11.55万人，人口自然增长率为4.42‰，其中城镇常住人口1257.71万人，城镇化率为47.69%，比上年末提高1.3个百分点；全年全省城镇居民人均可支配收入29957元，比上年增长7.9%，增速比上年回落0.2个百分点，其中工资性收入、经营净收入、财产净收入和转移净收入分别增长8.0%、9.5%、6.3%和7.8%；全年全省农村居民人均可支配收入8804元，比上年增长9.0%，增速比上年提高0.7个百分点，其中工资性收入、经营净收入、财产净收入和转移净收入分别增长11.4%、7.5%、48.6%和6.3%。[④]甘肃省统计局公布的2018年农业基本数据显示，2017年农业增加值为842.5亿元，林业增加值为14.7亿元，牧业增加值为

① 李培林、魏后凯、吴国宝主编《中国扶贫开发报告（2017）》，社会科学文献出版社，2017，第316~333页。

② 李培林、魏后凯、吴国宝主编《中国扶贫开发报告（2017）》，社会科学文献出版社，2017，第276~294页。

③ 《甘肃简介》，甘肃省人民政府网站，http://www.gansu.gov.cn/col/col19/index.html，2019年4月18日。

④ 《2018年全省经济运行情况》（新闻发布稿），甘肃省人民政府网站，http://www.gansu.gov.cn/art/2019/3/1/art_4420_419334.html，2019年4月18日。

204.8亿元，渔业增加值为1.5亿元，农林牧渔服务业增加值为47.2亿元，可见甘肃省第一产业中牧业占有较大比重。①

甘肃省1983年开始把解决农村贫困人口的温饱问题作为全省扶贫的首要任务，开启全省扶贫攻坚的征程。截至2018年，甘肃省未脱贫人口已减少至111万，贫困发生率降至5.6%；并计划于2019年"力争减少贫困人口85万人以上，贫困发生率降至1.3%，贫困村退出3081个，30个贫困县脱贫摘帽"。②从《国家八七扶贫攻坚计划》实施期旨在解决温饱问题的初期阶段，到《中国农村扶贫开发纲要（2001~2010年）》实施期整村推进的晋级阶段，再到《中国农村扶贫开发纲要（2011~2020年）》实施期的"1236"扶贫攻坚行动、③"联村联户、为民富民"行动、"1+17"精准扶贫方案，④甘肃省在深入贯彻落实国家精准扶贫战略的基础上，逐步探索出符合自身特色的地方化扶贫实践模式。

甘肃省现设14个市（州），其中12个地级市（兰州、嘉峪关、金昌、白银、武威、酒泉、张掖、天水、定西、平凉、庆阳、陇南）和2个自治州（临夏回族自治州和甘南藏族自治州），下辖86个县（市、区）。省内58个连片贫困地区和17个插花型贫困县、6220个贫困村则在贯彻省级各项扶贫政策的基础上，结合自身资源禀赋探索更具地方特色的扶贫实践模式。例如定西市的"贫困户+"（如贫困户+增收产业、贫困户+致富能人、

---

① 《2018统计年鉴》，甘肃省统计局网站，http://www.gstj.gov.cn/HdApp/HdBas/HdClsContentMain.asp?ClassId=70，2019年4月17日。

② 《今年我省力争减贫八十五万人以上 贫困发生率将降至百分之一点三 三十个贫困县脱贫摘帽》，甘肃省人民政府网站，http://www.gansu.gov.cn/art/2019/1/16/art_35_416722.html，2019年4月18日。

③ "1236"即一个核心、两个不愁、三个保障、六大突破。"一个核心"即持续增加贫困群众收入，确保贫困地区农民人均纯收入增幅高于全省平均水平；"两个不愁"是指稳定实现扶贫对象不愁吃、不愁穿；"三个保障"即保障扶贫对象义务教育、基本医疗和住房；"六大突破"指基础设施建设、富民产业培育、易地扶贫搬迁、金融资金支撑、公共服务保障、能力素质提升有突破。

④ "1+17"中"1"指1个意见即《关于扎实推进精准扶贫工作的意见》，"17"指17个专项配套实施方案，包括饮水安全、通村道路、电子商务、富民产业培育、教育发展、医疗卫生、生态环境、社会救助等17个方面。

贫困户 + 合作社、贫困户 + 龙头企业等）金融扶贫模式；平凉市崆峒镇寨子街村打造的"吃农家菜、住农家屋、学农家活、享农家乐"主题休闲旅游；庆阳市形成的"基金担保、村里推荐、县上对接、银行放款、农户经营"的金融扶贫模式；会宁会师旧址、迭部天险腊子口、宕昌哈达铺、华池南梁苏维埃政府等革命遗址所在地重点发展的红色旅游；陇南市以"互联网 +"产业发展新模式大力推进的电子商务扶贫，截至 2015 年 9 月底，全市开展电子商务人才培训 41714 人次，网店数量达到 6988 家，网络销售额实现 11.62 亿元，带动就业 9844 人。①

各地开展的扶贫实践和探索，丰富了我国扶贫行动的地方实践，是国家贫困治理体系自上而下落地生根的结果呈现；反之，亦以一种自下而上的行动化视角赋予了国家贫困治理体系以勃勃生机。

---

① 朱智文、包东红、王建兵主编《甘肃蓝皮书：甘肃县域和农村发展报告（2017）》，社会科学文献出版社，2017，第 135~149 页。

第二章

行政化视域

张掖市古称甘州，位于青藏高原和内蒙古高原交会的河西走廊中段，横贯东西、交通南北，总面积 4.2 万平方公里，下辖甘州区、临泽县、高台县、山丹县、民乐县、肃南县共一区五县。张掖市 2017 年末总人口 122.9 万人，其中城镇人口 56.3 万人，乡村人口 66.7 万人；有汉、裕固、藏、蒙、回等 38 个民族，其中分布于祁连山区的裕固族是全国独有的少数民族。2017 年张掖市农林牧渔业增加值为 107.45 亿元，其中农业增加值 75.38 亿元、林业增加值 1.17 亿元、牧业增加值 24.46 亿元、渔业增加值 0.15 亿元、农林牧渔服务业增加值 6.29 亿元；在统计的 14 个市（州）中，张掖市牧业增加值继武威市之后排第二位；张掖市 2017 年农林牧渔业总产值 178.12 亿元、其中农业 114.53 亿元、林业 1.89 亿元、牧业 37.29 亿元、渔业 0.22 亿元、农林牧渔服务业 24.19 亿元，张掖市牧业总产值仍旧继武威市之后居第二位。[①]

[①]《2018 统计年鉴》，甘肃省统计局网站，http://www.gstj.gov.cn/HdApp/HdBas/HdClsContentMain.asp?ClassId=70，2019 年 4 月 17 日。

张掖市的精准扶贫精准脱贫工作于 2016 年转入巩固提高阶段。市内 65 个贫困村在 2015 年实现了自来水、危房改造、动力电、通村及村内道路、幼儿园（学前教育）、卫生室、文化广场全覆盖。2016 年，全市制定并实施了"1+19"的本土化精准扶贫落地方案，把人财物和项目向 65 个重点贫困村的 3.49 万名扶贫对象倾斜，整合各类资金 6.21 亿元，实现了安全饮水、通村道路、危房改造、幼儿园、标准化卫生室五个全覆盖；累计发放精准扶贫专项贷款 3.18 亿元。截至 2016 年底，全市贫困人口减少到 1.26 万人，全市贫困发生率下降到 1.26%；甘州、高台、山丹、民乐、肃南 5 个插花型贫困县和 65 个贫困村均达到了脱贫标准。[①]

第一节　县域视角下的扶贫工作

一　基本概况

　　张掖市下辖的肃南裕固族自治县成立于 1954 年，是全国唯一的裕固族自治县。该县地处河西走廊中部、祁连山北麓一线，东西长 650 公里，南北宽 120～200 公里，海拔为 1327~5547 米，整个区域横跨河西五市，由 4 块不连片的地域构成，同甘青两省 15 个县市区接壤，总面积 2.38 万平方公里。全县辖 6 乡 2 镇、9 个国有林牧场、102 个行政村和 3 个城镇社区，有裕固、汉、藏、蒙古等 16 个民族，总人口 3.84 万人，其中农牧业人口 2.46 万人，占 64.1%；少数民族人口 2.18 万人，占 56.8%；裕固族人口约 1.04 万人，占 27.1%，人口密度为每平方公里 1.5 人。全县有草原 170.93 万公顷，耕地 10 万亩，是一个靠天然草场放牧的传

精准扶贫精准脱贫百村调研·赛鼎村卷

① 《张掖市》，甘肃省人民政府网站，http://www.gansu.gov.cn/art/2017/5/16/art_23_291623.html，2019 年 4 月 18 日。

统畜牧业县，以牛羊养殖为主，农作物主要有小麦、玉米、马铃薯等；境内草畜、矿藏、水能、生态、旅游资源丰富。肃南县是国务院确定的 28 个人口较少民族县之一，也是甘肃省确定纳入比照藏区扶持政策范围的县区之一；[①] 同时，还是 2016 年底张掖市达到脱贫标准的 5 个插花型贫困县之一（见图 2-1）。

图 2-1　肃南裕固族自治县红湾寺一角

（林红，摄于 2018 年 11 月 1 日）

县域是区域经济社会协调发展的组织化单位和基石。《甘肃蓝皮书：甘肃县域和农村发展报告（2017）》对 2015 年甘肃省 77 个县（市、区）经济社会发展数据进行分析后发现，甘肃省县域竞争力整体水平相对较低，整体评估结果显示，"生活环境竞争力处于一般优势，社会保障、基础设施、社会结构竞争力处于中势，产业发展、宏观经济、科学教育竞争力处于一般劣势，公共服务竞争力处于绝对劣势"，[②] 县域之间资源禀赋、要素配置、制约因素等存在较大差异，且发展程度不均衡。

根据 2015 年甘肃省县域竞争力综合评价结果，[①] 甘肃省 77 个县（市、区）中，肃南县"宏观经济竞争力"指标得分排序为第 40 位，为 35 个"处于一般劣势的县（市、区）"之一；"产业发展竞争力"指标得分排序为第 60 位，为 61 个"处于一般劣势的县（市、区）"之一；"基础设施竞争力"指标得分排序为第 21 位，为 21 个"处于一般优势的县（市、区）"之一；"社会保障竞争力"指标得分排序为第 28 位，为 50 个"处于中势的县（市、区）"之一；"公共服务竞争力"指标得分排序为第 7 位，为 22 个"处于一般劣势的县（市、区）"之一；"生活环境竞争力"指标得分排序为第 6 位，为 56 个"处于一般优势的县（市、区）"之一；"社会结构竞争力"指标得分排序为第 54 位，为 29 个"处于一般劣势的县（市、区）"之一；"科学教育竞争力"指标得分排序为第 4 位，为 50 个"处于一般劣势的县（市、区）"之一。相较其他县域，肃南县宏观经济竞争力、[②] 产业发展竞争力、[③] 社会结构竞争力[④] 三项指标得分排位较为靠后，某种程度上可视为肃南县现阶段发展的三大短板。

二　经验成效

　　县域脱贫攻坚要用好政策和市场两种手段，通过补齐发展短板、提升内生动能，有效抢抓国家政策和发展环境利好，变现

[①] 朱智文、包东红、王建兵主编《甘肃蓝皮书：甘肃县域和农村发展报告（2017）》，社会科学文献出版社，2017，第 29~85 页。该报告建立的甘肃省县域竞争力评价指标体系共包括宏观经济竞争力、产业发展竞争力、基础设施竞争力、社会保障竞争力、公共服务竞争力、生活环境竞争力、社会结构竞争力、科学教育竞争力 8 个一级指标。

[②] 宏观经济竞争力有 3 个二级指标：经济均量、经济总量、金融资本；13 个三级指标：人均地区生产总值、人均地方财政收入、人均固定资产完成额、城镇居民人均可支配收入、农村居民人均纯收入、人均社会消费品零售额、地区生产总值、地方财政收入、社会消费品零售总额、金融机构存款余额、金融机构贷款余额、城镇固定资产投资完成额、城镇新增固定资产。

[③] 产业发展竞争力有 3 个二级指标：产业总量、产业结构、产业效率；7 个三级指标：第二产业增加值、第三产业增加值、规模以上工业总产值、第二产业占 GDP 的比重、第三产业占 GDP 的比重、第二产业近 5 年平均增长速度、第三产业近 5 年平均增长速度。

[④] 社会结构竞争力有 2 个二级指标：人口结构、城乡结构；3 个三级指标：非农人口占总人口的比重、县域人口占全省人口比重、农村从事非农产业的劳动力占农村总劳动力的比重。

为实实在在的减贫成就。① 肃南裕固族自治县（简称"肃南县"）的脱贫攻坚之路亦是靠着政策和市场两条腿走出来的。

1983 年，肃南县被列入第一批"三西"农业建设重点县。2002 年，按照甘肃省扶贫开发领导小组办公室通知（甘扶领发〔2002〕2 号），肃南县被确定为省列有重点贫困乡村的非重点县，原有 11 个乡 49 个村被确定为重点贫困乡村，主要是原明海乡所属 4 个村、原莲花乡所属 4 个村、原前滩乡所属 3 个村、原水关乡所属 2 个村、原青龙乡所属 5 个村、原泱翔乡所属 3 个村、原大都麻乡所属 9 个村、原大泉沟乡所属 9 个村、原杨哥乡所属 2 个村、原白银乡所属 3 个村、原祁青乡所属 2 个村，以及双海子、许三湾、黄河湾 3 个移民村。2010 年中共甘肃省委、省政府《关于推进全省藏区跨越式发展和长治久安的实施意见》（甘发〔2010〕7 号）将肃南县纳入比照藏区扶持政策范围，享受该意见所列的相关扶持政策。2013 年甘肃省扶贫攻坚行动推进协调领导小组印发《关于扶持我省国家片区外"插花型"贫困片带扶贫开发的意见》（甘扶领发〔2013〕5 号），将有扶贫开发重点乡村和贫困发生率较高的祁连山浅山区乡村纳入省列贫困片带扶持范围，肃南县被列入全省 17 个插花型贫困县之一。

近四十年来，促进农牧民增收致富和持续减少贫困人口一直是肃南县发展的首要任务。基于甘肃省实施的"1236"扶贫攻坚行动和"1+17"专项行动方案，肃南县结合自身实际情况，不断创新专项扶贫、行业扶贫、社会扶贫"三位一体"工作机制，在调整产业结构中助推农牧业增效，在实施富民工程中促进农牧民增收，在深入开展"双联"（"联村联户、为民富民"）行动中推动农牧村发展，逐渐走出了一条具有肃南特色的民族地区扶贫之路，实现了一个民族的整体脱贫。肃南县的脱贫经验可以总结为以下几点：一是坚持科学规划与转变观念同步是脱贫致富的前

---

① 李培林、魏后凯、吴国宝主编《中国扶贫开发报告（2017）》，社会科学文献出版社，2017，第 295~315 页。

提；二是坚持基础建设与产业培育同步是脱贫致富的关键；三是坚持全民创业与素质提升同步是脱贫致富的推手；四是坚持消除贫困与环境美化同步是脱贫致富的目标；五是坚持扶贫攻坚与小康建设同步是脱贫致富的根本；六是坚持作风转变与任务落实同步是脱贫致富的保障；七是坚持落实民族政策与稳定脱贫同步是实现一个民族脱贫的核心。这七条经验充分体现在如下几个方面。

第一，重点抓扶贫开发。首先是加大基础设施建设力度。"十二五"期间，肃南县制定出台了全县"1+16"精准扶贫配套实施方案，县财政将收回的结转结余资金的50%用于扶贫，并按30%的比例向重点贫困村倾斜；将地方财政收入增量的15%列为专项扶贫预算，并按30%以上的比例向重点贫困村倾斜；同时，根据中央、甘肃省、张掖市相关政策，争取游牧民集中定居、扶持人口较少民族发展等项目，整合了"两个共同示范县"、"1414"工程、涉农部门等项目资金；五年来累计投入各类扶贫资金81810.71万元，其中，财政专项扶贫资金14718万元，行业部门共投入资金66692.71万元。这些扶贫资金，用于集中力量精准改善5个建档立卡贫困村的基础设施条件，实施了整村推进项目7个，完成旧井改造12眼，新修引水渠5条20公里，改扩建乡村道路16条79.26公里，新建集雨（雪）水窖1100眼，衬砌渠道24.2公里，铺设自来水管道51.55公里，修建暖棚羊舍500座，配种站、药浴池10座，改建新建住房362套，实现了建档立卡贫困村"通水泥路、用动力电、喝安全水、住小康房"的目标。同时，把扶贫攻坚与美丽乡村建设相结合，同步开展了美化、亮化、绿化村容村貌及环境卫生整治等工作，卫生改厕179户，修建公厕6座，架设路灯125盏，植树4300株。其次是夯实农牧业发展基础。肃南县结合整村推进、"三西"专项等项目和财政专项扶贫资金，2009年以来，全县累计投入扶贫资金3094万元，完成了马蹄、白银、明花、皇城、大河、康乐

6 乡 13 村的整村推进项目建设任务;新建 12 个养殖小区、养殖暖棚 4000 多座,建设储草棚 160 座,舍饲、半舍饲养殖率达到 70% 以上。最后是完善扶贫开发工作机制。基于甘肃省、张掖市统一部署,肃南县制定了落地化的"1236"扶贫攻坚行动实施意见、"1+16"脱贫攻坚工作方案、"十一五、十二五、十三五"扶贫攻坚规划、肃南县脱贫规划、肃南县祁连山浅山区扶贫攻坚规划等一系列县域指导性文件和计划,结合"联村联户、为民富民"行动,建立和完善了县级领导干部"1+3"联系工作制度(即县级领导每人联系一个农民专业合作社、一户示范户、一户有发展潜力的农牧户),同时将企业改制下岗人员、城镇低保人员纳入"双联"行动帮扶范围,实现了联系乡村和城镇社区全覆盖。在此过程中,全县共有 127 个部门单位的 1982 名干部职工参与了"双联"行动,共结对帮扶 1362 户困难户;一大批与群众生产、生活密切相关的疑难问题得到有效解决,增强了地方创收致富活力。

第二,守牢生态安全屏障。祁连山浅山贫困片与生态功能区的高度重合性,决定了肃南县在扶贫工作中必须以生态安全为前提,否则势必导致扶贫攻坚难上加难。肃南县拟定的《祁连山水源涵养区生态保护与综合治理规划》获得国务院正式批复;编制完成《肃南县生态县建设规划》,实施了天然林保护、三北防护林建设、县城南北两山绿化和草原生态治理等工程,完成封山(滩)育林 145 万亩,退牧还草 1400 万亩,补播改良 342 万亩,草原防蝗灭鼠 1660 万亩,建设人工饲草基地 6.4 万亩、人工草地 11.3 万亩;落实草原生态保护补助奖励政策,全面加强禁牧和畜草平衡区域的草原管理;基于这一系列规划措施,当地生态植被得到有效恢复,森林覆盖率达到 21.8%,祁连山水源涵养能力显著增强。

第三,加快城镇化步伐。针对农牧民居住分散、四季游牧的实际情况,肃南县以县城和七个集镇为中心,通过完善各项配套功能设施、培育后续产业、改善人居环境等系列措施全面提升县城、乡镇和中心村的承载力和吸纳力，鼓励和引导农牧民集中定居；并通过减少生态区人为活动，最大限度地减轻人为因素对生态环境的负面影响。针对北部浅山片区贫困面集中、生态环境压力大的实际情况，肃南县自 1991 年以来采取了异地搬迁、集中安置的方式，将马蹄藏族乡等乡镇 604 户 2124 名农牧民搬迁到生产生活条件相对较适宜、土地资源较为丰富的明花乡。生态移民后，农牧民人均纯收入从初时不足 1000 元增加到 2017 年的 8000 余元，实现了生态移民和扶贫减贫的有机结合。近年，肃南县又对生态保护区核心功能区的 700 多户 3000 多名农牧民进行了易地搬迁和集中安置。截至 2017 年，全县农牧民集中定居率达到 65%。

第四，拓展农牧民生计来源渠道。肃南县坚持"产量调增、品种调优、效益调高、经济调活、牧民调富"的总体要求，按照"因地制宜、分类指导，提升质量、提高效益"的基本思路，大力调整农牧业产业结构，不断优化产业布局，提升农牧民致富增收能力。首先是着力构建绿色畜牧业体系。按照规模化、标准化和专业化的要求，围绕主导产业发展，加强重点贫困乡村产业结构调整优化，积极推广科学养畜，实施标准化生产，大力发展舍饲养殖、牛羊屠宰加工等产业。"十二五"期间，通过项目支撑与群众自筹相结合的方式，累计投入贷款贴息 216 万元，组建扶贫互助协会 13 个，兴办农（牧）家乐 22 家、电商服务网店 5 家，新增人工草地 1100 亩，引进优质种公畜 118 头（只）、基础母羊 1172 只。在明花乡等地因地制宜发展饲草种植，培植玉米、番茄、洋葱、辣椒等经济作物，不断扩大产业规模，提高农牧业生产综合效益，实现农牧民经济增收。同时，农牧业市场化和品牌化水平不断提高，"祁尔康"荣获"中国驰名商标"称号，"赛美努"和"九排松"荣获"甘肃省著名商标"称号，"惠成"牌草原牛羊肉通过绿色食品认证，"双海"西瓜被认证为无公害农产品等。截至 2017 年，肃南县内各类专业合作组织已达到 249 家，农畜产品加工企业达到 5 户。其次是全面落实强农惠农政策。随着全县贯彻落实农作物良种补贴、退牧还草工程饲料粮变现补助、政策性畜种保险补贴、能繁母猪补贴、草原生态保护补奖等相关政策，农牧民的政策性收入大幅度提高，各类补贴均通过"一折通"的形式发放到农牧民手中。再次是大力发展劳务经济。退牧还草工程、草原生态保护等系列生态保护政策实施后，牧区剩余劳动力数量增加。为缓解农牧村剩余劳动力就业压力、拓宽农牧民致富增收渠道，肃南县把加强劳务输出作为促进群众增收的主抓手，通过"技能培训、组织输转、信息化建设、品牌战略、引凤还巢"五项措施发展当地劳务经济，实行"群众点单、专家下厨、政府买单"的"菜单式"培训，全力抓实新型农牧民培育工作，向群众普及农牧业科技知识，提高劳动力科技素质，增强农牧民致富本领，促进贫困村农牧业增产和农牧民增收。"十二五"期间，全县共举办各类实用技术技能培训班 37 期 196 场次，开展现场培训指导 168 场次，聘请和抽调市、县专兼职培训教师 37 人，培训农牧民 12735 人次、"两后生"740 人，使 80% 以上的劳动力接受了 2~3 次培训、80% 以上的群众接受过职业技能培训。截至 2015 年，全县累计转移劳动力 4018 人。最后是大力发展服务业。肃南县依托当地丰富的旅游文化资源，秉持"政府引导、市场主导、企业主体、群众参与、整体推进"的原则，大力发展祁连玉石新兴产业和生态旅游业，鼓励和引导农牧民发展农（牧）家乐、旅游商品销售经营等服务业。截至 2015 年，全县建立了玉石个体加工销售点 200 多家，相关从业人员 1000 余人；农（牧）家乐达到 57 家，扶持创建星级农（牧）家乐 14 家，培育旅游专业示范村 1 个，极大地带动了农牧民增收。

第五，建设社会服务保障体系。肃南县是甘肃省推行农牧村和城镇居民养老保险制度、农牧村新型合作医疗和城镇居民医疗保险制度的示范县，率先实现了公立医院药品"零差价"销售、国家基本药物制度全覆盖；落实了"三免两补"15年免费教育政策，出台了贫困大学生政府救助办法和考入重点本科院校学生奖励办法，建立健全了覆盖全学段的农牧村教育保障机制；逐年提高城乡低保、五保供养、企业职工退休金、重点优抚对象抚恤金、"新农合"等补助标准，为贫困人口和弱势群体的生活托底。"十二五"期间，全县为5个贫困村符合条件的26户51人发放低保金8.61万元，为58户174人发放临时救助金22.7万元；新建、改建了5个贫困村卫生室，配齐配全基本诊疗设备，开展健康指导、培训、咨询等服务56场次；新建文化广场4处，配套完善文化室5个，开展"快乐老乡"、农牧民文艺汇演、民族体育运动会等活动10余场次，丰富了群众精神文化生活。

　　近四十年来，肃南县一方面吃透政策，认真贯彻中央和省地（市）关于"三西"建设比照藏区扶持精准扶贫等一系列方针政策；另一方面坚持市场化道路，结合县情，突出地方项目建设，开发特色产业，创新社会服务事业，于2016年基本解决了所有行政村道路、饮水、教育、卫生等方面的问题，实现了整县脱贫的目标，农牧村整体面貌发生了翻天覆地的变化。截至2015年，县地区生产总值由1982年的1385万元增加到288053万元，增长了207倍；财政收入由1982年的238万元增加到41615万元，增长174倍；农牧民人均纯收入13432元，比1982年的400元增加了13032元，增长33倍；贫困户人均可支配收入达到11910.6元，农牧村贫困人口由1982年的19000人下降到24人，累计有18976人实现脱贫；农牧村贫困发生率由1982年的69.3%下降到0.09%，下降了69.21个百分点。到2016年全县5个精准扶贫村所涉及的69户200名贫困人口均完成脱贫任务，实现插花型贫困县、建档立卡贫困村和贫困户当年整体脱贫目标；农牧民人均可支配收入由2013年的10705元提高到2016年的 14417 元，贫困户人均可支配收入由 2013 年的 5838 元提高到 2015 年的 11910.6 元。

三　实践反思

基于特定历史原因和资源禀赋限制，肃南县在扶贫开发过程中亦存在一些值得注意且可能影响县域可持续发展的现实问题，包括以下几方面。

一是产业培育不牢固。虽然贫困村农牧民人均纯收入高于国家规定的贫困标准，但经济结构单一，增收渠道狭窄，农牧户的产业发展仍然存在规模不大、特色不显、效益不高的问题，传统的生产经营模式没有根本改变，尤其受当前农畜产品市场价格波动的影响，农牧民应对市场风险能力弱，替代性增收保底的产业培育不足，持续增收的难度越来越大。

二是农牧民受教育程度低，致富技能不足，增收难度较大。一方面，群众科技文化素质低，对农牧业实用新技术的接收速度慢，严重制约了自身的发展。另一方面，农牧民总收入中转移性收入比重较高，依靠农牧业产业转型和发展服务业的收入比重较低，且农畜产品价格易受市场波动影响，加之草原生态保护补助奖励政策实施后的配套产业培育尚未形成规模，一些群众抵御风险和自我发展的能力脆弱。此外，受居民消费价格指数持续上涨、自然条件制约和消费观念影响，肃南县城乡居民生活消费支出和非消费性现金支出过大。

三是村集体经济积累少。各村除草原奖补资金外，基本上没有集体经济收入，导致村庄在开展各类建设时普遍存在办事越多、欠账越多的现象。

四是公共设施和社会事业发展滞后。肃南县的地理位置特殊，大多数农牧村地处偏远山区，牧民居住分散，基础设施建设相对滞后，抵御大的自然灾害能力较弱，群众行路难、饮水难、用电难、通信难的问题依然存在，农牧业综合生产能力受到制约和影响。贫困村普遍存在水、电、路、房等基础设施建设滞后和文化、医疗等公共服务设施不健全的问题，特别是分散居住点的农牧民还存在一定程度的行路困难。

五是生态环境持续恶化，经济发展与生态保护矛盾尖锐，产业结构调整受生态环境制约大，盲目追求一时的经济效益，导致草原、土地等生产资源经济效益低。

肃南县在扶贫攻坚过程中，一方面在思想上对现实问题抱有清醒认识，另一方面从行动上积极采取应对措施，主要包括以下几点。

第一，突出"三新举措"强基础。一是认真勾画精准扶贫精准脱贫新蓝图。始终紧盯在全省少数民族地区率先建成全面小康社会这一目标，精准对接"全面建成小康社会统计监测指标体系"，着力寻差距、补短板，在精准识别扶贫对象、建立完善数据平台的基础上，经过深入调研谋划，确定了"六年三步走"的精准扶贫"路线图"：从 2015 年开始，5 个建档立卡贫困村当年实现整体脱贫，20 个扶贫成果巩固提升村在 3 年内达到与全县农牧村同步的发展水平，全县 102 个农牧村在 6 年内实现全面建成小康社会的目标。县域层面，短期目标和长远规划相结合，全面实行"挂图作战"，成立"指挥部"，张贴"作战图"，制定"施工图"，列出"推进表"，将工作措施精准到村、到户、到人，做到总体规划科学、年度计划明确、推进步骤清晰、帮扶任务具体。二是积极探索牧区精准扶贫精准脱贫新路子。按照"以县城为中心，以七个乡镇为重点，辐射部分中心村"的总体思路，整合生态移民、退牧还草、扶贫开发、黑河流域综合治理等项目资金，大力实施游牧民集中定居工程和后续产业培育项目，达到搬迁一方群众、建好一处家园、实现一地脱贫的效果。三是凝聚精准扶贫精准脱贫新合力。认真贯彻落实习近平总书记视察甘肃时的重要指示精神，按照"八个着力"的要求，制定出台了《肃南县深入推进"1236"扶贫攻坚行动的实施意见》等一系列政策文件，坚持把精准扶贫作为"一把手"工程来抓，加强组织领导，整合扶贫力量，力促双联行动与精准扶贫深度融合，完善县级领导包村、部门单位联村、帮扶干部到户"三个全覆盖"和帮扶措施"四到村""十到户"机制，形成了建档立卡贫困村一套工作队伍和市、县、乡（镇）、村四级联动及市、县两级部门（单位）共同帮扶的"142"帮扶工作体系。为有效推进双联工作，确保全县5个建档立卡贫困村实现当年脱贫，按照双联干部帮扶退补机制和贫困村户动态调整机制，重新调整了15个市直帮扶部门（单位）和107个县直部门（单位）的1170名干部，共帮扶1362户联系户；在5个建档立卡贫困村成立由31人组成的驻村帮扶工作队，形成了建档立卡贫困村市、县、乡三级领导加市、县两级部门加一个帮扶工作队的"3+2+1"工作力量。立足贫困村实际，积极对接省、市精准扶贫工作方案，制定出台了"1+16"精准扶贫工作方案，整合饮水安全、动力电覆盖、通村道路、危房改造、公共服务体系建设、社会保障等一揽子政策，全面支持贫困村、贫困户脱贫脱困。仅2015年，共整合各类项目资金7878.14万元，实施重点项目93项，解决了一大批与群众生产生活息息相关的问题，使建档立卡贫困村群众当年整体实现走水泥路、用动力电、喝安全水、住小康房的目标。2016年又整合项目116项，投资8797.8万元，其中财政专项扶贫资金1073.12万元，对贫困村、贫困户基础设施条件进行了巩固提升。

第二，坚持"六个同步推进"促发展。一是坚持精准扶贫与产业培育同步推进。立足特色资源，大力发展多元富民产业，不断增强贫困村、贫困户的造血功能和持续发展能力。突出绿色畜牧业和特色文化旅游业两大富民主导产业，出台支持绿色畜牧业发展的意见，设立畜牧业发展专项资金，通过大力发展舍饲养殖、推进畜产品精深加工、扶持养殖大户和专业合作组织、依靠品牌提升促进畜牧业增值，提高农牧民收入水平。依托特色文化旅游资源，建设全国全域旅游示范区，引导群众积极参与文化旅游业，大力发展农（牧）家乐、家庭旅馆、特色餐饮等服务业，不断增加农牧民收入。抢抓"互联网+"发展机遇，依托乡土资源优势，采取"政府+电商企业+农牧户"的运营模式，搭建"网货下乡"和"山货进城"平台，加快农村电子商务发展，不断拓宽农牧民增收渠道，确保农牧民收入稳步增长。二是坚持精准扶贫与民生改善同步推进。充分发挥政策的"兜底"作用，全面落实农牧村低保、养老、新农合、"两孤一残"等社会保障政策和粮食直补、农机补贴、草原补奖等强农惠农政策，进一步完善农牧村特困户生活救助、临时补助和大病救助等救助体系，瞄准贫困户的个体差异，逐户分析致贫原因，因户因人精准施策，不断提高民生保障水平，确保城乡同步实现全面小康。先后帮助解决群众难题293件，化解矛盾纠纷262起，办各项实事1265件，加快了脱贫致富步伐。三是坚持精准扶贫与美丽乡村建设同步推进。在整村推进精准扶贫的同时，按照"美丽乡村"建设各项指标，使5个贫困村在实现当年脱贫的同时，同步建设成为生产特色化、牧民定居化、服务社区化、环境生态化、生活现代化的"五化"美丽乡村，已建成省级"千村美丽"示范村2个、省级"万村整洁"试点村40个，实现了农牧民安居乐业。四是坚持精准扶贫与生态保护同步推进。主动担当维护西部生态安全的历史责任，通过争取生态补偿机制、实施生态移民搬迁、加快农牧民转产就业、完善社会保障体系等办法，把生态功能区的农牧民搬迁出来，一方面减轻生态压力，另一方面改善群众的生产生活条件，实现了生态保护与群众增收"双赢"。五是坚持精准扶贫与巩固提升同步推进。在抓好5个建档立卡重点贫困村整体脱贫工作的同时，将20个相对贫困村确定为巩固提升村，做到与贫困村"六同步"，即工作部署上同安排、目标任务上同落实、项目建设上同实施、资金投入上同倾斜、帮扶力量上同加强、工作成效上同考核，协调推进全县脱贫攻坚进程。六是坚持精准扶贫与落实民族政策同步推进。将落实民族政策与精准扶贫深度融合，结合两个共同示范、牧民定居工程、草原补奖政策落实、民族团结进步宣传教育等，最大限度地整合项目、资金、人力、物力等各类扶贫要素和政策资源，形成了高位推动、社会互动、上下联动的强大合力。

第三，做到"六个必须"抓带动。一是必须坚持把精准识贫摆在首位。通过科学有效的程序把贫困村、贫困人口精准识别出来，全面掌握贫困人口的数量、分布、贫困程度、致贫原因等情况，并逐村逐户建档立卡，做到底数清、问题清、对策清、目标清、任务清、责任清。二是必须因村因户分类精准施策。逐户分析致贫原因，号准"脉"，找准"症结"，选好"药方"，坚持"一户一策"，逐户制定帮扶计划和举措，明确帮扶责任人，确定具体的帮扶任务、标准、措施和时限要求，不断提高精准帮扶的针对性和实效性。三是必须强化项目资金整合。以重大扶贫项目为平台，建立协调推进机制，打好项目资金"组合拳"，集中力量办大事，切实解决影响贫困地区发展的关键性问题，形成扶贫攻坚强大合力。四是必须因地制宜发展多元富民产业。通过大力发展符合地方实际的特色富民产业，不断拓宽贫困群众增收致富渠道，变输血为造血，真正走出一条促进贫困地区长远发展的脱贫致富之路，实现稳定脱贫目标。五是必须发挥贫困户的主观能动作用。探索建立惠农（扶贫）政策激励机制，实行以奖代补、奖勤罚懒，激发贫困户致富愿望，变"要我脱贫"为"我要脱贫"，提高自我发展能力，增强脱贫致富的内生动力。六是必须探索创新扶贫工作机制。做到对扶贫对象精准化识别、对扶贫资源精确化配置、对扶贫目标精细化管理、对脱贫责任精准化考核，改"大水漫灌"为"精确滴灌"，扶真贫，真扶贫，全力提升扶贫攻坚效能。

第四，紧盯"三个关键"保核查。一是精心组织、周密安排是关键。根据省、市有关要求和县委、县政府的部署，肃南县脱贫攻坚领导小组结合县域实际，于 2016 年 9 月 22 日制定下发了《关于对贫困人口精准识别精准退出工作进行全面核查的通知》和《关于做好双联行动有关工作的通知》，对全县贫困人口精准识别、精准退出核查工作和双联工作开展进村入户"大走访、回头看"活动。二是走访群众、落实任务是关键。全县各乡镇、联村单位和驻村工作队，根据省、市下发全面核查的通知和县级安排，按照不漏一村、不漏一户的要求，深入村户，把走访与了解精准扶贫政策兑现、了解农牧村低保对象评定、了解农牧民收入和住房状况结合起来，坚持问题导向，着重对有特殊困难、邻里不和、鳏寡孤独等家庭及心理有创伤、精神有疾病等的群众进行全面摸排。三是精准识别、数据可靠是关键。按照扶贫对象精准识别、因户施策、脱贫退出、巩固提高、返贫动态"五个真实可靠"的要求，重新对照"853"挂图作业和逐户核实填写的《三本账》数据信息对贫困人口信息、档案资料进行"回头看"，做到了平台数据与行业部门数据相对接。对精准扶贫大数据平台系统中有关扶贫对象建档立卡基础数据、脱贫人口认定、帮扶责任人、驻村工作队等信息，开展核查对比、数据清洗和整理工作。

四　发展展望

基于全县自然地理条件、社会经济发展和贫困区域状况，肃南县将祁丰乡青稞地村、祁林村、甘坝口村，康乐乡桦树湾村、墩台子村、隆丰村，白银乡白银村，大河乡白庄子村、金畅河村、喇嘛湾村，马蹄乡肖家湾村、二道沟村、荷草村、徐家湾村，明花乡中沙井村、贺家墩村、深井子村，皇城镇东庄村、向阳村、东顶村等 20 个村作为"十三五"期间扶贫开发巩固提升的重点扶持区域。按照"六年三步走"的要求，20 个巩固提升村将在 2020 年之前达到与全县农牧村同步的发展水平，全县 102 个农牧村将在 2020 年初步实现全面建成小康社会的目标，从而推进全县扶贫工作实现由粗放到集约、由"漫灌"到"滴灌"的实质转变。其间，重点投入基础设施建设、富民产业培育、合作组织建设、公共服务保障、金融资金支持、能力素质提升和生态环境保护等7个方面，规划实施项目七大类484项，涉及资金17.18亿元；预计到2020年，肃南县贫困群众年人均纯收入增幅高于全县平均水平6个百分点，达到20000元以上。

肃南县"十三五"期间精准扶贫精准脱贫的建设任务主要包括两个方面。第一个方面是县级项目需求层面，主要包括到片到村项目、到户项目、到人项目三个方面的建设任务。到片到村项目，重点包括通村道路建设、村间道路建设、安全饮水管网建设、自然村通动力电、宽带网络建设、农民专业合作社建设、互助资金协会（社）建设、幼儿园建设、标准化村卫生室建设、综合性文化中心（乡村舞台）建设、老年人日间照料中心建设和其他项目等。到户项目，重点包括生态移民搬迁、种植业、养殖业、精准扶贫专项贷款、乡村旅游扶贫、电商扶贫、卫生厕所建设和其他项目等。到人项目，重点包括参加大病救助医疗报销、"两后生"培训、贫困户1户1人劳动力技能培训、接受学前教育的贫困家庭子女免保教费、贫困家庭就读中职的学生免学费、贫困家庭就读省内高职院校免学费与书本费和其他项目等。第二个方面是贫困村项目需求层面，主要包括基础设施建设、富民产业培育、社会事业发展三个方面的建设任务。基础设施项目，包括通村道路建设、村间道路建设、安全饮水工程、自然村通动力电、宽带网络建设、卫生厕所建设、生态移民搬迁和其他项目等。富民产业项目，包括农民专业合作社建设、互助资金协会（社）建设、精准扶贫专项贷款、种植业、养殖业、乡村旅游扶贫、电商扶贫、"两后生"培训、有需求的劳动力技能培训和其他项目等。社会事业项目，包括幼儿园建设、标准化村卫生室建设、参加大病救助医疗报销、接受学前教育的贫困家庭子女免保教费、贫困家庭就读中职的学生免学费、贫困家庭就读省内高职院校免学费和书本费、老年人日间照料中心建设和其他项目等。

如上两个方面的建设任务又可进一步分解为以下几步走。

第一，抓好2016年已经整体脱贫的5个建档立卡重点村扶贫攻坚成果巩固工作。在特色优势产业培育上，每年安排3个村实施整村推进项目，每个拥有劳动力的贫困户至少加入1个合作组织，贫困户从非农产业中获取的收入超过50%，20个巩固提升村创建示范专业合作社20个，2018年农畜产品加工业总产值比2016年增长50%，2020年实现翻番，初步建成种养加、产供销协调推进的多元富民产业体系，实现村有主导产业、户有增收门路、劳动者有增收技能的目标。

畜牧业是肃南县农牧民增收的传统主导产业。肃南县"十三五"规划目标的实现将依托自身特色和优势，充分挖掘"绿色"和"天然有机"的优势性本土资源，加强农牧业生产环境保护与治理，加快产业结构调整和生产方式转变，着力提升农牧业生产水平，增强农牧业创新发展能力，形成产业规模和品牌优势，促进农牧民收入大幅度提高，如下三大措施是重点。

一是调整产业结构，优化区域布局。突出甘肃高山细毛羊主导地位，巩固扩大细毛羊生产基地。继续采取政策引导、资金扶持，夯实细毛羊发展基础，扩大细毛羊养殖规模。坚持提质增效，大力普及推广标准化生产技术，提高生产性能。重点巩固扩大皇城、康乐、大河三个细毛羊优势区生产规模，稳步向马蹄、明花、祁丰等适宜细毛羊养殖的区域扩展，不断壮大细毛羊产业规模，力争全县细毛羊饲养量达到75万只以上，发挥规模品牌带动效应。以明花、祁丰浅山地区、白银大瓷窑点和其他农作物秸秆资源丰富、牧草种植面积大的区域为重点，突出肉用性能，以舍饲、半舍饲为主要模式，推广多胎繁殖技术，提升养殖效益，发展肉羊生产，稳步建立肉羊生产基地。在马蹄、祁丰及康乐杨哥、德合隆、大河松木滩、大岔等村高原地区建设藏系羊生产基地，加快周转，加大出栏量，发展以羔羊放牧育肥出栏为主的绿色有机畜牧业，实现资源的可持续利用和经济效益最大化。重点在皇城、康乐、大河等乡（镇）高海拔区域，建立优质高原牦牛生产基地，采用夏秋放牧、冬春适度补饲的办法，缩短饲养周期，走绿色有机的产业化之路。建立饲料安全评价系统，明确饲草料种植投入品使用类别，确保饲草料绿色生产。加快高标准绿色饲草料生产基地建设，进一步扩大优质牧草种植面积，保障绿色饲草料有效供给。积极引进现代草畜产品生产加工企业，重点推进工业化饲料生产及青贮饲料、天然饲草和人工草场优质牧草的加工，进一步提高饲草料利用率。在稳定发展粮食生产的基础上，充分挖掘区域种植资源禀赋，大力发展高原夏菜、马铃薯、小杂粮、中药材等特色优势农作物。推行小群体、大规模"一乡一业一品"或"多乡一业一品"等集约化的经营模式。

二是转变发展方式，推动产业升级。积极转变养殖方式，认真研究推进绿色有机畜产品生产基地的各项措施，在细毛羊和牦牛养殖优势区，鼓励、支持农牧民创建示范性家庭牧场，以点带面，点面结合，系统推广标准化生产技术，稳步扩大绿色有机畜产品生产基地建设，力争用5年时间建成有机畜牧业示范县。着力延伸产业链条，积极培育和支持农畜产品龙头加工企业，促进农畜产品加工增值，提高辐射带动能力。规范各类农牧民专业合作社，积极推广"企业＋合作社＋农牧户"的经营模式，提高农牧民参与市场竞争的能力。大力拓宽农畜产品销售渠道，及时收集、发布农畜产品价格信息，指导农牧民销售农畜产品，提高农畜产品流通率，推动农牧业产业化健康有序发展。积极发展电子商务，创新新常态下的流通方式和流通业态，坚持企业主体、政府引导、市场导向，鼓励社会力量发展面向农牧村的电商网购业务，拓展特色优势畜产品销售平台，建立畜产品流通骨干网络，开展网上展示和网上洽谈，加强信息沟通，搞好产需对接。推进电商与实体流通结合，拓宽销售渠道，畅通各种形式的对接直销，促进绿色、有机畜产品销售。

三是发展规模适度的多种经营，多渠道增加农牧民收入。在总结土地（草原）确权登记颁证试点工作经验的基础上，稳步推进农牧村土地（草原）确权登记工作，稳定和完善农牧村土地（草原）承包关系，保障农牧民合法权益。规范发展农牧民专业合作社，积极创建国家级、省级、市级示范性合作社，以示范社为载体，加强合作社监管，促进合作社规范化发展，创建培育家庭农（牧）场，带动产业提质增效。依托优美的自然风光和良好的生态环境，大力发展休闲观光农牧业，带动农牧村发展、农牧民增收。通过财政专项扶贫贴息贷款、双联惠农贴息贷款、农村信用贷款、小额创业贷款等扶持政策，为有发展意愿的贫困户提供资金支持，力争通过5年时间培育50户以上创业能人发展的个体经济。坚持把劳务输转作为贫困群众增收的重要途径之一，抓紧全县季节性劳务用工的时机，鼓励致富能人、大学生回乡创业致富，形成"劳务培训—劳务输出—返乡创业—发展经济"的劳务产业发展新路子。计划每年稳定输出贫困劳动力1000人次以上，力争使每户贫困户至少有1名劳动力外出务工就业，使缺乏生产资料及资金的贫困户到城市务工定居并发展成为产业工人，人均实现劳务纯收入2万元，使劳务收入占到贫困户收入的70%左右。同时，探索贫困户发展致富新模式、新路子，支持乡村旅游扶贫、光伏扶贫、电商扶贫等项目。

　　第二，全面提升基础设施建设水平。20个巩固提升村通村道路硬化率、水利设施覆盖率、标准化卫生室覆盖率、饮水安全保障率、电网升级改造率均达100%，贫困户危房改造率达到100%。2020年前，102个建制村100%通沥青（水泥）路，实现"乡有客运站、村有汽车停靠点、村村通班车"的农牧村客运网络全覆盖。

　　第三，大力发展社会服务和社会保障支持体系。统筹各类公共服务资源，集中实施一批民生工程，积极推进基本公共服务均等化，主要包括如下四方面。

一是优先发展教育事业。加大教育投入，优化教育结构，推动公共教育资源向乡镇倾斜，促进各类教育事业协调发展。全面实施学前教育，推进肃南县第二幼儿园和祁丰、大泉沟、铧尖、泱翔等乡镇中心幼儿园建设项目；全面改善义务教育薄弱学校基本办学条件，加强校舍改造和设备配备，实施肃南一中和红湾小学教学楼、图书实验综合楼建设项目，建设肃南二中、马蹄学校、明花学校、祁丰学校、康乐明德学校图书实验综合楼项目；强力推进特色高中建设，大力实施高中新课程改革，努力提高教学质量，确保高考一本、二本录取率和总录取率稳中有升；重点扶持义务教育，巩固提高"两基攻坚"成果，推进义务教育均衡发展，提高幼儿保教质量，适龄幼儿学前三年毛入园率均达到80%以上；推进义务教育学校标准化建设，到2020年，适龄学生小学入学率均达到100%，初中入学率达到99%以上，九年义务教育巩固率达到99.5%以上。

二是积极发展医疗事业。深化医药卫生体制改革，实行医疗、医保、医药联动，推行分级诊疗、预防为主，加快建立覆盖城乡的基本医疗卫生制度和现代医院管理制度。坚持中西医并重，促进中医药、民族医药发展。全力推进健康中国建设，逐步实现村标准化卫生室全覆盖。加快扶贫重点村卫生服务能力建设，提高扶贫重点村乡村医生待遇，强化乡村医生培训，鼓励医务人员到扶贫重点乡村工作，增加全科医生数量，积极开展对口协作、对口支援。每年选派一定比例的县级医疗机构医护人员到扶贫重点乡村开展不少于1年的卫生扶贫工作。完善农牧村贫困家庭医疗政策，加大医疗救助力度，逐年提高报销范围、比例和补助水平，力争2020年参合率达到99%以上。

三是繁荣发展文化事业。巩固国家公共文化服务体系示范县创建成果，实现"四馆一中心"、乡镇文化站、行政村"乡村大舞台"等全覆盖，引导文化体育资源向乡村倾斜。支持民间文化艺术创作，开展健康向上的民俗文化活动。深入实施全民健身国家战略，普及推广体育健身项目，推进健身技能入户工程和校园足球行动计划，实现社区、中心村体育设施全覆盖。支持户外运动发展，打造具有民族特色和一定影响力的精品体育赛事，示范带动全民健身活动广泛开展。提升广播电视户户通水平，使数字电视、宽带入户率均达到100%，不断丰富农牧村群众的精神文化生活（见图2-2）。

图2-2　肃南县赛马大会

（林红，摄于 2017 年 5 月 20 日）

四是稳步推进社会保障事业。健全社会保障体系，实施全民参保计划，基本实现法定人员全覆盖。坚持精算平衡，完善社保资金筹资机制，分清政府、企业、个人等责任。适当降低社会保险费率。完善养老保险关系转移接续政策，健全多缴多得激励机制。拓宽社会保险基金投资渠道，发展职业年金、企业年金、商业养老保险。健全医疗保险稳定可持续筹资和报销比例调整机制，改革医保支付方式，发挥医保控费作用，实现居民医保和新农合筹资水平与医疗费用增长速度合理挂钩。改进个人账户，开展门诊费用统筹，全面实施城乡居民大病保险制度，鼓励发展补充医疗保险和商业健康保险，推进生育保险和基本医疗保险合并实施。支持慈善事业发展，广泛动员社会力量开展社会救济和社会互助、志愿服务活动。截至 2020 年，贫困生九年义务教育巩固率达到 99.6% 以上，高中阶段毛入学率达到 95% 以上，贫困户新农保参保率、新农合参合率均达到 99.5% 以上，贫困户宽带入户率达到 70% 以上，20 个巩固提升村文化体育广场配套覆盖率、金融网点覆盖率达到 100%。

第四，全面提升群众能力素质。加大对贫困户技能培训的倾斜力度，提高培训的针对性和实效性。每个贫困家庭至少有 1 人掌握 1~2 项实用技术，实现贫困户技能培训、新增"两后生"年内培训全覆盖。整合资源，支持职教中心和职业培训机构根据市场需求开展订单、定向培训，加强与发达地区职业院校的联合办学。鼓励农村劳动者参加职业技能鉴定，对取得职业资格证书的按规定给予补贴。鼓励本地区企业以"工读结合、半工半读"等形式对企业吸纳的劳动者进行岗前培训。通过项目、资金、培训等方式扶持致富带头人，鼓励创业兴业。开展"致富能人""技术能手"等评选活动。鼓励支持优秀大学生村官和"三支一扶"大学生等基层服务项目参与人员扎根农牧村，成长为农牧村致富带头人。有针对性地开展农牧村经纪人培训，加强信息服务，建立激励机制。支持科研机构和企业深入农牧村，围绕产业发展开展技术推广和技能培训。鼓励科技人员现场示范、指导农牧业科技的应用，与农牧户建立互利共赢的合作关系。

第五，加强金融资金服务乡村发展。肃南县 2015 年已建成便民金融服务点 28 个，金融机构布放 POS 机 176 台，手机银行用户达到 8924 户，网银用户达到 6810 户；5 个建档立卡贫困村均设置便民金融服务点，实现金融服务组织全覆盖；2015 年全县金融机构涉农贷款余额 10.70 亿元，同比增长 16.16%，支农再贷款达到 7500 万元。全县金融机构为 5 个建档立卡贫困村发放扶贫贷款 1300 万元，其中发放精准扶贫专项贷款 300 万元（60 户）；并于 2017 年实现了金融机构对空白乡镇的全覆盖，2018 年完成对所有有劳动能力、有发展生产贷款意愿、有技能素质和一定还款能力的建档立卡贫困户的金融支持，确保其都能够得到免抵押、免担保、基准利率、5万元以下、3年以内、政府全额贴息的精准扶贫专项贷款，实现了所有有贫困户的行政村扶贫互助资金全覆盖。预计到2020年，全县新增存款可贷资金85%以上用于支持当地发展，形成覆盖所有贫困村的多层多元金融服务体系。

第六，加大生态环境保护力度。坚持保护治理和自然恢复相结合，以祁连山水源涵养区生态环境综合治理规划为主线，大力实施冰川、森林、草原、湿地、防护林体系建设和中小河流域综合治理等生态保护项目，落实生态保护综合措施，不断提高生态保护治理成效。继续推进三北防护林、生态公益林以及退耕还林、防沙治沙等工程建设，争取将更多的祁连山生态保护和小流域综合治理项目纳入国家中长期发展规划中。积极应对天然草原严重退化和草地局部治理整体恶化的态势，继续巩固落实禁牧和休牧以及划区轮牧、草畜平衡等制度。继续推进退牧还草、天然草地综合治理和"三化"草地综合治理等项目，大力推广草原围栏封育、补播改良、虫鼠害生物防治技术，全面落实天然草地禁牧、草畜平衡制度，加大后续监管力度，巩固草原生态保护成果。积极推广和开展圈窝地种草、人工草地、舍饲养殖和饲草料基地建设，减轻天然草原载畜压力，促进良性演替；强化草地生产能力监测和动态分析，合理确定天然草原载畜量，促进草原生态植被有效恢复，提高天然草原生产能力，使牧草盖度平均提高15%以上、总产草量提高10%以上。积极用足用好国家及省、市各项政策及民族政策，认真组织实施草原生态保护补助奖励政策，继续争取实施第二轮更大规模的退牧还草工程，继续争取生态易地搬迁等项目。

五 组织保障

肃南县"十三五"规划目标能否顺利实现，关键在于以县政府为核心的一套组织体系能否充分发挥作用，从而为行动过程提供有效支持。这套组织化保障体系可分解为如下几个方面。

第一，切实加强组织领导，落实工作责任。继续实行扶贫工作党政"一把手"负责制，切实把脱贫攻坚纳入重要工作日程，建立到村、到户的扶贫工作机制。明确各乡镇、各部门责任，形成全方位各司其职、各负其责的组织领导工作格局，充分发挥县脱贫攻坚工作领导小组的综合协调作用，建立和落实脱贫攻坚领导责任制及贫困退出工作机制，建立健全贫困县考核工作机制以及"3342"脱贫验收责任体系。

第二，加大资金投入和监管力度。按照每年少数民族发展资金、以工代赈资金、财政扶贫资金、扶贫贴息贷款等专项资金的要求，各相关部门建立专项扶贫资金稳定增长机制，逐年增加扶贫投入。探索建立资金整合机制、扶贫资金竞争性分配机制、金融资金保障机制、资产收益性扶贫机制、扶贫资金监管机制等。农牧、水务、交通、文广、民政、教体、卫计、民宗等部门在解决农牧村饮水困难、通村公路建设、广播电视村村通建设等方面继续发挥行业优势。同时，动员社会各界帮助扶持贫困村和贫困农牧民，抓住省、市、县三级领导帮扶薄弱村党组织建设的有利时机，争取更多的帮扶资金和物资，充分发挥各对口帮扶单位的作用。坚持和完善资金项目公告公示制度，公告公示项目建设内容、资金使用和受益贫困人等信息，扶贫资金使用和项目安排主动接受媒体和社会监督，确保扶贫工作在阳光下进行；对截留、挤占、挪用、贪污、挥霍扶贫资金的违法违纪人员和相关责任人，依法依纪从严查处。

第三，不断创新完善扶贫工作机制。强化工作考核，健全"853"精准管理工作机制，建立对口帮扶常态化机制，实行扶贫对象动态管理机制、精准脱贫管理机制；每年确定一批美丽乡村建设重点村，在全面落实项目资金"五个倾斜"的基础上，继续实行重点倾斜政策，加快完善农牧村路、水、电、房等基础设施，通过整村推进方式，确保五年内全县所有建制村实现走水泥路、用动力电、喝安全水、住小康房的目标，营造干净整洁、山清水秀的人居环境。

第四，开展工作考核与绩效评价。坚持将脱贫攻坚纳入工作绩效考评范畴，建立和落实脱贫工作领导责任制，将脱贫任务、目标和措施落实到各乡镇、各部门。各乡镇、各部门"一把手"负全责，主管领导具体抓，一级抓一级，层层抓落实，限期完成任务。在县脱贫攻坚领导小组的综合协调下，各乡镇、各部门要根据国家及省、市制定的脱贫攻坚工作考核和财政专项扶贫资金绩效考核细则，完成本县的脱贫攻坚工作考核与绩效评价。

第五，有计划推进项目建设。全县各部门围绕规划的重点项目，抢抓政策机遇，积极争取中央和省市投资，大力招商引资，用足用活信贷政策，奋力推进重大前期工作项目，进一步完善项目库建设，加快实施在建重点工程，促进固定资产投资持续增长，全县上下抓项目，行业业业建项目，在优化结构的前提下扩大投资规模，不断增强经济发展的动力和活力，用项目的大建设推动全县脱贫致富奔小康。

第二节 镇村视角下的扶贫工作

一 基本情况

乡镇在国家发展大背景下，以其所处地理位置的功能化发展，从乡村行政中心逐渐扩展为乡村集市贸易中心、乡村工业中心，在地方发展进程中扮演的功能性角色日渐丰富。甘肃省1983年建制镇数量为63个，1985年达到152个，1989年为159个，1993年为191个，2001年为326个，2003年达到460个，2014年达到494个；2014年，全省小城镇常住人口达1273.63万人，占全省常住人口的 49.2%。

康乐镇位于肃南裕固族自治县中部，地处祁连山北麓中段，东靠肃南县马蹄藏族乡，西接肃南县大河乡，南与青海省祁连县毗邻，北与临泽县倪家营乡、甘州区甘浚镇接壤。镇境东西长约 47 公里，南北宽约 69 公里，总面积 2079 平方公里。平均海拔 2625 米左右，年平均气温 1~3℃，无霜期 70~120 天，年日照 2683 小时，年降雨量 250~350 毫米。有可利用草原 261.7 万亩（其中禁牧草场 104.6 万亩、草畜平衡草场 157.1 万亩），森林面积约 45 万亩，农作物播种面积 4508 亩（其中粮食作物 4219 亩、经济作物 154 亩、牧草 135 亩）。2016 年末全镇存栏各类牲畜共计 11.14 万头（只），其中大畜 1.74 万头（牦牛 1.71 万头，占大畜的 98.28%）、小畜 9.4 万只（细毛羊 7.6 万只，占小畜的 80.85%）。2016 年，全镇经济总收入达 7283 万元，农牧民人均纯收入 14784 元。

康乐镇辖 13 个行政村 1 个农牧村社区，镇辖内有裕固、蒙古、藏、汉、土家、回、东乡 7 个民族，共 1324 户 3428 人。镇党委下设 21 个党支部（农牧村 13 个），共有党员 328 名。其中，农牧民党员 250 名，机关事业单位党员 78 名；女党员 93 名，少数民族党员 236 名，60 岁以上的党员 62 名，预备党员 16 名。康乐镇先后被环保部授予"国家级生态乡镇"荣誉称号，被省委、省政府表彰为"文明村镇创建工作先进乡镇""精神文明建设先进乡镇"，榆木庄村被农业部推介为"中国最美休闲乡村"。

康乐镇所辖赛鼎村于 2015 年被列入张掖市 65 个建档立卡贫困村之一，也是康乐镇唯一的建档立卡贫困村（见图 2-3）。赛鼎村位于康乐镇镇政府驻地西南方向，是一个以裕固族为主，汉、藏、回、土家等多民族聚居的山区牧村，东距镇政府驻地 34 公里，西距肃南县城 42 公里，总面积 142 平方公里，平均海拔 3000 米，共有可利用草原 22.7 万亩、饲草地 421 亩。现有户籍人口 121 户 348 人，其中劳动力 207 人，占总人口的 59.5%，低保户27户37人，残疾人9户10人。饲养各类牲畜15790头（只），其中细毛羊12642只，已建成暖棚羊舍91座，全村从事畜牧业生产153人，占总人口的44%。村内有通镇硬化公路1条28公里，通村砂石主干道3条56公里。全村新型农村合作医疗参合率99%，自来水入户率85%，照明电覆盖率97.4%，通信普及率和广播电视覆盖率均为100%。2014年，全村经济总收入659.25万元，其中畜牧业收入606.5万元，占经济总收入的92%，农牧民人均纯收入达10649元。2015年，全村经济总收入731万元，人均纯收入达到11927元，7户精准扶贫户人均纯收入达到10581元。

图2-3　赛鼎村村部一瞥

（林红，摄于2017年7月13日）

二　经验成效

2015年，肃南县委、县政府将赛鼎村列入全县5个建档立卡精准扶贫村之一，实施当年限期整体脱贫。康乐镇成立了由市县联系领导、帮扶单位和乡村干部组成的赛鼎村精准扶贫工作领导小组，组建了以乡党委包村领导为队长，以驻村干部、挂职干部、大学生村官为队员的帮扶工作队。由工作队牵头，组织召开乡村两级班子会、群众会议、联系对接会，制定出台康乐镇赛鼎村精准扶贫方案，按贫困原因、贫困类型、贫困程度，分阶段实施脱贫工作。

第一，确定"1+14+7"精准扶贫措施。按照"摸清底子、建档立卡、因村施策、一户一策"的办法，驻村工作队牵头，会同联村单位责任人、联户干部、村"两委"班子成员，深入贫困户摸底子、出主意，召开座谈会议，分析研判产业发展瓶颈，认真对接县"1+16"精准扶贫工作方案，在号准"病脉"、找准症结的基础上，提出了"1+14+7"精准扶贫措施。"1"即1个精准扶贫整体方案；"14"即14项项目支持，围绕基础设施建设、富民产业培育、公共服务保障、村容村貌整治、能力素质提升五个方面，确定年度实施的14项项目，以项目建设破解制约发展的水、电、路、房等瓶颈，以产业结构调整壮大富民产业，以能力素质提升拓宽群众增收渠道；"7"即7个户扶贫计划，在摸清底子的基础上，驻村工作队和帮扶责任人结合贫困户发展实际，与贫困户共同商讨制定户扶贫计划，明确目标任务、帮扶措施，解决好"帮扶谁""谁来帮""怎么帮"的问题。

第二，实行扶贫工作因户施策，帮扶到人。工作组针对7户20人的精准扶贫对象确定了"三级联扶"帮扶责任人，根据每户每人的不同情况实施帮扶。针对有劳动能力、无发展动力的，重点从协调项目资金或贷款入手，通过扶智、扶技，积极引导他们发展特色富民产业，拓宽增收渠道；针对因病、因残等丧失劳动能力的，主要通过项目帮扶完善基础设施，协调落实民政低保、医疗救助、社会救助等社会保障政策，使其基本生活得到有效保障；针对因学致贫的，通过协调落实助学贷款、社会救助和技能培训提高致富本领，以帮助他们渡过难关。

第三，将项目建设作为精准扶贫的推进手段。工作队坚持"项目跟着扶贫走"的原则，以项目建设破解制约发展的水、电、路、房等瓶颈，调整产业结构，培育壮大富民产业，拓宽群众增收渠道。2015年共确定年度重点实施项目14项，总投资1139.5万元，其中国家投资998.4万元、群众自筹141.1万元。基础设施建设方面，投资 480 万元完成中华裕固风情走廊景区至牛心墩居民点 6 公里通村道路硬化并交付使用，投资 43 万元完成青达坂顶至石大门 16 公里牧道维修；投资 48 万元建设人畜安全饮水工程，建成 500 立方米蓄水池；投资 206.4 万元（国家投资 140.8 万元、群众自筹 65.6 万元）完成牛心墩居民点 52 套危旧房改造。公共服务保障方面，投资 7.5 万元建成 700 平方米文化体育广场，并配套安装文体设施 11 套；投资 8.5 万元完成村卫生室、文化室维修改造。村容村貌整治方面，投资 91 万元完成村容村貌整治，拆除危旧住房 71 间，平整地基 9338 平方米，新建护坡 558 米，铺设地面渗水砖 3700 平方米；投资 8 万元在居民点架设路灯 15 盏、广场灯 2 盏；投资 4.8 万元建成居民点公共厕所。

第四，通过培育富民产业拓宽牧民增收渠道。一是大力发展电子商务。把电子商务作为精准扶贫精准脱贫的第三个产业，依托康乐镇电商服务中心，在小集镇设立赛鼎村电商实体体验店、网上服务平台，在高原自驾游营地设立电商服务点。充分调动专业合作社、致富带头人和农牧民参与电子商务的积极性，加大绿色畜产品、旅游纪念品、野生蘑菇等地方特色产品的组织化销售力度，实现统一发布信息、统一网上交易、统一打造品牌。为集中打造"裕固电商第一村"品牌，电商服务中心对农牧民的手机微店进行集中登记，组团对外宣传推介。电商服务中心于 2015 年 8 月试运营，截至 2015 年 12 月底已线上售出各类土特产品 4000 余斤，各类民族手工艺品 260 余件，实现线上销售额 118000 余元。同时，通过"一亩田"农副产品交易平台，当年向新疆、张掖等地出售羔羊 3000 多只、牦牛 200 多头，实现线下销售收入 200 多万元。二是做强现代绿色畜牧产业。立足赛鼎村草畜资源优势，大力发展现代畜牧业，鼓励引导群众开展舍饲养殖，坚持"山上繁殖、山下育肥、集中销售"的养殖模式，提升市场竞争力。通过项目支撑与群众自筹相结合的方式，投资 143 万元建设"一区一点"细毛羊、牦牛舍饲养殖基地，已有 45 户养殖户、3500 多头（只）牲畜入驻养殖区、养殖点，并与贝阳合作社达成饲草料供给协议，减少舍饲养殖成本；组织成立养殖专业合作社，赴省内外考察推介赛鼎村畜产品，与新疆陇玉农牧有限责任公司、酒钢公司粮油供给处等达成合作意向，成批量、大规模收购赛鼎村农畜产品。2015 年，赛鼎全村 98% 的细毛羊羊毛实现统一集中销售，与 2014 年相比，细毛羊羊毛一项户均增收 953 元；全村 60% 的养殖户、70% 的牲畜以"一区一点"集中开展舍饲养殖，并通过集中销售，打响了赛鼎村绿色畜产品品牌。三是培育旅游文化特色产业。充分发挥临近中华裕固风情走廊核心景区的区位优势和资源优势，鼓励农牧民积极参与旅游服务业，支持农牧民采摘蘑菇、制作手工艺品等旅游产品。在牛心墩居民点建设赛鼎村高原自驾游营地，并配齐文化、娱乐、卫生等设施设备，提升自驾游营地的游客接待能力；引导祁连山腹地公路沿线农牧民开办旅游景点、家庭旅馆等。农牧民利用夏季农闲时机，在自驾游营地开办牧家乐、家庭旅馆，提供餐饮服务、销售旅游纪念品等，着力打造独具特色的旅游专业村。同时，加大对高原自驾游营地的品牌宣传力度，通过赛鼎村电商服务平台、中华裕固风情走廊景区宣传平台等，集中推介宣传自驾游营地，提升自驾游营地的公众知晓度。截至 2015 年底，自驾游营地新建住房 52 套，祁连山腹地公路修建牧家乐、家庭旅馆 9 户，全村旅游服务业从业人员达到 49 人，预计经济收入达到 78 万元，占全村经济总收入的 10% 以上。

第五，强化驻村帮扶工作队绩效管理。康乐镇根据县发《贫困村驻村帮扶工作队力量整合和加强管理实施办法》《贫困村驻村帮扶工作队及队员考核办法（试行）》，严格驻村帮扶工作考勤管理，严肃考核机制，督促工作队成员认真驻村开展工作，确保全县双联和精准扶贫精准脱贫工作顺利开展。一是增强驻村帮扶工作队力量，在原有 5 名驻村帮扶工作队员的基础上，下派包村干部 1 名。增派大学生村官 1 名。二是明确工作分工，按照赛鼎村精准扶贫工作总体方案和"1+14+7"精准扶贫措施，把每一项工作分派到每一名工作队员身上，确保件件有责任人、件件有落实、件件有回应。三是严格日常管理，制定康乐镇驻村干部日常管理制度，明确每周至少要组织队员进行 1 次集中学习，全年驻村工作天数达到 220 个工作日以上。四是强化队员学习培训，根据电子商务发展需求，组织两名大学生村官赴陇南电商服务示范点学习培训一个星期；根据现代畜牧业发展需求，组织村党支部书记和挂职副书记赴内蒙古学习一个星期；根据驻村帮扶日常工作需求，先后组织驻村工作队员到市、县参加培训 11 人次。截至 2015 年底，驻村帮扶工作队进村入户 87 户，制定帮扶计划 7 个，调处矛盾纠纷 12 起，落实帮扶措施 17 项，推广先进典型 2 个。

三 工作反思

赛鼎村于 2015 年完成扶贫攻坚整村推进的基本面工作，2017 年实现 7 个建档立卡贫困户全部脱贫。谈及扶贫脱贫过程中存在的问题，赛鼎村的包村干部认为有两点：一是群众发展观念滞后，参与电子商务、旅游服务业的积极性不高，有等待观望的情况；二是畜产品价格走低，市场疲软，农牧民持续增收难度较大。针对这两个问题，驻村工作队一致认为，虽然赛鼎村已经完成了整村脱贫工作，但从村庄的长远发展来看，未来村镇工作还需要从如下方面着力。

一是培育壮大富民产业。以"一区一点"为重点，鼓励群众开展舍饲养殖，积极与省内外企业、合作组织开展合作经营，降低舍饲养殖成本，扩大舍饲养殖规模，提升品牌影响力；充分利用冬闲时间，组织开展旅游服务业技能培训，提升服务水平，提高服务质量；大力对外推介宣传"裕固电商第一村"品牌，鼓励引导群众参与电子商务，做大做强电子商务产业。

二是深入建设美丽乡村。将扶贫攻坚整村推进与新农村建设有机结合起来，加大环境综合整治力度，美化净化村容村貌，积极引导群众树立健康、文明、科学的生活理念。建立环境卫生日常管理制度，定期、不定期开展环境卫生集中整治，营造良好的群众生产生活条件。

三是大力改善基础条件。始终把加强基础设施建设作为扶贫攻坚的着力点和突破口，抓住不放，持续用力，有效解决群众出行难、用电难、用水难、通信难等问题。在严格实施好扶贫专项工程的基础上，持续抓好扶贫政策机遇，积极谋划、申报一批富民产业培育、基础设施建设、公共服务保障等方面的项目，力争早上报、早衔接，使全村基础设施、公共服务、产业培育上一个新台阶。

四是着力建强村级组织。加强村委会基础设施建设，完善"三会一课"制度，健全组织生活，充分发挥村级阵地服务中心、服务群众、凝聚人心的重要功能。健全完善制度，规范组织管理，严格落实"四议两公开"工作法，规范村干部用权行为，推进党务、村务、财务公开，全力创建基层服务型党组织。

五是持续协调联动帮扶。继续强化与对口帮扶部门和联系领导的对接，认真落实扶贫工作对象、目标、措施、考评等"六个精准"具体要求，进一步融合帮扶力量，量化目标任务，落实工作责任，盯紧精准扶贫计划和产业发展工作任务，积极主动落实好精准扶贫与全面小康各项任务。

第三章

数字化视域

截至 2018 年末，我国全年国内生产总值 900309 亿元，其中第一产业增加值 64734 亿元，占比 7.2%；中国大陆总人口 139538 万人，城镇人口 83137 万人，占比 59.58%；乡村人口 56401 万人，占比 40.42%。[①] 第三次全国农业普查数据显示，全国农业生产经营人员中，男性占 52.5%，女性占 47.5%，19.2% 的农业生产经营人员年龄在 35 岁及以下，47.3% 年龄在 36~54 岁，33.6% 年龄 55 岁及以上；6.4% 的农业生产经营人员未上过学，37% 为小学教育水平，48.4% 为初中，7.1% 为高中或中专，大专及以上教育水平占 1.2%；农业生产经营人员中，92.9% 的人从事种植业，2.2% 的人从事林业，3.5% 的人从事畜牧业，0.8% 的人从事渔业，0.6% 的人从事农林牧渔服务业；我国登记农户数量为 230270510 户，其中普通农户 226290104 户、规模农业经营户 3980406 户；农业经营单位 2043566 家，其中村级单位

---

① 国家统计局：《2018 年国民经济和社会发展统计公报》，http://www.stats.gov.cn/tjsj/zxfb/201902/t20190228_1651265.html，2019 年 4 月 1 日。

603686 家、乡级单位 39808 家、农民专业合作社 905146 家；从全国土地利用情况来看，2016 年全国实际经营的耕地面积（国土资源部）134921 千公顷，林地面积 203046 千公顷（不含未纳入生态公益林补偿面积的生态林防护林），牧草地（草场）面积 224388 千公顷；全国 91.3% 的乡镇为集中或部分集中供水，90.8% 的乡镇为生活垃圾集中处理或部分集中处理，73.9% 的村为生活垃圾集中处理或部分集中处理，17.4% 的村为生活污水集中处理或部分集中处理，53.5% 的村完成或部分完成改厕；全国 36.2% 的农户家庭有水冲式卫生厕所，3.1% 的农户家庭有水冲式非卫生厕所，12.4% 的农户家庭为卫生旱厕，46.2% 的农户家庭为普通旱厕，2% 的农户家庭无厕所。[①] 总体而言，中东部地区的乡镇、村卫生处理设施水平高于东北和西部地区。赛鼎村是我国西部地区的一个牧区村庄，全国性的数据作为基础的背景信息，为我们更好地理解赛鼎村的村、户数据信息提供了一个参考坐标系。

第一节　2017 年赛鼎村村问卷分析结果

2017 年 5 月 23 日基本完成赛鼎村村问卷数据搜集，并于 2017 年 7 月、10 月陆续补充完善。村问卷调查数据通过如下 13 个方面，呈现了村庄整体的基本情况。

一　自然地理

赛鼎村是一个以裕固族为主体民族的少数民族聚居村，村域面积 142 平方公里，是在原自然村基础上建立的行政村，有

精准扶贫精准脱贫百村调研·赛鼎村卷

---

① 国家统计局：《第三次全国农业普查全国和省级主要指标汇总数据》，http://www.stats.gov.cn/tjsj/zxfb/201807/t20180717_1610260.html，2019 年 4 月 1 日。

3 个村民小组，距离肃南裕固族自治县县城约 42 公里，距离康乐镇镇政府 34 公里，未经历过行政村合并。总体而言，赛鼎村的治理结构较大程度地延续了地方社会原有的权威建构方式，行政化的建制方式尚未从根本上改变村子熟人社会的人际关系结构。

二　人口就业

全村共计 121 户，全部为少数民族户，总人口 348 人，均为常住人口；其中，少数民族 300 人，建档立卡贫困户 7 户 20 人，低保户 20 户 36 人。全村文盲、半文盲人口 89 人，残疾人 11 人，劳动年龄人口 222 人。全村无外出半年以上的劳动力人口，近年亦无举家外出户；外出半年以内的劳动力人口 35 人，外出到省外的劳动力人口 3 人，外出到省内县外的劳动力人口 30 人，主要从事批发和零售业，交通运输、仓储和邮政业，住宿和餐饮业，均为短期劳动；外出务工人员多为季节性外出，主要根据畜牧生产的季节变化而选择外出务工时间段，并定期回家照料家庭畜牧生产；全村共有 26 人参加过"雨露计划"，其中 19 人参加了"雨露计划"和"两后生"培训。总体而言，全村人口相对稳定，社会流动范围以县域为主，县域之外的社会流动性不高。

三　土地资源及利用

全村共有耕地面积 421 亩，牧草地面积 227000 亩；第二轮土地承包期内未进行土地调整，2016 年底土地确权登记发证面积 227000 亩；2016 年村里无国家征用耕地，无牧户对外流转的耕地、山林地，村集体亦无对外出租的耕地、山林地，全村无闲置抛荒耕地。总体而言，赛鼎村土地资源尤其是牧草场资源处于完全利用状态，且土地资源利用主体仍旧以村内牧民为主，尚未开始土地资源的资本化和市场化。

四 经济发展

赛鼎村牧民 2016 年人均纯收入 11927 元。村里有牧民合作社 2 个，其中一个名为"牧野合作社"，成立于 2015 年，领班人为 2 名村干部，成立时社员户数 12 户，2016 年仍旧为 12 户，未增长，主营养殖业，合作社总资产约 300 万元，2016 年合作社总销售额约 45 万元，为社员户合计销售收入，未进行分红；另一个名为"赛康合作社"，成立于 2015 年，2 位领班人亦为村干部，成立时社员户数为 10 户，2016 年仍旧为 10 户，未增长，合作社主营养殖业务，总资产共计约 300 万元，2016 年总销售额约 30 万元，未分红。有家庭农场 2 个，专业大户 5 个，村中无农牧业企业、餐饮企业、批发零售企业、超市、小卖部，也无集体企业。结合村问卷数据和实地调研，总体而言，赛鼎村牧民合作社的发展尚处于起步阶段，尚未有效发挥其整合生产资料、对接政府和市场资源的功能；家庭农场虽然具有因地制宜的特色例如游牧生活方式、裕固族文化，但仍处于起步发展阶段。专业养殖大户数量有限，存在两个主要限制因素，首先是以家庭承包制进行的草场持有格局尚未打破，草场资源在现阶段还无法实现连片整合；其次是棚圈养殖受饲草料价格和肉类市场价格波动的影响极大，牧民的风险脆弱性较高，即缺乏相关风险预防、控制及承受的能力。村集体经济较弱，无法在村一级为村民提供更多生计来源、社会保障等支持。

赛鼎村以畜牧养殖为主，主要养殖高山细毛羊，2016 年村中出栏量 12642 只，每只羊平均毛重 23 公斤，当年羊肉市场均价为每公斤 50 元。此外，牧民还养殖牦牛（见图 3-1、图 3-2），2016 年赛鼎村牦牛出栏量 670 头，每头牦牛平均毛重 300 公斤，当年牦牛肉市场均价为每公斤 25 元。虽然是一个牧业村，但赛鼎村牧民也有少量农业种植，主要是牲畜饲草料的一种补充；主要种植燕麦，种植面积约 200 亩，每亩产燕麦约 300 公斤，2016

年当地燕麦的市场均价为1.5元每公斤；燕麦种植期为每年3月，9月为收获期，为一年一季种植，产量较少，无法完全满足补充牲畜饲草料的需求。随着各家各户牲畜数量增加、以草定畜的实施，以及气候变化等生态环境因素影响趋显，虽然牧民采用在村里种植燕麦作物的方式补充牲畜饲草料的短缺，但这种补充远远不够，牧民每年需要通过市场直接购买饲草料或从邻近农区农户手中直接获取玉米秸秆等饲草料作物的方式来补充牲畜饲草料不足。

图3-1　山坡上吃草的牦牛群

（林红，摄于2017年5月23日）

图3-2　打号完毕的牦牛犊

（林红，摄于2017年5月24日）

五 社区设施与公共服务

赛鼎村被确定为康乐镇唯一贫困村的主要原因是该村基础设施水平相比周边村较差。2015年至2017年整村推进的扶贫资源投入中，加强村基础设施建设是工作重点。截至2016年，村内通组道路进一步修缮，基本实现了户户通。村内道路主要是水泥／柏油硬化路和泥土路，路面宽度4米左右，总长84公里，其中未硬化道路总长约56公里；村际和村内道路安装了路灯，方便了牧民夜间行驶；村内家家户户均通电，并安装了有线电视和卫星电视；村委会办公室设有电脑，供牧民无偿使用，但是家用电脑尚未普及；村中手机信号100%覆盖，村民使用智能手机人数达289人（村总人口348人），约占总人口的83%。

村内设有卫生室1个，没有药店，全村仅有1名医生，拥有行医资格证书，无专门从事接生的人员；村内2016年0~5岁儿童死亡人数为0，孕产妇死亡人数为0，自杀人数为0，身患大病2人；村内无敬老院，在镇县养老机构居住的老年人很少且村中不掌握此数据，村内老人主要为居家养老，或跟随子女生活，或独自生活。

村内设有垃圾池1个、垃圾箱4个，主要设置在村部定居点，村内垃圾集中处置率达到50%。该村所在地区近年来平均年降水量253毫米，有河流和山泉水分布，正常年景当地水源有保障。村内尚未实现饮用水源集中供给，牧户在定居点上（冬春场、秋冬场以及村部）的应用水主要来自水窖藏水；在夏场或秋场上就近取用山泉水或河流湖泊水，总体而言，村民饮用水源中约20%来自河流湖泊水，另80%来自不受保护的水窖藏水或泉水。全村建有水窖78个，基本能够供应人畜用水。

村内家户平均持有宅基地面积120平方米，无违规占用宅基地建房的情况，村中房屋主要是砖瓦房、钢筋水泥房（见图3-3），早年夏场或秋场上常见的毛帐篷和简易石头屋已绝迹，取而代之以砖瓦水泥房或彩钢房，少数老旧危房也在整村推进的扶贫过程中得以修缮，牧民居住条件获得极大改善。由于村内常住人口相对稳定，流动性较低，村内房屋无长时间空置和出租的情况。

图 3-3　冬场上的一户人家

（林红，摄于 2017 年 5 月 24 日）

全村新型合作医疗和社会养老保险的参保率很高。参加新型合作医疗户数 112 户（总户数 121 户），共计参保人数 339 人（总人口 348 人），新型合作医疗缴费标准为每人每年 150 元；参加社会养老保险 112 户，共计参保人数 339 人；新型合作医疗和社会养老保险参保率均达到 97.4%。实地调查发现，未参保人主要是幼儿和外出上学但户口未迁出的学生。全村低保人数 36 人，占总人口的 10.3%，无集中供养人员；全村 2016 年获得国家救助总额 14 万元。最低生活保障，是国家和社会为生活在最低保障线之下的社会成员提供满足最低生活需要的物质帮助的一种社会救助制度安排。我国农村最低生活保障制度始于 2007 年，目的是将家庭人均纯收入低于标准的所有农村居民纳入保障范围，以稳定、持久、有效地解决农村贫困人口温饱问题[1]，实现国家和社会的托底功能。

---

[1]　左常升主编《中国扶贫开发政策演变（2001~2015 年）》，社会科学文献出版社，2016，第 40~62 页。

六 村庄治理与基层民主

赛鼎村有中共党员26人（总人口348人），占总人口的7.5%；其中50岁以上党员数17人，党员年龄结构偏老化，且无高中及以上文化程度的党员（截至2016年）；设有党员代表大会，党代表人数3人，其中2人属于村"两委"成员，党小组数量为0；村支部支委人数3人，村民委员会5人，村"两委"交叉任职2人（见表3-1）；村民代表5人，其中2人属于村"两委"成员；设有村务监督委员会，监督委员会成员3人，其中无人属于村"两委"成员，也无人是村民代表；村中未设立民主理财小组。

表3-1 赛鼎村"两委"基本情况（2017年）

职务	姓名	性别	年龄（岁）	文化程度	党龄（年）	交叉任职	工资（元/月）	任职届数（届）	任职前身份
支部书记/村委委员	杨存海	男	41	初中	17	是	1335	3	村支部书记
支部委员/村委委员	耿雪莲	女	35	初中	2	是	0	0	一般牧民
支部委员	妥春龙	男	33	初中	6	否	0	0	一般牧民
村委会主任	兰东福	男	33	初中	1	否	0	0	一般牧民
村委委员	兰东宏	男	48	小学	0	否	0	0	一般牧民
村委委员	吴天明	男	46	小学	0	否	0	0	一般牧民

注：工资为0系新当选，尚未领取。

说明：本书统计图表除特殊注明外，均来自赛鼎村调研。

赛鼎村于2016年举行了村"两委"换届选举。全村266人有选举权，实际参选人数251人，村主任得票148票；选举现场设有秘密划票间，实行村民大会选举和大会唱票的方式，未出现投票发钱发物的情况；村书记和村主任2人，各任一职。

七 教育、科技、文化

赛鼎村有3~5周岁学龄前儿童12人，康乐镇和肃南县均设有幼儿园，周边村子包括赛鼎村牧民一般选择把孩子送入镇幼儿园或县城幼儿园；赛鼎村 12 名学龄前儿童目前均在幼儿园接受学前教育。村中有小学阶段适龄儿童 22 人，其中女生 8 人，男女比 7∶4；12 人在康乐镇就学，其中女生 2 人，全部住校；10 人在县市小学上学，其中女生 3 人；自 1998 年赛鼎村的村小学撤销后再未设立，村中适龄儿童家庭选择在康乐镇就学，或者到肃南县城、张掖市就学。"以前村里有一个小学，（20 世纪）九几年的时候拆掉了，学生太少了，老师素质也不高，比如我媳妇妹妹的公公以前就是村里小学的老师，能教的东西很少。"（访谈编码：20171106YCH-TCMNO1）裕固族家庭比较重视教育，赛鼎村适龄儿童失学或辍学人数为 0。

康乐镇中学距离赛鼎村村部约 23 公里，村中现有 2 人在镇中学上学，均为男生，不住校，学校提供午餐，非免费但有午餐补助；3 人在县城中学上学，均为女生；有 4 人去往外地上学，其中 1 名女生。不论是在康乐镇、肃南县、张掖市，还是外出就学，一般都会有家长陪伴，当地人叫作"看学生"，意为照顾上学的孩子。

赛鼎村村民中有 68 人获得了县及以上认证级别的农业技术相关证书，村中 2016 年举办了 2 次农业技术讲座，45 人参加过农业技术相关培训，30 人参加过职业技术培训。康乐镇设立了 1 个文化站 / 图书室，藏书 1100 余册，文化站 / 图书室月均使用约 50 人次；镇上建设了健身小广场，但是没有专门的棋牌活动场所（棋牌类活动在当地并不盛行），也没有成立专门的老年协会、秧歌队等社团。但是当地人比较喜欢歌舞类娱乐活动，康乐镇和肃南县经常组织举办节庆演出、民歌大赛、赛马大会等群众性活动（见图3-4）；各村包括赛鼎村都会动员和组织村民参与，有适合年轻人参与的舞蹈，有适宜老年人参与的裕固族原生态民歌大赛，有适宜不同年龄段人参与的歌曲大赛，活动形式多样，能够有效组织和吸引不同特征的人参与。"村里人有个活动或开会什么的还挺积极，有时候我们村里搞的活动比镇上还好，比如今年艺术节排的节目，我们村上的节目拿了第二名。"（访谈编码：20171106YCH-TCMNO1）

图 3-4　康乐镇文艺演出

（林红，摄于 2017 年 7 月 18 日）

裕固族人主要信仰藏传佛教，赛鼎村明确其宗教信仰的人约190人。村中建设了鄂博、白塔等，周边有康隆寺、红湾寺等场所，基本上每个月都会举行宗教活动，逢各类节日会组织大型祭祀活动，日常亦开放，可满足村民表达宗教信仰的需求。

八　社会稳定

裕固族地区民风淳朴，草原上各家各户基本夜不闭户。赛鼎村 2016 年未发生打架斗殴、偷盗、抢劫、上访等治安事件，也无村民被判刑或接受治安处罚。

九　村集体财务

赛鼎村作为康乐镇唯一的贫困村，2016 年共计接受上级补助 14 万元，主要用于给贫困户提供物资性支持，例如购买牲畜饲草料。村集体经济较弱，仅有一片村集体所有的草场，每年出租；2016 年这片草场出租给本村村民，收取了 3 万元租金；除此项收入外，村集体再无其他经济收入来源。所以，村集体无法为修建学校、修建道路、修建水利、社会抚养、困难户补助等村落公共和公益事务提供资金支持；村干部除了党支部书记之外，其他人均为无偿为村民服务，不从村集体经济收入中支取报酬。按照村民大会达成的共识，这片村集体所有的草场不能出租给外村人，租用方仅限于本村村民，而每年收取的租金主要用于补充村庄治理相关费用的不足，包括支付村部办公室水电网络、订报刊、招待等费用。显然，这笔集体草场的租金收入无法完全满足整个村每年的运行费用，部分费用尤其是招待费用需要村干部自己垫付。

十　公共建设与农民集资

赛鼎村原村小学于 1998 年撤销后，村中再无学校。村部所在地于 2015 年建设了一批基础设施，有办公室、会议室、电脑间等办公场所，总面积共计约 200 平方米，修建资金共计约 100 万元，全部为上级拨款；建成村卫生室 1 个，配置了基本设备和药物，总面积共计约 500 平方米，修建资金共计约 500 万元，全部为上级拨款；建有 1 处文化体育设施，修建资金共计约 200 万元，亦为上级全额拨款。2015 年这批建成的村公共设施均为财政全额拨款，村民和村集体未参与筹资。但是，2015 年 6~9 月修建和改善村间道路时，除政府财政补助 5 万元之外，有 75 户参与"出劳"，每户出劳动力 1 名参与修建；此项村集体公共事务经过了村民大会讨论，充分体现了村民自主参与村集体公共事务决策的精神。

十一　建档立卡贫困人口

赛鼎村贫困户建档立卡管理是一个动态过程。2014 年建档立卡贫困户 20 户，共计 60 人；其中 2 户为因病致贫，2 户为因学致贫。2015 年，建档立卡贫困户减少到 7 户，共计 20 人；其中 2 户为因病致贫，2 户为因学致贫；13 户调整为非贫困户，调出贫困人口 40 人，这些人均通过发展生产的方式实现了脱贫。

2016年，建档立卡贫困户减少到2户，贫困人口共计4人，这2户均为因病致贫；5户调整为非贫困户，共计调出贫困人口16人，这些人均通过发展生产的方式实现了脱贫。从2014年到2016年，经过3年脱贫攻坚，赛鼎村贫困户从最初20户减少为2户，贫困人口数量从60人减少为4人，剩余2户都是由于家人得大病，疾病治疗和家庭经济缓和的时间周期相对较长。截至2017年底，剩余2户贫困户亦通过发展生产的方式实现了脱贫，赛鼎村实现了整村脱贫。

十二　发展干预

赛鼎村2015年新建村内道路共计60公里，全村121户受益；新建蓄水池（窖）108个，受益户数80户；完成村电网改造6处，受益户数74户，为74户人家解决了供电问题；完成4户危房改造，46户的人居环境改善；支持和培育了2项特色产业（棚圈养殖和生态旅游是当地政府结合地方资源优势主推的特色产业），受益户数10户；培育村合作社1个，受益户数10户，合作社社员家户共计投资总额约300万元，资金来源主要是财政专项扶贫资金，无行业部门资金、社会帮扶资金、信贷资金和群众自筹资金；新扶持乡村旅游农家乐2户，总投资70万元，均为信贷资金；村民参加卫生计生相关培训24人次；村中121户全部实现了广播电视入户；建成村文化活动室1处。这些发展投入的资金来源以财政专项扶贫资金为主，整合了县级政府各行业部门的人力、物力、财力等帮扶资源。目前，赛鼎村尚未实现宽带入户，但手机信号已实现了100%覆盖。由于地处祁连山国家公园境内，赛鼎村的生产发展面临较大的生态环境压力；截至2018年底，赛鼎村的草场虽然已经完成了生态功能区划分，但村民未整体性易地搬迁。2015年是赛鼎村精准扶贫精准脱贫的攻坚年，从户到村的系列工作主要于2015年完成。

十三　第一书记与扶贫工作队

赛鼎村于 2015 年派驻了第一书记，男性，30 岁（计算年份为 2016 年），大专学历，来自县级所属事业单位，全年驻村工作，派驻时间 1 年（2015 年）。第一书记驻村期间的主要工作内容包括帮助贫困户制定脱贫计划、帮助落实帮扶措施、参与脱贫考核等；驻村工作于 2016 年 1 月正式结束，村"两委"对第一书记的驻村工作表现非常满意，第一书记工作考核等级为优秀。实际上，第一书记为康乐镇人，裕固族，曾作为大学生村官驻村工作多年，对赛鼎村各家各户的情况都很熟悉，这也是赛鼎村于2015 年完成整村推进工作的有力保障。

赛鼎村于 2015 年 1 月在派驻第一书记的同时派驻了扶贫工作队。工作队有 5 名成员，来自县级单位和乡镇政府；工作队驻村时间为 1 年，于 2016 年 1 月正式结束驻村；驻村期间，工作队的主要工作内容包括诊断致贫原因、帮助贫困户制定脱贫计划、帮助落实帮扶措施、参与脱贫考核等；驻村结束后对工作队员的考核均为合格，村"两委"对工作队员的工作非常满意。驻村工作队队长为男性，48 岁（计算年份为 2016 年），大专学历，来自县级党政机关。

第二节　2017 年赛鼎村户问卷分析结果

2017 年 7 月 10~25 日课题组完成赛鼎村户问卷调查，共发放并回收 61 份户问卷；其中受访者是户主的有 54 户，占样本的88.5%；建档立卡户有 8 户，占样本的 13.1%；53 户为非建档立卡户，占样本的 86.9%。这 8 户建档立卡户中有 1 户是低保户，2 户是贫困户，5 户是脱贫户。调查的 61 个家户主要为 3 人户和4 人户，其中，家中只有 1 人的有 2 户，2 人的有 10 户，3 人的有 24 户,4 人的有 16 户,5 人的有 7 户,6 人的有 2 户（见图 3-5）。由此可知,赛鼎村的家户以核心家庭为主,扩展型大家庭为数不多。

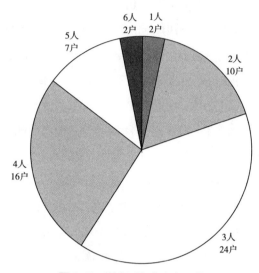

图 3-5 调查对象家中人口数

一 家庭成员情况

（一）户主情况

61 户家庭的户主当中有 58 位户籍是农业户,占 95.1%；有 32 位的户口在所调查的家户中,占 52.5%；有 31 位是调查户的常住人口,占 50.8%。除 10 户户主婚姻状况缺失外,户主婚姻状况为已婚的占 92.2%,未婚和离异的均占 2.0%,丧偶的占 3.9%；户主为男性的占 94.8%,女性占 5.2%,户主身份的性别化某种程度上说明了赛鼎村的性别身份差异。户主的主要社会身份是村干部的占 5.1%,村民代表占 1.7%,普通村民占 91.5%,其他占 1.7%。户主年龄在 29~69 岁均匀分布,相较某些地区村落出现的留守老人、留守儿童现象,赛鼎村的年龄结构显然更加稳定。户主民族是汉族的占 8.8%，藏族占 5.2%，裕固族占 86.0%（见图 3-6），印证了赛鼎村的主体民族是裕固族。户主学历是文盲的占 16.9%，小学占 33.9%，初中占 44.1%，高中占 3.4%，大专及以上占 1.7%（见图 3-7），结合实地调查发现，文盲以老年人为主。户主中 98.3% 的人于 2016 年参加了体检，1.7% 的人没有参加，村民体检普及率很高；当前身体健康状况为健康的占 81.7%，有长期慢性疾病的占 18.3%（见图 3-8）；也就是说，

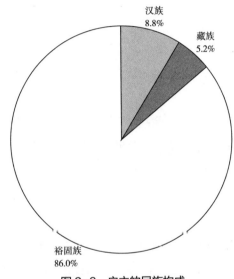

图 3-6　户主的民族构成

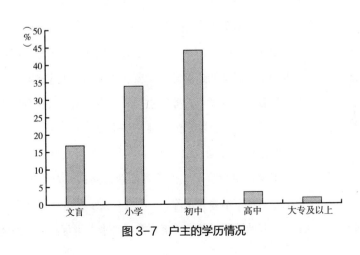

图 3-7　户主的学历情况

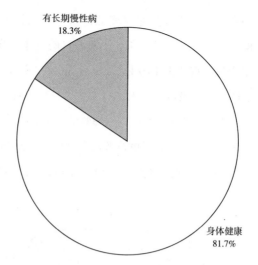

有长期慢性病
18.3%

身体健康
81.7%

图3-8 户主的身体健康状况

赛鼎村村民中大约 5 个人中即有 1 人患有长期慢性疾病。户主当中普通全劳动力占 94.9%，无劳动能力但有自理能力的占 5.1%；98.3% 的户主 2016 年在家时间为 6~12 个月，换而言之，赛鼎村户主以在家劳作为主。

户主当中从事过务工活动的有 32 人，占样本总数的 52.5%，其中，在乡镇内务工的有 3 人，在乡镇外县内务工的有 1 人，在县外省内务工的有 2 人，在省外务工的有 2 人，其他（包括在家务农或学生或军人）务工活动的有 24 人；有过务工经历的户主当中，务工时间在 3 个月以下的占 6.7%，务工时间为 6~12 个月的占 20.0%，还有 73.3% 的务工人员选择了没有务工时间，结合实地调查可以推知这部分人主要从事临时性工作；有务工经历的人中仅有 9 人选择了把务工主要收入带回家，某种程度上说明务工收入并非赛鼎村家户的主要经济来源。

医疗保障方面，61 位户主均参加了新农合，没有城镇居民医疗保险，也没有职工保险和商业保险；养老保障方面，59 位户主有城乡基本养老保险，2 户没有城乡基本养老保险，61 位户主都没有城镇职工基本养老保险、商业养老保险以及退休金。

（二）户主配偶信息

61 户家庭中，身份是户主配偶的共有 46 人，其中有 43 位户籍是农业户，占 93.5%，有 1 位户籍是非农业户，占 2.2%，有 1 位户主配偶的户籍是"其他"，还有 1 位户主配偶的户籍信息缺失；46 位户主配偶中有 28 位的户口在所调查的家户中，占 60.9%；有 27 位是调查户的常住人口，占 58.7%。户主配偶年龄在 22~66 岁均匀分布；汉族占 11.2%，藏族占 4.5%，佤族占 2.3%，裕固族占 82.0%，仍旧以裕固族为主体民族（见图 3-9）。户主配偶学历是文盲的占 27.3%，小学占 47.7%，初中占 18.2%，高中占 6.8%，大专及以上为 0（见图 3-10），户主配偶整体的学历水平相较于户主而言更低。户主配偶的主要社会身份均为普通村民，从侧面印证了赛鼎村的村庄治理以男性为主导。户主配偶中 97.7% 的人于 2016 年参加了体检，2.2% 的人没有参加；当前身体状况为健康的占 79.5%，有长期慢性病的占 16.0%，患有大病的占 4.5%，整体健康状况相较于户主而言更差（见图 3-11）。户主配偶当中普通全劳动力占 84.8%，技能劳动力占 2.2%，部分丧失劳动能力的占 4.3%，无劳动能力但有自理能力的占 6.5%，

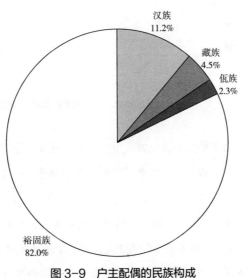

图 3-9　户主配偶的民族构成

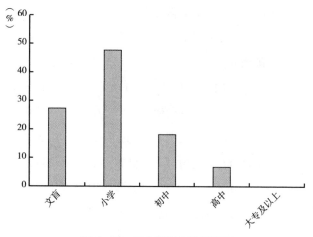

图 3-10　户主配偶的学历情况

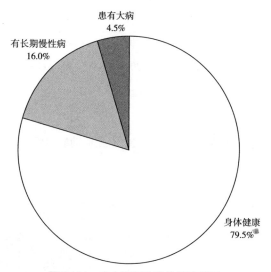

图 3-11　户主配偶的身体健康状况

无自理能力的占 2.2%；97.8% 的户主配偶居家时间在 6~12 个月，也就是说，户主配偶一年的时间中基本上以在家为主。

　　户主配偶当中有过务工经历的有 21 人，占样本总数的 45.7%，其中，在乡镇内务工的有 1 人，在乡镇外县内务工的有 1 人，在省外务工的有 2 人，其他（包括在家务农或学生或军人）务工活动的有 17 人；有过务工经历的户主配偶当中，务工时间为 3~6 个月的占 5.6%，务工时间为 6~12 个月的占 16.7%，还有 77.8% 的受访人员选择了没有务工时间；有务工经历的人中有 4 人选择把务工主要收入带回家。

医疗保障方面，户主配偶都参加了新农合，没有城镇居民医疗保险，所有户主配偶也都没有职工保险和商业保险；养老保障方面，44 位户主配偶参加了城乡基本养老保险，2 户没有城乡基本养老保险，46 位户主配偶都没有城镇职工基本养老保险、商业养老保险以及退休金。

二 住房条件

户问卷调查中，88.5% 的受访者对自己当前的住房状况表示非常满意和比较满意。受访者家中均至少拥有 1 处自有住房，85.2% 的家庭拥有 2 处及以上住房（见表 3-2）；第三次全国农业普查数据结果显示，全国 12.5% 的村民拥有 2 处及以上住房，西部地区 9.7% 的村民拥有 2 处及以上住房，[①] 赛鼎村村民拥有的住房数量相较全国数据和西部地区数据来说高出很多，这或许可视为牧区村庄的特色之一，例如基于四季游牧需求在不同季节的草场上修建住所。

表 3-2　你家拥有几处住房

单位：户，%

数量	频率	百分比
1 处	9	14.8
2 处	8	13.1
3 处	14	22.9
4 处	12	19.7
5 处	12	19.7
6 处	4	6.6
7 处	2	3.3

---

① 国家统计局：《第三次全国农业普查全国和省级主要指标汇总数据》，http://www.stats.gov.cn/tjsj/zxfb/201807/t20180717_1610260.html，2019 年 4 月 1 日。

受访者（问卷调查时所在）的自有住房建造或购买的年份为1983~2016年，时间上跨度较大；自有住房在建造或购买时的价格在1万元以内的占27.9%，1万~5万元的占44.3%，5万~15万元的占18.0%，15万元以上的占8.2%（见表3-3），住房价格的差异与建造/购买的年份、面积、住房类型和建筑材料等有关。受访者（问卷调查时所在）的住房类型中有43处平房和14处楼房，另有4处类型信息缺失；从住房状况来看，48处住房的状况为一般或良好，1处属于政府认定的危房，9处没有获得认定但受访者认为属于危房，还有3处状况信息不明。建筑材料方面，受访者所在住房有6处是竹草土坯房，23处砖瓦砖木房，13处砖混材料房，13处钢筋混凝土房，还有6处住房属其他材料例如彩钢等。竹草土坯房和彩钢一类建筑材料的住房在牧区大多修建在短时间居住的夏秋草场，在居住时间较长的冬春草场上修建的住所以砖瓦砖木房和砖混、钢筋混凝土房为主。受访者所在住房的建筑面积在50平方米以内的有16处，50~100平方米的有15处，101~200平方米的有11处，有3处的建筑面积在200平方米以上，还有3处的住房面积不明（见表3-4）。

表3-3 建造或购买花多少钱

单位：户，%

建造或购买价格	频率	百分比
1万元以内	17	27.9
1万~5万元	27	44.3
5万~15万元	11	18.0
15万元以上	5	8.2
缺失	1	1.6

表3-4 建筑面积

单位：户，%

建筑面积	频率	百分比
50平方米以内	16	26.2
50~100平方米	15	24.6
101~200平方米	11	18.0
200平方米以上	3	4.9
面积不明	3	4.9
缺失	13	21.3

关于受访者家庭的其他自有住房情况，此次问卷只对其第 2
处和第 3 处进行了简单的调查，具体包括住房的建筑材料、建筑
面积、建造或购买年份以及建造或购买的花费。数据分析显示，
拥有第 2 处住房的共有 52 户，占被调查对象的 85.2%，其购买或
建造年份为 1980~2016 年；第 2 处住房是土瓦房的有 10 户，砖房
20 户，砖混 10 户，钢混 6 户，彩钢 6 户（见表 3–5）；第 2 处住
房的建筑面积在 50 平方米以内的有 15 户，50~100 平方米的 19 户，
101~200 平方米的 12 户，还有 6 户的第 2 处住房建筑面积在 200 平
方米以上（见表 3–6）；第 2 处住房购价或造价在 1 万元以下的有
20 户，1 万 ~5 万元的有 22 户，5 万 ~15 万元的有 5 户，15 万元以
上的有 4 户，还有 1 户对住房的造价或购价不清楚（见表 3–7）。

表 3-5　第 2 处住房的建筑材料

单位：户，%

建筑材料	频率	百分比
土瓦房	10	19.2
砖房	20	38.5
砖混	10	19.2
钢混	6	11.5
彩钢	6	11.5

表 3-6　第 2 处住房的建筑面积

单位：户，%

建筑面积	频率	百分比
50 平方米以内	15	28.8
50~100 平方米	19	36.5
101~200 平方米	12	23.1
200 平方米以上	6	11.5

表 3-7　第 2 处住房的购价或造价

单位：户，%

购价或造价	频率	百分比
1 万元以下	20	38.5
1~5 万元	22	42.3
5 万 ~15 万元	5	9.6
15 万元以上	4	7.7
不清楚	1	1.9

此次问卷调查的 61 户中，拥有第 3 处住房的有 44 户，占被调查对象的 72.1%。第 3 处住房的购买或建造年份为 1970~2016 年；第 3 处住房是土瓦房的有 3 户，砖房 4 户，砖混 10 户，钢混 23 户，还有 4 户是彩钢房（见表 3-8）；第 3 处住房的建筑面积在 50 平方米以内的有 11 户，50~100 平方米的 30 户，101~200 平方米的 2 户，还有 1 户的第 3 处住房建筑面积在 200 平方米以上（见表 3-9）；第 3 处住房的购买或建造价格在 1 万元以下的有 4 户，1 万 ~5 万元的有 15 户，5 万 ~15 万元的 11 户，15 万元以上的有 13 户，另外还有 1 户对住房的造价或购价不清楚（见表 3-10）。

表 3-8　第 3 处住房的建筑材料

单位：户，%

建筑材料	频率	百分比
土瓦房	3	6.8
砖房	4	9.1
砖混	10	22.7
钢混	23	52.3
彩钢	4	9.1

表 3-9　第 3 处住房的建筑面积

单位：户，%

建筑面积	频率	百分比
50 平方米以内	11	25.0
50~100 平方米	30	68.2
101~200 平方米	2	4.5
200 平方米以上	1	2.3

表 3-10　第 3 处住房的购价或造价

单位：户，%

购价或造价	频率	百分比
1 万元以下	4	9.1
1 万 ~5 万元	15	34.1
5 万 ~15 万元	11	25.0
15 万元以上	13	29.5
不清楚	1	2.3

受访者（问卷调查时）所在的住房内设施方面，有 1 户没有取暖设施，13 户的取暖设施是炕，33 户的取暖设施是炉子，1户用土暖气，1 户用电暖气，11 户用的是市政暖气，还有 1 户的供暖设施状况不明；43 户住房内没有淋浴设施，1 户用电热水器，12 户用太阳能热水器，还有 5 户使用燃气淋浴设施；只有 8 户住房内有互联网宽带设施，占 13.1%，53 户没有互联网宽带设施。需要特别说明的是，户问卷调查的时间是夏季（7 月），每年 6月、7 月、8 月三个月当地牧民主要在夏季牧场，也有些受访者正在乡镇、县城办事，所以问卷调查结果显示的住房特征很大程度上取决于受访者受访时的所在地（见图 3-12、图 3-13）。

图 3-12　冬场上的一户人家

（林红，摄于 2017 年 5 月 22 日）

受访者（问卷调查时）所在住房离最近硬化公路的距离不等，59.0% 在 0~1000 米，其中距离最近的硬化公路在 100 米以内的有 23 户，占 37.7%，100~1000 米的有 13 户，占 21.3%，1000 米以外的有 21 户，占 34.4%（见表 3-11）；61 户受访人家中，入户道路为泥土路的有 22 户，入户道路为砂石路的有 17 户，入户道路为水泥或柏油路的有 21 户，另有 1 户的入户道路状况不明（见表 3-12）；换而言之，入户道路为泥土路和砂石路的占

图 3-13　夏场上的一户人家

（林红，摄于 2017 年 7 月 13 日）

64.0%，水泥或柏油路占 34.4%。总体而言，赛鼎村的村内道路硬化水平较高，但是入户道路的硬化水平相对较低。

表 3-11　离最近硬化公路的距离

单位：户，%

距离	频率	百分比
100 米以内	23	37.7
100~1000 米	13	21.3
1000 米以外	21	34.4
缺失	4	6.6

表 3-12　入户道路类型

单位：户，%

类型	频率	百分比
泥土路	22	36.1
砂石路	17	27.9
水泥或柏油路	21	34.4
不清楚	1	1.6

　　总体而言，赛鼎村牧民家户的居住条件存在很大相似性，即冬春牧场上的住房条件较好，而夏秋牧场的住房条件较差；同时，村里大多数人家在乡镇、县城甚至张掖市购置了楼房，用当

地牧民的话来说，"除了极个别的家庭，不管是在哪儿买，基本上家家户户都买了楼房，有钱的全款买，没钱的贷款买"。但是，由于（调查时）牧民的畜牧生产仍旧在草原，而购买楼房主要是为了孩子上学便利，所以当地牧民大部分时间居住在草原上，而楼房主要是孩子（老人）在就学期间居住，或者作为中转落脚之地。

三　生活设施

饮用水源方面（见表3-13），61家受访户中，22户最主要的饮用水源是经过净化处理的自来水，23户最主要的饮用水源是受保护的井水和泉水，15户最主要的饮用水源是不受保护的井水和泉水，仅有1户最主要的饮用水源是江河湖泊水；管道供水方面（见表3-14），33户有管道供水入户，20户管道供水至公共取水点，还有8户没有管道设施；在饮水困难方面，53户反映没有饮水困难，但有7户存在单次取水往返时间超过半小时的问题，还有1户反映存在间断或定时供水情况。总体而言，户问卷调查结果显示，73.8%的赛鼎村家庭饮用的是经过净化处理的自来水和受保护的井水和泉水，26.2%的家庭饮用水是不受保护的井水和泉水以及江河湖泊水；86.9%的赛鼎村家庭饮用水为管道供水入户和管道供水至公共取水点，13.1%的家庭饮用水没有管道设施。第三次全国农业普查数据显示，89.3%的农村家庭饮用水源为经过净化处理的自来水和受保护的井水和泉水，其中47.7%的农村家庭饮用的是经过净化处理的自来水，41.6%的农村家庭饮用的是受保护的井水和泉水。[1] 相较于全国农业普查数据来说，赛鼎村家庭饮用水的安全保障水平略低；但是针对这一数据差异的归因，首先必须区分农业乡村和牧业乡村，其次需要注意调查时间和牧业生产性周期之间的关系。

第三章 ── 数字化视域 ──

---

[1]　国家统计局：《第三次全国农业普查全国和省级主要指标汇总数据》，http://www.stats. gov.cn/tjsj/zxfb/201807/t20180717_1610260.html，2019年4月1日。

表 3-13　最主要饮用水源

单位：户，%

水源类型	频率	百分比
经过净化处理的自来水	22	36.1
受保护的井水和泉水	23	37.7
不受保护的井水和泉水	15	24.6
江河湖泊水	1	1.6

表 3-14　是否有管道供水

单位：户，%

管道类型	频率	百分比
管道供水入户	33	54.1
管道供水至公共取水点	20	32.8
没有管道设施	8	13.1

生活能源方面（见表 3-15），有 2 户最主要炊事用能源为柴草，43 户最主要炊事用能源为煤炭，占 70.5%，12 户最主要炊事用能源为罐装液化石油气，1 户为管道液化石油气，2 户为管道天然气，还有 1 户为燃料用油。第三次全国农业普查数据显示，全国范围内有 44.2% 的农村家庭仍旧以柴草为生活能源之一。[①] 相较而言，赛鼎村作为牧业村使用柴草作为生活能源的比例非常低。

表 3-15　最主要炊事用能源

单位：户，%

能源	频率	百分比
柴草	2	3.3
煤炭	43	70.5
罐装液化石油气	12	19.7
管道液化石油气	1	1.6
管道天然气	2	3.3
燃料用油	1	1.6

赛鼎村受访的 61 户当中，只有 1 户没有厕所，使用传统旱厕的有 43 户，占 70.5%，使用卫生厕所的有 17 户；2018 年第三

---

① 国家统计局：《第三次全国农业普查全国和省级主要指标汇总数据》，http://www.stats.gov.cn/tjsj/zxfb/201807/t20180717_1610260.html，2019 年 4 月 1 日。

次全国农业普查数据显示，全国 36.2% 的农户家庭有水冲式卫生厕所，3.1% 的农户家庭有水冲式非卫生厕所，12.4% 的农户家庭为卫生旱厕，46.2% 的农户家庭为普通旱厕，2.0% 的农户家庭无厕所。[①] 相较而言，赛鼎村家户使用旱厕的比例远高于全国农村旱厕使用比例，前者为 70.5%，后者为 58.6%（包括卫生旱厕和普通旱厕），这一数据差异很大程度上亦是源自农业村和牧业村的生产生活形态差异。

生活垃圾处理方面，赛鼎村受访的 61 户中，41 户是送到垃圾池，15 户是定点堆放，2 户是随意丢弃，还有 3 户是其他的处理方式，换而言之，赛鼎村家庭垃圾处理实现集中处理或部分集中处理的比例达到 91.8%；对于生活污水的排放，18 户通过管道排放，23 户通过院外沟渠排放，还有 20 户是随意排放，没有住户选择将生活污水排到家中渗井（见图 3-14），也就是说，赛鼎村的生活污水排放实现集中处理或部分集中处理的比例达到 67.2%。第三次全国农业普查数据显示，全国 73.9% 的村实现生活垃圾集中处理或部分集中处理，17.4% 的村实现生活污水集中处理或部分集中处理；[②] 虽然赛鼎村的问卷调查中关于"集中处理或部分集中处理"方式的界定与全国调查存在些许差异，但这一数据某种程度上可以说明赛鼎村在生活垃圾和生活污水方面的处理水平相对高于全国平均水平。

近年来，农村垃圾治理的关注度日益提升。2017 年 12 月中央农村工作会议首次提出走中国特色社会主义乡村振兴道路，让农业成为有奔头的产业，让农民成为有吸引力的职业，让农村成为安居乐业的美丽家园。[③] 2018 年 9 月，中共中央、国务院印

---

① 国家统计局：《第三次全国农业普查全国和省级主要指标汇总数据》，http://www.stats.gov.cn/tjsj/zxfb/201807/t20180717_1610260.html，2019 年 4 月 1 日。

② 国家统计局：《第三次全国农业普查全国和省级主要指标汇总数据》，http://www.stats.gov.cn/tjsj/zxfb/201807/t20180717_1610260.html，2019 年 4 月 1 日。

③ 董峻、高敬、侯雪静、胡璐：《谱写新时代乡村全面振兴新篇章——2017 年中央农村工作会议传递六大新信号》，新华网，http://www.xinhuanet.com/2017-12/30/c_1122188285.htm，2019 年 4 月 1 日。

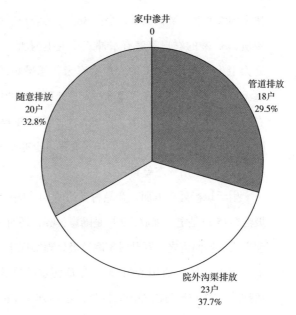

家中渗井
0

管道排放
18户
29.5%

随意排放
20户
32.8%

院外沟渠排放
23户
37.7%

图 3-14　生活污水如何排放

发《乡村振兴战略规划（2018~2022 年）》，明确实施农村垃圾治理、农村生活污水治理、厕所革命、乡村绿化行动、乡村水环境治理、宜居宜业美丽乡村建设等农村人居环境整治行动。[①] 其中，"农村垃圾治理"位列六大行动之首，提出"建立健全村庄保洁体系，因地制宜确定农村生活垃圾处理模式，交通便利且转运距离较近的村庄可依托城镇无害化处理设施集中处理，其他村庄可就近分散处理。总结推广农村生活垃圾分类和资源化利用百县示范经验，基本覆盖所有具备条件的县（市）。到 2020 年，完成农村生活垃圾全面治理逐省验收"。2019 年 3 月 5 日《政府工作报告》再次强调"因地制宜开展农村人居环境整治，推进'厕所革命'、垃圾污水治理，建设美丽乡村"。[②]

---

① 《中共中央国务院印发〈乡村振兴战略规划（2018~2022 年）〉》，人民网，http://politics. people.com.cn/n1/2018/0926/c1001-30315263-2.html，2019 年 3 月 27 日。
② 李克强：《政府工作报告（文字实录）》（根据直播整理，2019 年 3 月 5 日第十三届全国人民代表大会第二次会议），中国政府网，http://www.gov.cn/zhuanti/2019qglh/2019zfzgbg dzs/2019zfzgbgdzs.html，2019 年 3 月 14 日。

四 生活状况

（一）收入和支出

家庭收入方面，赛鼎村 61 家受访户中在 2016 年有工资性收入的共有 10 户，占调查总数的 16.4%，其工资性收入为 30000~110000 元；有农业经营收入的有 10 户，占调查总数的 16.4%，其农业经营收入为 5000~80000 元；但是有农业经营支出的有 20 户，其支出为 7800~140000 元；有非农经营收入的有 30 户，其收入为 2000~100000 元；有非农经营支出的有 5 户，其支出为 5000~50000 元；有财产性收入的有 6 户，其收入为 10000~30000 元；有赡养性收入的有 2 户，其收入均为 5000 元；有低保金收入的有 4 户，其收入为 2000~8964 元；有养老金、离退休金收入的有 5 户，其收入为 2500~5800 元；有报销医疗费收入的有 13 户，其收入为 400~35000 元；有礼金收入的有 4 户，其收入为 3000~30000 元；有补贴性收入的有 52 户，其收入为 500~32600 元。

家庭支出方面，受访者家庭消费总支出为 8000~60000 元。其中，受访者家庭在食品方面的支出为 2000~40000 元，据此可推算出当地居民家庭的恩格尔系数为 0.33~0.80，整体上偏高。受访者家庭中，有报销后医疗支出的共 45 户，其总支出为 500~50000 元，支出为 10000 元以上的有 12 户，占有该项支出总体的 26.7%；有教育支出的共 31 户，其支出为 600~60000 元；有养老保险支出的家庭有 55 户，其中 53 户集中在 200~2000 元，有 2 户的该项支出分别为 4000 元和 8200 元；有合作医疗保险费支出的共 57 户，其中 56 户的费用在 1000 元以内，有 1 户该项支出为 3000 元；受访者家庭中除 1 户之外，其他家户都有礼金支出，费用为 600~15000 元，其中 2000 元以下的有 12 户，占 20%，2000~5000 元的有 25 户，占 41.7%，5000 元以上的有 23 户，占 38.3%，也就是说，赛鼎村约 80% 的家庭每年礼金支出在 2000 元以上，而近 40% 的家庭年礼金支出超过 5000 元。由此可见，礼金支出是赛鼎村几乎每个家庭的重要支出项，且占较高的比例。

大多数受访者认为自家在 2016 年的收入不算高（见表 3-16）；同时，大多数受访者对自家 2016 年家庭收入的满意度也不是很高（见表 3-17）；某种程度也反映出，提高村民收入是赛鼎村未来发展的重要方向。

表 3-16　你觉得你们家 2016 年收入怎么样

单位：%

收入	百分比
非常高	1.9
较高	11.3
一般	52.8
较低	30.2
非常低	3.8

表 3-17　你对你家 2016 年家庭收入满意吗

单位：%

满意程度	百分比
非常满意	1.9
比较满意	24.5
一般	32.1
不太满意	35.8
很不满意	5.7

（二）家庭财产状况

家庭耐用消费品方面，赛鼎村 61 户受访者家庭中，每户都至少有 1 台彩色电视机，有 2 台及以上彩色电视机的有 32 户，占 52.5%；有空调的仅有 1 户；只有 1 户家中没有洗衣机，其余 60 户家中均有至少 1 台洗衣机，有 2 台及以上洗衣机的家庭有 25 户，占 41.0%；有至少 1 台冰箱（或冰柜）的家庭有 58 户，有 2 台及以上冰箱（或冰柜）的家庭有 34 户，占 55.7%；有电脑的家庭有 19 户，占 31.1%，其中有 1 户家中有 2 台电脑；受访者家中都没有安装固定电话；只有 1 户家中没有手机，60 户家庭至少有 1 部手机，有 2 部及以上手机的有 58 户，占 95.1%；有 22 户家中有联网的智能手机且其中有 20 户至少有 2 部联网的智能手机；57 户家庭中至少有 1 辆摩托车/电动自行车（三轮车），有 2 辆及以上的有 15 户，占 24.6%；家中有轿车/面包车的有 35 户，占 57.4%；家中有卡车/中巴车/大客车的有 31 户，占 50.8%，其中 1 户家中有 2 辆卡车/中巴车/大客车；家中有拖拉机的有 13 户，占 21.3%，其中 2 户家中有 2 辆拖拉机；家中有耕作机械的只有 1 户；家中有播种机的有 2 户；家中有收割机的有 17 户，占 27.9%，其中 1 户家中有 2 台收割机；还有一些家庭中有其他农业机械如粉草机、粉碎机（12 户家庭中有）、剪毛机等。总体而言，赛鼎村作为牧区村庄，村户手机普及率和机动车拥有率较高，家家户户几乎都使用手机，且 95.1% 的家庭拥有 2 部及以上手机，此数据与第三次全国农业普查数据显示的全国农户数据（244.3 部/百户）相当；而轿车/面包车和卡车/中巴车/大客车的家庭拥有比例则远高于全国农户数据（24.8 辆/百户）。[①]

（三）家庭金融状况

赛鼎村 61 户受访家庭中，截至 2016 年底，家中有存款（包括借出的钱）的家庭仅有 5 户，占 8.2%，存款金额在 10000~140000 元；有家庭贷款（包括借入的钱）的共有 52 户，在 20000 元以内的有 19 户，占 31.1%，20000~100000 元的有 8 户，占 13.1%，100000 元以上的有 25 户，占 41.0%；在 52 户有家庭贷款（包括借入的钱）的家庭中，借贷主体是信用社的有 49 户，

---

① 国家统计局：《第三次全国农业普查全国和省级主要指标汇总数据》，http://www.stats.gov.cn/tjsj/zxfb/201807/t20180717_1610260.html，2019 年 4 月 1 日。

占 80.3%，有 2 户的借贷主体是银行，1 户的借贷主体是私人。家庭贷款（包括借入的钱）的第一笔金额，在 10000 元以下（实际上均在 2500 元以内）的有 4 户，10000 元到 100000 元之间的有 21 户，占 34.4%，100000 元以上的有 27 户，占 44.3%。家庭贷款（包括借入的钱）的主要用途方面，有 42 户是用于发展生产，占 68.9%；有 3 户是用于生活开支，还有 7 户是用于其他如购房、开办景点服务（例如农家乐）等。家庭贷款（包括借入的钱）的借贷期限方面，41 户有明确的借贷期限，其中 2 户的借贷期限是 1~2 年，19 户的借贷期限是 1 年，3 户的借贷期限是 2 年，14 户的借贷期限是 12 年，还有 3 户的借贷期限是 24 年。借贷款的利息方面，有 19 户表示有利息，而月利率基本上都不一样，大多数借贷款的利息计算时间为年，以每万元每年利息 700~1000 元为主。从家庭借贷款数据可以大致看出，赛鼎村的家庭借贷较为普遍，且借贷金额较高（41.0% 的家庭借贷额度在 10 万元以上），某种程度而言也可视为牧区村庄的特征之一。

五 公共安全

赛鼎村 61 户受访家庭中有 5 户在 2016 年遭受过意外事故，其中 1 户是受访者本人遭受了意外事故，3 户是家人遭受了意外事故，还有 1 户是自己和家人都遭受了意外事故。这 5 户遭受了意外事故的家庭中，4 户遭受的是交通事故，1 户遭受的是其他意外事故。4 户遭受交通事故的家庭中，3 户为轻微程度受伤，1 户受伤程度严重；1 户遭受其他意外事故的家庭其严重程度也一般。由此可见，交通意外事故是当地村民面临的最大公共安全风险。遭受意外事故给受访者家庭造成的经济损失在 3000 元到 16000 元之间，此估算以医疗费用支出一类的显性损失为主，未将精神损失和误工损失等隐性损失纳入考量。

61 户受访家庭中，有 1 户报告在 2016 年遇到了偷抢，但表示严重程度一般，因之损失了 400 元钱；有 4 户表示在 2016 年因自然灾害导致了家庭财产损失，损失价值在 500 元到 2000 元之间；有 28 户表示自家在安全防范方面采取了相应措施，其中 22 户安装了防盗门，5 户在家养狗，还有 1 户在家采取了其他安全措施；有 59 人即 96.7% 的受访者认为天黑以后在自己居住的地区一个人走夜路非常安全，只有 1 人表示比较安全，1 人没做评价。换而言之，赛鼎村村民认为自己居住的地区是安全的。

六 社会保障

疾病免疫方面，赛鼎村 61 户受访家庭中有 2 户报告家庭中有 7 周岁以下的儿童，并且均已接受了计划免疫。

健康状态方面，赛鼎村 61 户受访家庭中，20 户即 32.8% 的受访者报告家中有身体不健康成员；其中，有 13 户反映家中有 1 人身体不健康，有 6 户报告家中有 2 人身体不健康，有 1 户报告家中有 3 人身体不健康；身体不健康的家庭成员包括户主本人、户主配偶和户主子女以及户主孙子女（见表 3-18）；导致家庭成员出现健康问题的疾病包括：高血压、慢性胃炎、心脏病、关节炎、甲状腺疾病、淋巴瘤、乳腺炎、糖尿病、内风湿、血管瘤、听力以及中风等；从疾病分类来看，以慢性疾病为主。

表 3-18 身体不健康的成员构成

单位：人，%

家庭成员	频率	百分比
户主本人	10	35.7
户主配偶	12	42.9
户主子女	5	17.9
户主孙子女	1	3.6

病情严重程度方面，20 户受访家庭报告的 28 位身患疾病的家庭成员中，有 11 人即 39.3% 的病患病情程度严重，17 人即 60.7% 的病患病情一般；有 21 人即 3/4 的病患在 2016 年发病或需

要治疗。这28位病患在2016年的治疗情况是，有4位没有治疗，原因是"小病不用医"；有19位通过自行买药治疗，有10位曾前往医院门诊治疗，有8位通过住院治疗；这些病患均未使用过急救治疗。治疗费用方面，有患病成员的家庭2016年在医疗方面的支出总额为2000~86000元，除去报销额度，家庭自费总额为1000~55000元，自费金额与治疗总费用之比值在0.14到1之间。

家庭病患的自我料理方面，报告的28位病患中，有2位在行走方面有点问题，有2位在行走方面有些困难，有1位的情况是不能行走；有2位在洗漱或穿衣方面有点问题，有2位表示有些困难；有3位在日常活动中有点问题，有2位有些困难。

家庭病患的自我感受方面，报告的28位病患中，有1位反映身体感到有一点疼痛或不适，有6位反映身体感到有些疼痛或不适，有5位的身体疼痛或不适感较为严重；有5位反映精神上感到有一点焦虑或压抑，有4位反映焦虑或压抑程度更深一些。

61户受访家庭均表示自家在2016年未遇到过挨饿的情况。养老保障来源方面（见图3-15），有29人选择主要靠子女，46人选择主要靠个人积蓄，43人选择主要靠养老金，5人选择主要靠个人劳动，还有7人表示说不清楚；关于养老保障的自我评估，有35人即57.4%的受访者表示有保障，有5人表示没保障，还有19人表示说不清楚（见图3-16）。

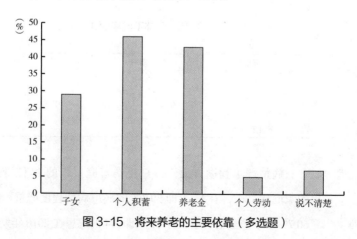

图3-15　将来养老的主要依靠（多选题）

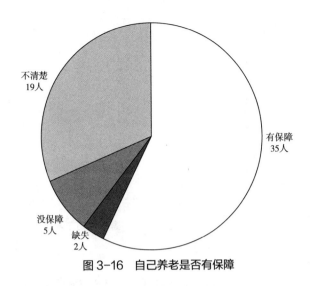

图 3-16　自己养老是否有保障

七　生产劳动

赛鼎村以牧业生产为主，61 户受访家庭均表示家中没有有效灌溉耕地、园地、林地、养殖水面和养殖设施用地；其中 45 户即 73.8% 的受访者表示家中有旱地，但主要用于饲草料相关种植；38 户家庭的旱地自有面积在 10 亩以内，7 户家庭在 10 亩以上，旱地经营面积在 10 亩以内的有 22 户，10 亩以上的有 7 户；59 户即 96.7% 的受访家庭拥有牧草地，自有面积在 1000 亩以内的有 17 户，在 1000 亩以上的有 42 户。

61 户受访家庭中，有 5 户 2016 年的牧业生产遭遇了自然灾害，其中 4 户的损失金额在 1000 元到 7000 元之间，有 1 户的损失为 60000 元；畜产品销售方面，有 5 户反映遇到了销售困难问题，42 户表示遇到了价格下跌问题，因此造成的损失在 200 元到 80000 元之间。

61 户受访家庭中，没有劳动力的有 2 户，有 1 个劳动力的有 8 户，有 2 个劳动力的有 36 户，有 3 个劳动力的有 10 户，有 4 个劳动力的有 4 户，有 5 个劳动力的有 1 户（见图 3-17）。受访者家庭中的主要劳动力大部分是户主及其配偶。

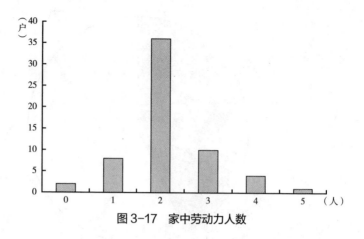

图 3-17 家中劳动力人数

59 户有劳动力的家庭中，第一主要劳动力在 2016 年的劳动时间估算方面，有 58 位是 365 天即全年无休，只有 1 位报告是 360 天；有 25 位在本地从事自营牧业，其中劳动时间为 1 天的有 1 位，165 天的 1 位，265 天的 1 位，360 天的 1 位，365 天的有 21 位；有 4 位在本地从事非牧业工作，其中 1 位的劳动时间是 60 天，1 位是 90 天，2 位是 365 天；有 5 位在本地打零工，其中 2 位的劳动时间是 1 天，1 位是 20 天，1 位是 100 天，1 位是 200 天；有 2 位在本乡镇内实现了有固定工资的就业，其中 1 位的劳动时间是 180 天，1 位是 365 天。受访家庭的劳动力中没有在县内打工或自营的人，也没有在省内县外打工或自营的人，仅有 1 位在省外打工，其 2016 年的劳动时间是 90 天。家庭第一劳动力 2016 年有牧业经营收入的有 11 位，收入在 100000 元之内；有非农牧业经营收入的有 7 位，收入在 30000 元之内；有工资性收入的有 3 位，收入为 18000~27600 元。由此可知，对于家庭第一主要劳动力来说，牧业生产收入仍旧是主要收入来源。

家中第二主要劳动力 2016 年的劳动时间估算方面，有 30 位是 365 天，只有 1 位是 360 天；有在本地自营牧业劳动时间的有 20 位，其中劳动时间为 2 天的有 1 位，265 天的 1 位，365 天的 18 位；有在本地从事非农牧业劳动时间的有 1 位，劳动时间

精准扶贫精准脱贫百村调研·赛鼎村卷

是 365 天；有在本地打零工劳动时间的有 3 位，1 位是 100 天，
2 位是 365 天；在本乡镇内有固定工资就业的有 1 位，劳动时间
是 365 天；第二主要劳动力中没有在县内打工或自营的人，在省
内县外打工或自营的有 1 位，劳动时间是 265 天，有 1 位在省外
打工或自营，劳动时间是 365 天；第二主要劳动力 2016 年拥有
牧业经营收入的有 4 位，收入为 19400~70000 元；有非农牧业经
营收入的有 3 位，收入在 20000 元之内；有工资性收入的有 4 位，
收入为 14400~80000 元。由此可见，对于家庭第二主要劳动力来
说，牧业经营收入和其他收入差异不大，换而言之，家庭第二主
要劳动力的就业和收入来源相较于家庭第一主要劳动力具有更多
的可能性。

八　社会关系

　　赛鼎村 61 位受访者中有 56 位的婚姻状况是已婚，1 位未
婚，1 位离异，2 位丧偶，1 位婚姻状况不明。在家庭成员关系
方面，已婚的 56 位受访者当中，与爱人不在一起的时间在 30 天
以内的有 39 位，有 17 位受访者与爱人不在一起的时间在 30 天
以上，其中有 12 位上年与爱人不在一起的时间为 365 天；有 20
位受访者明确表示与爱人不在一起的时候每天都会联系。在夫妻
信任方面，有 50 位表示夫妻之间非常信任，1 位表示比较信任，
5 位没有明确表示；夫妻双方遇到大事时明确表示会商量的有 53
位，不商量的有 1 位。受访者与不在一起住的父母每天都联系的
有 17 户，每周至少联系一次的有 14 户，每月至少联系一次的有
8 户，没事不联系的有 2 户，与父母住在一起的有 5 户，不适用
此种情形的有 15 户。受访者不住在一起的子女每天都会与自己
联系的有 20 户，每周至少联系一次的有 21 户，每月至少联系一
次的有 4 户，没事不联系的有 1 户，子女与自己住在一起的有 9
户，不适用此种情形的有 6 户。总体而言，赛鼎村村民家庭成员

之间的相互联系较为频繁和紧密。

社会支持方面，在临时有事需要寻求帮助的时候，受访者首先想到直系亲属的有49人，想到邻居或老乡的有9人，想到村干部的有1人；受访者其次会想到直系亲属的有2人，想到其他亲戚的有36人，想到邻居或老乡的有12人，想到朋友或同学的有1人；受访者第三位次想到直系亲属的有1人，想到其他亲属的有2人，想到邻居或老乡的有23人，想到村干部的有1人，想到同学或朋友的有16人。受访者被问到在急用钱时会向谁借时，首先想到直系亲属的有45人，想到邻居或老乡的有1人，想到其他人的有12人；其次想到其他亲戚的有35人，想到邻居或老乡的有3人，想到朋友或同学的有14人，想到其他人的有3人；受访者第三位次想到直系亲属的有1人，想到邻居或老乡的有17人，想到同学或朋友的有14人。由此可见，直系亲属是赛鼎村村民首要且主要的社会支持来源。

社会参与方面，61位受访者中有47人知道自己村或邻近村里有农/牧民合作社，其中37户参加了农/牧民合作社；在参加农/牧民合作社的家庭中，每月都参加活动的有5户，每季度都参加活动的有22户，一年及以上才参加活动的有10户。61位受访者中知道自己村或邻近村有文化娱乐及兴趣组织的有15人，其中12人参加了文化娱乐或兴趣组织，每季度都参加活动的有1户，半年及以上才参加活动的有11人。

受访者中，有29人表示亲戚中有干部，其中亲戚中有村干部的22位，亲戚中有乡镇干部的4位，亲戚中有县干部的8位，亲戚中有县以上干部的1位。61位受访者中有9位是党员，占14.8%；家中有党员的共19户，占31.1%，其中有1名党员的14户，有2名党员的5户。政治参与方面，受访者自己和家人都参加了最近一次村委会投票的有40户，占65.6%，仅受访者自己参加的有16户，受访者自己和家人都没有参加的有5户；受访者自己和家人都参加了2016年村委会召开的村民会议的共40户，占 65.6%，仅受访者自己参加的有 16 户，受访者自己和家人都没有参加的有 5 户；受访者自己和家人都参加了村民小组召开的会议的有 42 户，占 68.9%，仅受访者自己参加的有 16 户，家中无人参加的有 3 户；受访者自己和家人都参加了最近一次乡镇人大代表选举的有 27 户，占 44.3%，仅受访者自己参加的有 16 户，都没有参加的有 12 户，不知道是否参加过的有 1 户。总体而言，赛鼎村村民的政治参与水平较高。

九　子女教育

赛鼎村 61 户受访家庭中，有 31 户家中有 3~18 周岁的未成年人，其中 23 户有 1 个未成年人，8 户有 2 个未成年人。31 户有未成年人的受访家庭中，未成年人与户主是子女关系的有 29 户，未成年人与户主是祖孙关系的有 2 户，换而言之，孩子的户籍关系主要落在父母户头上，个别孩子的户籍关系落在祖辈户头上。其中，未成年人与父母一起生活的有 17 户，与（外）祖父母一起生活的有 10 户，独自生活的有 3 户，还有 1 人住校；也就是说，未成年人主要与直系家庭成员共同生活。

关于家中第一个未成年人的就学状况，2017 年上半年上幼儿园或学前班的有 5 人，上中小学的有 16 人，未上学的有 4 人，初中毕业离校的有 1 人，高中/中专毕业离校的有 1 人，还有 1 人正在读大专，3 人当年下半年即将读大学；换而言之，当地未成年人以在学状态为主。在学未成年人（包括第二个未成年人）上学地点在本乡镇的有 9 人，在本县（市、区）的有 16 人，在省内县外的有 3 人，在省外的有 1 人；以本地入学为主，且学校类型均为公办。受访者认为家中未成年人所上学校条件非常好的有 26 位，认为所上学校条件比较好的有 3 位，对学校条件的总体评价较高。受访者对家中未成年人的学习情况非常满意的有 13 位，比较满意的有 10 位，认为一般的有 5 位，认为比较差的有 1 位。受访者家中未成年人上学的时间在 15 分钟以内的有 14 位，还有 1 位的上学时间在 1 小时以上；2016 年的直接上学费用在 30000 元以内，其中在 10000 元以内的有 24 位，有 4 位的直接上学费用在 10000 元以上；有上学间接费用的有 5 位，费用在 400 元到 12000 元之间；2016 年收到教育补助的有 13 位，费用在 180 元到 2000 元之间；当地牧民家庭第一个孩子没有适龄未上学或辍学情况。

关于家中第二个未成年人的就学状况（8 户受访者家庭有 2 个孩子），2017 年上半年上幼儿园或学前班的有 1 人，上中小学的有 4 人，未上学的有 2 人，高中/中专毕业离校的有 1 人；上学地点在本乡镇的有 4 人，在本县（市、区）的有 2 人，学校类型主要是公办，上学路程时间主要在 15 分钟以内，且受访者对孩子所上学校条件的好评度较高；受访者家庭 2016 年为第二个孩子支出的直接上学费用在 600 元到 8000 元之间，需要支付上学间接费用的有 1 位，费用为 4500 元；2016 年第二个孩子收到教育补助的有 2 位，额度分别为 180 元和 1000 元。第二个孩子无适龄未上学或辍学情况。

十　扶贫脱贫

（一）非建档立卡贫困户

赛鼎村 61 位户问卷受访者中，2016 年底为非建档立卡户的有 54 户，其中 6 户曾经是建档立卡贫困户；这 6 户当中有 2 户于 2015 年从建档立卡系统中调整出来，4 户于 2016 年从建档立卡系统中调整出来。这 6 户被调整为非建档立卡贫困户时，乡镇干部均去家中进行了调查且获得了被调整对象家庭的签字认可，调整后的名单也进行了公示。这 6 户对调整结果和调整程序均表示满意。

扶贫相关政策的落实方面，表示直接享受过扶贫政策的有

37户，表示没有直接享受过扶贫政策的有10户，还有1户表示不知道是否直接享受过扶贫政策；表示直接享受过扶贫政策的家庭中，报告其享受扶贫政策最多的是定居点购房补贴。

受访者对贫困户认定的评价方面，认为本村贫困户的选择很合理的有10户，认为比较合理的有24户，认为一般的有5户，认为不太合理的有4户，认为很不合理的有2户，表示说不清的有3户；也就是说，70.8%的受访者（认为很合理和比较合理）认可村里的贫困户认定结果（见图3-18）。

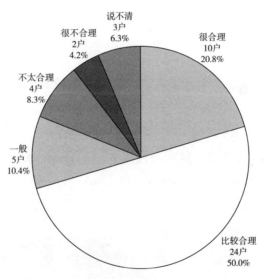

图3-18　你认为本村贫困户的选择是否合理

受访者对扶贫项目的评价方面，认为政府为本村安排的各种扶贫项目很合理的有15户，认为比较合理的有18户，认为一般的有6户，认为不太合理的有1户，认为很不合理的有1户，表示说不清的有7户；换而言之，68.8%的受访者（认为很合理和比较合理）认可村中开展的各类扶贫项目（见图3-19）。

受访者对扶贫效果的评价方面，认为本村扶贫效果很好的有11户，认为比较好的有17户，认为效果一般的有4户，认为

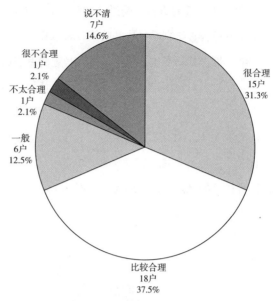

图 3-19　你认为政府为本村安排的各种扶贫项目是否合理

不太好的有 4 户，认为很不好的有 1 户，表示说不清的有 11 户；也就是说，58.3% 的受访者（认为效果很好和比较好）认可村里扶贫工作的有效性（见图 3-20）。

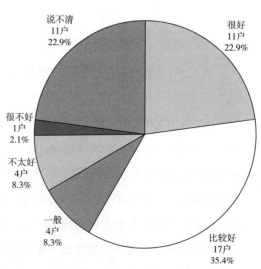

图 3-20　你认为本村到目前为止扶贫效果如何

（二）建档立卡贫困户

赛鼎村 61 位受访者中，2016 年底是建档立卡贫困户的共有 7 户，其中 2 户于 2014 年成为建档立卡贫困户，有 3 户于 2015 年成为建档立卡贫困户，有 2 户 2016 年成为建档立卡贫困户。

7 户建档立卡贫困户中，4 户最主要的致贫原因是生病，1 户最主要的致贫原因是残疾，2 户最主要的致贫原因是自身发展动力不足；其中，2015 年以来得到技能培训帮扶的有 4 户，得到小额信贷支持的有 6 户，得到发展生产帮扶的有 5 户，得到易地搬迁帮扶的有 1 户，得到基础设施建设帮扶的有 5 户，得到公共服务和社会事业帮扶的有 4 户。总体而言，赛鼎村对建档立卡贫困户的帮扶措施多元且帮扶力度较大。

7 户建档立卡贫困户中得到公共服务和社会事业帮扶的有 4 户。其中 3 户得到低保补助，截至 2016 年底，累计领取金额分别为 8964 元、8640 元和 15000 元；3 户中还有 1 户得到过计生救助的帮扶，累计领取了 12000 元。

7 户建档立卡贫困户中得到易地搬迁帮扶的有 1 户。该户于 2016 年进行了生态扶贫搬迁，搬入了村里集中安置的政府建房，安置房面积为 46 平方米，搬迁安置房的自筹金额为 9900 元，搬迁的补助标准是每人 8000 元。搬迁户的原有住房并未拆除或复垦，也没有给其重新安排草场或土地，但为家庭提供了培训机会，该户对搬迁效果感到非常满意。

7 户建档立卡贫困户中得到基础设施建设帮扶的有 5 户。这 5 户中得到帮扶的基础设施内容分别为：蓄水池（窖）1 户，入户路 3 户，危房改造 2 户，牧畜圈舍改建 3 户，还有 1 户修建住房也得到了帮扶。这 5 户对基础设施建设的帮扶都感到非常满意。

7 户建档立卡贫困户中得到技能培训帮扶的有 4 户。这 4 户中参加培训的人是户主的有 3 户，还有 1 户是户主子女参加了技能培训；其中有 2 户于 2015 年参加，2 户于 2016 年参加；培训都是有关畜牧业养殖方面的实用技能，均为 7 天以内的短期学制；

其中，2户获得了职业资格证书，2户获得结业证。虽然技能培训没有后续补助资金，但4户参加培训的家庭中有2户实现了稳定就业。

7户建档立卡贫困户中，认为本村贫困户的选择非常合理的有4户，认为比较合理的有3户；认为本村安排的扶贫项目非常合理的有3户，比较合理的有3户，认为一般的有1户；认为本村扶贫效果非常好的有2户，认为效果比较好的有4户，认为效果一般的有1户。

7户建档立卡贫困户中，有5户在2017年初已经实现脱贫，剩余2户在2017年底实现了脱贫；脱贫户明确表示认定脱贫时乡镇干部来家里进行了实地调查，并获得了脱贫对象家庭的签字认可，而且对脱贫名单进行了公示，脱贫户对脱贫结果和脱贫程序均表示满意。也就是说，赛鼎村贫困户于2017年底实现了全部脱贫。

十一　生活评价

此次户问卷调查结果显示，受访者的业余（及农牧业闲暇时间）活动方式排前三位的依次是看电视（50人）、社会交往（32人）和做家务（23人）；受访者中最近一周看电视的有57人，最近一周平均每天看电视时间在3小时以内的有41人，占67.2%，在3小时以上的有16人；受访者中最近一周平均每天睡觉时间在8小时以内的有33人，在8小时以上的有25人。61位受访者中，表示自己平常多数时间里很忙的有36位，表示有点忙但还好的有11位，有5位表示自己多数时间不是很忙，有6位表示自己平常多数时间不忙，1位表示自己多数时间一点也不忙；受访者中最近一周累计干活时间在40小时以内的有18人，在40小时以上的有20人。总体而言，约77%的受访者认为自己的闲暇时间不充裕，且村民们闲暇时间的娱乐活动以看电视为主，形式较为单一。

　　受访者对自身生活的不同方面都表现出较高的满意度。61位受访者中有 51 位即 83.6% 的受访者对自己现在的婚姻状况表示满意，其中 50 位表示非常满意，1 位表示比较满意。所有受访者都对自家周围的居住环境表示满意（见表 3–19）。从受访者对自家周围存在的污染状况的反映确实可以看出，受访者家庭周围的居住环境比较好，仅 2 人表示自家周围存在水污染问题但属轻微污染，有 4 人表示存在空气污染但污染程度一般或轻微污染，有 2 人表示有噪声污染但程度一般，有 2 人表示土壤存在轻微污染，有 5 人表示存在一般或轻微程度的垃圾污染问题。

表 3-19　对你家周围的居住环境满意吗

单位：人，%

满意程度	频率	百分比
非常满意	54	88.5
比较满意	7	11.5

　　总体来看，赛鼎村受访者对自身生活状况的满意程度较高（见表 3–20），并且幸福感也较强（见表 3–21）。多数受访者表示自己家的生活较 5 年前变得更好了（见表 3–22），约一半受访者相信 5 年后自家生活会变得更好，但也有 18 位受访者表示"不好说"（见表 3–23）；和亲朋好友以及本村多数人相比，多数人感觉自家生活与别人差不多（见表 3–24 和表 3–25）。

表 3-20　总体来看，你对现在生活状况的满意程度

单位：人，%

满意程度	频率	百分比
非常满意	19	31.1
比较满意	23	37.7
一般	16	26.2
不太满意	3	4.9
很不满意	0	0.0

表 3-21　你昨天的幸福感程度如何

单位：人，%

满意程度	频率	百分比
非常幸福	23	37.7
比较幸福	23	37.7
一般	12	19.7
不太幸福	0	0.0
很不幸福	0	0.0
缺失	3	4.9

表 3-22　与 5 年前相比，你家的生活变得怎么样

单位：人，%

自我评价	频率	百分比
好很多	26	42.6
好一些	22	36.1
差不多	6	9.8
差一些	6	9.8
差很多	1	1.6

表 3-23　你觉得 5 年后，你家的生活会变得怎么样

单位：人，%

自我评价	频率	百分比
好很多	16	26.2
好一些	13	21.3
差不多	10	16.4
差一些	3	4.9
差很多	1	1.6
不好说	18	29.5

表 3-24　与多数亲朋好友相比，你家过得怎么样

单位：人，%

自我评价	频率	百分比
好很多	7	11.5
好一些	8	13.1
差不多	38	62.3
差一些	8	13.1
差很多	0	0.0

表 3-25　与本村多数人比，你家过得怎么样

单位：人，%

自我评价	频率	百分比
好很多	7	11.5
好一些	11	18.0
差不多	37	60.7
差一些	6	9.8
差很多	0	0.0

第四章

主体性视域

"我国农村贫困问题是由多方面原因造成的,包括耕地资源缺乏、交通水利设施薄弱、市场环境差、教育卫生条件落后、思想文化观念守旧等,精准扶贫工作须运用系统思维,充分发挥国土、农业、交通、水利、商务、工信、教育、文化、卫计、民政等各个相关部门的作用,构建统一布局和相互支持、协同发力的政策体系。"[①] 我国的扶贫减贫行动犹如一根线,串联起发展尤其是农村发展的多元主体,并通过政治、经济、社会、文化和生态等不同面向的政策行动建构起整体性的外部支持体系。

① 陆汉文、黄承伟主编《中国精准扶贫发展报告(2016):精准扶贫战略和政策体系》,中国科学出版社,2016,第3页。

第一节　游牧生计

肃南县是一个传统的畜牧业生产县，当地各民族主要从事畜
牧生产。赛鼎村的主体民族裕固族世代以游牧为生计，其生活生
产遵循游牧节令的规律被划分为不同的时间节点。以年为一个完
整的时间周期，其间的节点包括过正月（白月）、接羔、打马鬃、
剪羊毛/剪牛毛、卖羊毛、打奶子、卖羊羔、宰牲/储备冬肉等；
这些时间节点又通过在不同季节的牧场之间转场串联起来，从而
构成裕固族游牧生计的一个完整周期。这一时间周期可以大致通
过图4-1表示。①

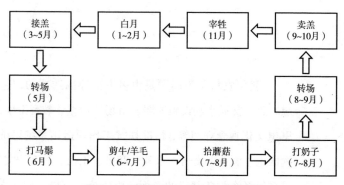

图4-1　裕固族游牧生计的时间周期

裕固族称农历新年第一个月为"白月"，白色代表吉祥、平
安，故而"白月"意为"吉祥月"。草原上，正月是人畜食物供
应的困难时间，牲畜可食的牧草不足而且草质差，再加上寒冷干
燥，这段时间牲畜容易体质虚弱而致病或致亡；牧民多以畜产品
为主要食物来源，而这段时间可获得的食物也不足，年老体弱
者极易患病。故而，这一个月对牧民来说是一年中最难熬的时
间段，牧民们期盼能够顺利度过，因此将这个月称为"白月"，

---

①　林红:《姓与性：一部裕固族亲属制度的民族志》，中国社会科学出版社，2018，第
167页。

以寄托美好愿望。当地老人说："腊月二十九，或者二十七、二十八号，各家会把置办的年货各样都抓点，装在盘子里，扯些新的布条子，给阴间的人提前烧了，这样他们就不用自己再单独置办年货了，如果不给提前烧去的话，有人家提前烧了，那在阴间，有的有了年货，有的还没有年货，没有的就需要向有的借，这样多不好，提前烧了，他们就不用去问别人借了。"据说，神会在初一到各家巡游，因而这天存在各种行为禁忌，例如，要说吉利的话，不能说不吉利的话；男人在这天可以不背水不背柴，女人不做针线活，预示着新的一年里少干体力活；晨起后，家中年轻人要给老人打茶，以表孝敬；牧民们希望新一年可以从第一天的好预兆开始并延续下去。正月初五和十五，寺院里要分别念大经祈福，保佑新的一年人畜平安、风调雨顺。"正月大会是其中（寺院佛事活动）最大的一次聚会。过会时，寺院要炸油果子、做馍馍、宰羊等。聚会的人们都要尝尝颂经后的糖和枣等食品。这天，男女老幼都会穿着一新到寺院烧香、点灯，僧人为大家跳'查玛'，寺院还会举办酥油花展等活动。"① 白月，对于当地牧民来说是重要的节日，也是一年里难得的闲暇娱乐时间。

　　每年 3 月至 5 月是牧业时令中的接羔时节。裕固族牧区经过几次牲畜品种改良，现在以高山细毛羊为主，但有不少人家仍旧保留成群的山羊。山羊的接羔时间主要是 3 月，而高山细毛羊的接羔时间主要是 4 月。接羔期间，要时刻关注母羊和羊羔的动态，对于裕固族牧民而言既辛苦又高兴。一位村民回忆其当年的接羔经历时说："有两只小羊羔，一只生下来之后母羊不认，另一只是母羊没有奶水。白天要喂四次奶，晚上十点多的时候要喂一次，半夜三点多的时候还要起来喂一次，早晨五六点的时候再喂一次。接羔的时候是这里人最忙的时候，但也是最高兴的时候。"

---

① 肃南裕固族自治县裕固族文化研究室：《尧熬尔文化》（内部印刷）2007 年第 1 期，第 22 页。

裕固族牧民对马有一种与生俱来的喜爱，即使牧区如今的交通工具已完全被机动车取代，不少牧民家中还保留了马匹（见图4-2）。近年，随着地方旅游业的发展，各种名目的赛马会日渐增多，于是牧民对马的这种热情似乎拥有了更为名正言顺的指向。裕固族俗语说"马驹剪鬃才算马，娃娃剃头才成人"，[①] 将马驹子与小孩并言，可见马对裕固族牧民的重要性。"剪鬃仪式大多在农历的四五月份择日邀请亲朋好友和左邻右舍来举行。仪式前，主人家要准备一个盘子，内盛用炒面和酥油捏成的5~7层的小塔，四周摆放四块酥油，寓意为万物既有中心，又有四面八方；盘中还要放一个盛有鲜牛奶和酥油的龙碗，一把系有白色哈达的剪刀。仪式一般邀请德高望重的长者或能唱会说的牧人来主持。主持人一边剪马鬃，一边诵唱祝福词，并将鲜奶、酥油抹在马驹的前额和鬃毛上。剪下的第一缕鬃毛放进龙碗，要摆放在帐篷内的佛龛前，祈求神灵保佑主人家风调雨顺、生活富足。仪式

图4-2　打马鬃

（林红，摄于 2008 年 7 月 18 日）

① 白信文：《尧熬尔史文集》，中国戏剧出版社，2013，第60页。

结束后，主人设宴盛情款待客人。宴毕，主人要骑上刚剪过鬃的小马驹，到草原上接受牧户们的祝贺。"①

羊毛是牧民家庭的重要物资（例如用羊毛做被褥）和收入来源。草原上繁重的牧业生产劳动一般都需要亲戚和邻里之间的相互协作才能顺利完成。虽然畜牧生产机械化开始出现，例如剪毛机的应用，但亲朋友邻之间相互帮助仍旧是常态。

一位牧民这样回忆自己家夏天剪羊毛的过程，"6月底的样子，沟里几户养羊的就商议怎么剪羊毛，最后大家商量好，一家一家地轮着剪，剪完后一起找个车拉下去卖。我家是最先剪的。剪羊毛那天，大家在自己家里喝过早茶后就都拿着剪刀过来了，有将近20人。我家有30多只细毛羊，100多只土种羊（卡毛羊），先剪细羊毛，后剪土种羊；土种羊比细毛羊的毛稀松很多，比较好剪。两人专门负责抓羊，用绳子把羊的蹄子捆起来，十个人专门负责剪，两人负责捡羊毛，然后把羊毛装袋，还有一人负责给剪完羊毛的羊打号（用彩色油漆在羊背臀部做标记），然后把打完号的羊撒开，还有两个人做饭打茶。有人剪得快，有人剪得慢，技术好的话羊受的皮肉之苦也就少点。羊经常会被剪出伤口，如果伤口面积比较大，就要抹药（例如用家中常备的敌百虫撒在牲畜的伤口上），要不然苍蝇叮伤口。（那天）午饭是'大盘鸡'，里面放了土豆、面片子、白菜、青椒，各种各样的东西都有，装了满满三大盘子，大家就围坐在草地上吃。剪完的时候，已经是半下午的样子了。最后，小伙子们一起帮忙把羊毛口袋扎好，称重，记下每袋羊毛的斤数，集中堆放在我们家的后屋里，码好。然后大家就回去了，第二天再一起去第二家继续剪。"

拾蘑菇是近年牧区方才兴起的副业。随着所谓绿色无污染的山货市场逐渐兴起，需求刺激生产，每年拾蘑菇也逐渐成为当

---

① 王秀芸主编《肃南裕固族自治县非物质文化遗产保护名录图典》，甘肃民族出版社，2016，第56~57页。

图4-3 剪羊毛

（林红，摄于2008年6月28日）

图4-4 村民集中卖羊毛

（林红，摄于2017年7月12日）

地牧民的创收方式之一。[1] 与常规性牧业生产相比，拾蘑菇具有更强的季节性特征。蘑菇的生长期是每年7月到9月，在当地自

---

[1] 裕固族聚居区存在自然资源禀赋差异，有的区域以拾蘑菇为主，有的区域以挖虫草为主。笔者田野点所在地，每年夏季采蘑菇已成为牧民重要的增收渠道。2008年田野调查期间，牧民采蘑菇的区域并不局限于各家承包到户的草场，可以自由到别家草场采蘑菇。但是，2017年再回到田野点时，牧民采蘑菇不能再自由流动了，如果到别家草场采蘑菇则需要支付一定经费，类似租用别人家的草场拾蘑菇。

图 4-5　羊毛装车

（林红，摄于 2017 年 7 月 12 日）

然气候条件下，一般 9 月中旬后就难觅蘑菇踪影了；而且，8 月底是牧户从夏场往秋场的转场时间，所以牧民们捡拾蘑菇的时间一般从 7 月初开始至 8 月底结束。对于一些生产资源较少（例如家中草场面积小或无草场）或生产能力较低（例如家中缺少劳动力）的人家来说，每年捡拾蘑菇是其重要的收入来源。村民们常常提到一位老人，"村里有一位老太太被称为'蘑菇老太'，每年靠拾蘑菇能有不少收入；她伛偻着背，迈着小步子，拾两天蘑菇休息一天，一般是找别人走过的一条沟一点一点地仔细拾，即使这样，去年她还卖了三千多块钱。"

图 4-6　牧民在自家院子里晾晒蘑菇

（林红，2017 年 7 月 15 日）

打奶子的时间取决于挤奶时间。牛奶[①]一类奶制品是牧民生活中不可或缺的食物，曲拉和酥油是每天的打茶必需品；奶皮子、稠奶子、酸奶是只有在挤奶和打奶子时才能吃得上的美味珍馐；牧区的特色美食包括糌粑、酸奶米饭、酥油米饭、酥油搅团、酥油煎饼等均需用到奶制品。为了保证生长期的牛犊能够获得足够食物，牧民们一般到了夏季牧场水草丰美时节才会挤奶和打奶子，用当地牧民的话来说，"挤奶就是从小牛娃子口中夺食"。或许正因为牛奶是从牛犊口中抢夺的食物，牧民视其如黄金般珍贵，各种仪式和庆典中都能看到奶制品的存在。[②]但是，随着工业化方式生产的奶制品在牧区逐渐盛行，现在牧区挤奶的牧户越来越少，近乎绝迹；或许，挤牦牛奶并以家庭手工制作方式制成的曲拉、酥油、稠奶子等日常食品将逐渐脱离游牧的生活情境，仅成为族群记忆的一种构成；而曾经世代实践的草原游牧生活与生产方式也渐渐从真实的时空世界抽离，演变为博物馆的陈列。

夏秋时节的牧场上，女人们的话题多是围绕乳牛。从6月到10月之间，乳牛就是女人们的关注点：眼睛要随时关注着乳牛和牛犊的动向，谨防小牛犊私自跑到乳牛跟前砸奶；挤奶、熬奶子、窝稠奶子、打奶子、晒曲拉、洗酥油、洗羊肚、熏羊肚、灌酥油，称斤计两，细心地计算自己和别人的盈利；将自己挤奶的劳动成果与亲友分享，一起讨论打奶子的经验心得。与女人不同，男人们只是帮助女人们在挤奶的时候抓、放乳牛和牛犊。但是，无论男女，都对奶子、酥油、曲拉无比喜爱。如果说男人们的这份喜爱更多的是口腹欲望上的喜爱，那么女人们的这份喜爱则更多的是情感和心理上的喜爱。男人们爱吃，而女人们则视牛奶等奶制品如己出，是自己辛苦劳作的成果，也是一种无形荣耀

① 裕固族人饲养牦牛，喜食牦牛奶。但随着牧区挤奶和打奶子的人越来越少，裕固族人渐渐以袋装奶取代了牦牛奶，老人会说："最好喝的还是牦牛奶，黄牛奶喝起来跟水一样，没什么味道。"
② 在裕固族牧民的认知中，牛奶洁净而神圣，甚至被赋予了某种拟人化性格。

图 4-7　牧民手工制作奶制品

（林红，摄于 2008 年 7 月 11 日）

的见证。一位牧民向自己的亲朋好友抱怨说：那个家实在没意思，老婆子不挤奶，儿子不娶媳妇。[①] 这句话某种程度上表达了牧区男人对于家的理解。

对于牧民而言，每年最大的两笔经济收入，其一是卖羊毛，其二是卖羊羔。每年这两个时间段，草原上往来的人和奔走的醉汉就多了起来。从夏场转到秋场不久，草原上的买卖人便开始四处奔走起来。2008 年秋季，一户牧民在卖完羊羔后结算当年的家庭收支，"羊羔卖完，一年的收入也差不多出来了。7 月剪下的羊毛卖了 6484 元，今天羊羔卖了 19635 元，另外加上 10 只还没有卖出的羊羔子折合成现金差不多 2550 元，今年羊羔子这一项收入总共有 22185 元；8 月还卖了一大一小两头刨牛，大的卖了 4200 元，小的是 3200 元，总共是 7400 元。但养牛是一

---

① 这位牧民与妻子生有两个儿子，大儿子在家从事牧业劳作，小儿子出家为僧。2008 年笔者田野调查期间，他的妻子因身体有疾无法干重活，家中已经多年不挤奶了；大儿子年过 25 岁尚未结婚，在牧区民众看来，男子过了 25 岁已属大龄，是结婚困难户了；2017 年笔者再次回到田野点时，这位牧民的妻子已经过世，大儿子已结婚生子。

个多年的事儿，不像养羊每年都可以有收成，所以今年卖的牛钱也不能全部算作是今年的收入，需要平均到最近三五年里。我们家现在还有银行贷款总共22000元，其中2万元贷款今年11月就到期了，必须给还上；另外2000元的贷款是今年开春刚贷下的，不着急还；11月把2万元的贷款还上以后，明年各种开销又需要重新贷款。"时至今日，家庭贷款在牧区仍旧普遍，几乎每家每户都有贷款，3万元到10多万元不等（2017年精准扶贫精准脱贫百村调研住户调查问卷结果显示，赛鼎村的家庭借贷较为普遍，且借贷金额较高，41.0%的家庭借贷额度在10万元以上）。近年，由于牧区兴起开景点，有的牧户甚至贷款几十万元用于景点建设。牧民们似乎习惯了这种"超支"或"透支"的生活方式，反而无暇顾及"存钱"和"如何存钱"，更多从现实去考虑"做什么要花多少钱"，如果没钱就去贷款，尤其近年面向农牧区的各种金融扶持政策涌现，牧民们从信用社、银行等金融机构贷款相较以前更为便捷。扩大生产、治病吃药、买楼房、孩子上学、结婚、建新房子等都可以成为牧民们有效的贷款缘由。

11月在牧区称为"宰牲月"，是宰杀牛羊、储备冬肉的时

图4-8　卖春羔

（林红，摄于2017年7月11日）

节，与农区的秋收时节类似，弥漫着收获的喜悦。当地有俗语云"没有羊肉不成席"，但在牧民们鲜活的生活语境中，更为准确的表述或许应是"无肉不成席"。^①在冰柜、冰箱等现代存储设备尚未出现在牧区之前，各家各户宰杀牛羊后，会采用风干、烟熏、冰窖等方式储存肉食，以备白月待客之需，并满足新一年的全年肉食之需（一般可以吃到来年的 5 月左右）。随着物质生活条件日益改善，以及冰柜、冰箱等家电的普及，如今牧区各家各户可以不必一定在宰牲月宰杀牲畜，可以随时宰杀；但宰牲月仍旧是各家各户每年集中宰杀牛羊的最佳时间段。牛羊在水草丰美的夏秋场上膘后，刚刚转入冬场；一般而言，冬场的草料不足且质量不佳，牛羊吃不上足量的高营养草料，于是开始掉膘；而宰牲月正值牛羊还未开始掉膘、恰膘肥体壮且肉质鲜美的时候，所以牧民们仍旧会选择在宰牲月的时候集中准备冬肉。如今在牧区，宰一只羊待客已是很常见的事情，但"吃新鲜肉"对牧民而言仍是非常难得的时刻。每逢有人家宰牛杀羊，定会邀请亲朋好友一起共享。

第二节　家庭：陷入贫困

赛鼎村从 2014 年至 2016 年，经 3 年精准扶贫精准脱贫，贫困户数从初时 20 户减少为 2 户，贫困人口数从 60 人减少为 4 人；2017 年底，剩余 2 户贫困家庭也实现脱贫。

---

① 牲畜（主要指牛、羊、马）作为重要的生产资料和生活物资，除了每年宰牲月为储备冬肉而宰杀之外，平常很难吃到新鲜肉食。在整体生活水平不高的年代，除极个别的富裕人家会宰杀外，一般牧民家每年宰牲月多宰杀羊，且通常情况下都是宰杀一只羊用以供给几乎全年的家用肉食，所以对裕固族而言羊肉是其主要的肉食种类。现在，羊肉仍旧是裕固族人的主要肉食种类，但并不限于宰牲月宰杀，平时待客亦会宰杀羊，而不少人家在宰牲月时除了宰杀羊外还会宰杀牛，可自家食用，或售卖。除牛肉、羊肉之外，其他采买的肉类例如猪肉、鸡肉、鱼肉等亦成为裕固族人日常餐桌上的肉食。

一 收入支出账

牧区家庭每年的收入和支出是一笔值得细算的经济账，这也是贫困户识别和脱贫认定程序中的重要内容。谈及 2017 年的家庭收入和支出，赛鼎村最后实现脱贫的 2 户贫困家庭的户主这样估算：

> 我们家有 4 口人，2017 年人均纯收入 9625 元，这是扶贫干部到我们家跟我们一起算出来的一个数字。我们家 2017 年的总收入有 103500 元，主要的收入来源是：①养殖业收入 69200 元（其中两笔重要收入是卖羊毛和卖羊羔，羊毛收入 12000 元，羊羔卖出 110 只，每只羊羔 520 元，共计 57200 元）；②外出务工收入约 3000 元；③政策性收入 13146 元，主要是指草原生态奖励补助资金（补助标准为每年 3351 元 / 人，1.39 元 / 亩草场）。2017 年家庭总支出为每年 49940 元，主要是生活支出 33200 元，生产支出 16640 元。（访谈编码：20171030AGFNO1）

> 我们家 2017 年的总收入为 103500 元，主要包括：养殖业收入 77000 元（卖羊毛 22000 元，卖羊羔 55000 元）；外出务工收入 15000 元；政策性收入 11500 元。2017 年家庭总支出为 65000 元，主要的支出项目是生产支出 40000 元，生活支出 25000 元。（访谈编码：20171030GYQNO1）

如上 2 户贫困家庭 2017 年的收入和支出状况呈现一个共同特点，即家庭年收入高，家庭年支出也高。2017 年精准扶贫精准脱贫百村调研住户调查问卷的结果显示，赛鼎村村民的家庭年消费总支出为 8000 元到 60000 元；其中，食品方面的支出为 2000 元到 40000 元；结合实地调查，这一数据区间变化主要取决于家庭人口数量。由于赛鼎村为牧区，牧民日常喜食肉类和奶制品，这也是家庭食品方面的重要支出项，一位扶贫干部认为这是少数民族生活方式的问题，"近两年虽然牧区畜产品价格上涨了，但是生活成本也是上涨的，少数民族的生产生活方式具有民族特征，比如牧民的饮食结构以吃牛羊肉为主"。用当地一位牧民的话来说，"我们这个地方，每年挣下的钱除去孩子上学这样的必要开支，基本上都花在吃喝上了，尤其是吃肉，每年每家吃肉这一项花销折合成钱的话一般在2万元左右了"。换而言之，家庭人口越多，家庭支出越多。

我媳妇是2010年在张掖查出来恶性淋巴瘤，化疗了5年，去年到今年（2016~2017年）实在没办法再化疗了，开始采取保守治疗，吃藏药，主要是采用一些土办法进行维持治疗，控制病情不恶化，目前情况还可以，没有继续恶化。我今年初带一个侄子到兰州去看病还找了当初给我媳妇化疗的那个大夫，他当时好像还不太好问我媳妇的病情，他以为人都没了呢。我跟他说还好着呢，他问用了什么方法，我就告诉他用的土办法，看的藏医，病情没有恶化，他就说一个人化疗这么长时间还能活下来实在是很少。2011年、2012年、2013年这几年我们个人交的合作医疗的钱也少，所以报销的比例很低，也没有什么其他的报销途径。2015年的时候我们合作医疗个人交的费高了，再加上精准扶贫户的优惠政策，看病钱的报销比例提高到60%~70%。看病的花销非常大。张掖这边不能做化疗，只能做放疗，我媳妇的病情又只能做化疗，所以只能跑到兰州化疗。刚开始是一个礼拜做一次化疗，后来是半个月一次，最后是一个月一次，看病那几年里，我们每年都是十几趟地跑兰州去看病。去年到今年采取保守治疗，没有再化疗了，但是光是吃藏药每年也要花2万多元，土大夫看病吃药的话合作医疗不给报销。这些年我们家光看病就花了快50万元了，大病救助报销、合作医疗报销，以及扶贫的一些补贴，这些加起来总共报销了30%~40%，满打满算差不多有个15万元的样子吧，剩下的钱都是自己拿，这部分钱加起来有二十五六万元。这二十五六万元的看病花销，主要来自我们自己以前的一点积蓄，还有就是贷款，我们现在背了十几万元的贷款，其中精准扶贫贴息贷款5万元（2018年11月到期），信用社贷款8万元（2018年6月到期）。（访谈编码：20171030GYQNO1）

家庭在高收入、高支出的情况下很难余留充足资金。一旦有家庭成员患有重大疾病，造成重大疾病负担，那么很可能的后果即家庭返贫，赛鼎村最后实现脱贫的2户人家均为因病致贫。或者说，牧区家庭的高收入与贫困看似是一个悖论，但这恰恰是牧区贫困不同于农区贫困的特征之一。"虽然他家的贷款有13万元，但是家庭年收入相对比较高，如果根据他家的年收入来看，这个贷款就不是问题，但是放到农业地区这个贷款就是个大问题。在我们牧区，如果把他的200多只羊卖掉的话，就能有二十几万元的收入，除了还清贷款，还有十万来块钱的结余呢。不过这样一来，他整个家庭的生产又断了，可能会陷入另一个恶性循环。"（访谈编码：20171102CHLNO2）

我们家每年的放牧收入起伏不定。2013年以前羊价好，每年有个十四五万元的收入，2014~2017年羊价很低，每年也就6万~7万元，少了一半多。2003~2017年这十五年我一直在隔壁村租别人的草场放牧，养了不到100只羊。2009年结婚，兄弟都分家了，去年回到村里，把牲口处理了一半，自家草场的载畜量是130只羊，加上舍饲养殖的羊现在养了总共200多只，去年买剪毛机花了2.08万元，购买饲草料不到2万元的样子，再加上平时的吃喝和置办家当，收入的钱根本不够花。之前在外面借牧（在外村租用草场放牧）的十几年把娶媳妇的钱挣上了，我和我哥两个媳妇娶进来花了 12 万元，因为都是本地人，所以彩礼就相应少。在肃南县买了一套房子，我结婚的时候在以前借牧的村子还修了一套房子，在那个村租的是我舅舅外爷的草场，当时说可以固定长期放牧，后来舅舅家变动，就不能继续租了，我就回村上了。2013 年 10 月在肃南县上买了楼房，花了 14 万多元，装修和家具总共花了 20 万元，是贷款，到现在还没有还清呢。2010 年分家后有 100 只羊，就贷款又买了些牲畜。2013 年买楼房的时候把买牲畜贷的钱还了，然后买楼房又重新贷款 15 万元，还另外贷款了 5 万元买饲草料。我老大是个女儿，身体不好，生病多，花销多，每年要走一趟远处去看病，花销很大。2014 年我们刚买了楼房住进去，那年开始羊价就塌了，接着三年虽然牧业有收入但不高，一家人的花销再加上饲草料，就形成了恶性循环。（访谈编码：20181103LDFNO1）

根据牧区人口少、面积大的实际情况，无论是执行国家的贫困标准 2900 多元还是甘肃省的贫困线标准 3700 多元，标准都太低。年人均纯收入，国家和甘肃省的标准都太低，牧区和农区不一样，牧区的生活成本很高，牧区出行、运输、饮食、沟通等各方面成本都很高，即使是以甘肃省 3700 多元的标准来说牧民也根本没法生活。贫困的标准，牧区和农区应该有所区别，如果按照国家标准在牧区很难划定贫困线，总的来说牧区的家庭资产和年收入比农区高，但是支出也很高。（访谈编码：20171101ZZRNO1）

二　被帮被扶

2015 年至 2017 年，赛鼎村贫困户在社会保障和社会救助、易地搬迁，修建蓄水池（窖）、危房改造、改建牧畜圈舍等基础设施建设，以及劳动就业技能培训等方面获得了大量帮扶。

我们家 2015 年获得的帮扶措施包括：民政临时救助 3000 元，用于改善生活条件；危房改造补助 12500 元，用于改善居住条件；农牧委支持援助母羊 17 只，用于帮助发展产业；建设局援助修建彩钢房 28 平方米，用于改善居住条件；精准扶贫贴息贷款 50000 元，用于帮助发展产业；二类低保金 2106 元／季度，用于改善生活条件；草原奖补资金 10100 元，用于改善生活生产条件。我们家 2016 年得到的帮扶措施有：产业扶持 20 只羊，用于扩大产业规模；农村低保金 2241 元／季度（一年共计 8964 元），用于改善生活。我们家 2017 年获得的帮扶措施主要就是低保金，农村低保金 6100 元／年；我们家有 3 个人吃低保；2017 年（截至受访日期 2017 年 10 月）我们家总共的低保收入是 6345 元，其中第一个季度是 2241 元，第二个季度是 2844 元，第三个季度（第三个季度由二类低保转为三类低保）是 1260 元。我们的低保分为四个类别，一类低保的标准是 292 元／（月·人），二类是 275 元／（月·人），三类是 90 元／（月·人），四类是 58 元／（月·人）。低保是动态调整的，低保的类别也动态调整，吃低保的人员也是动态调整的，我们家的低保从二类调整为三类，说明（贫困）情况改善了。（访谈编码：20171030AGFNO1）

我们家得到的各项帮扶措施，2015 年有：①民政临时救助 3000 元，用于改善生活条件（帮扶项目类型 F）；②危房改造补助 12500 元，用于改善居住条件（帮扶项目类型 E）；③农牧委支持援助母羊 17 只，用于帮助发展产业（帮扶项目类型 D）；④建设局援助修建彩钢房 28 平方米，用于改善居住条件（帮扶项目类型E）；⑤精准扶贫贴息贷款50000元，用于帮助发展产业（帮扶项目类型B）；⑥草原奖补资金11500元，用于改善生活生产条件（帮扶项目类型F）。2016年的帮扶措施有：产业扶持20只羊，用于扩大产业规模（帮扶项目类型D）。2017年帮扶措施有：农村低保6100元/年（帮扶项目类型F）。（访谈编码：20171030GYQNO1）

　　贫困户认为精准扶贫精准脱贫各项帮扶措施对自己家庭发展而言非常有益。一位因病致贫的贫困户细数道，"2011年年底民政上给报销了1万元大病救助，2013年民政上又给我们报了8000元的大病救助，2013年底到2014年初的时候，合作医疗报销完了后，保险公司还给报销了一点钱（支出3000元以上，保险公司给报销几百元到1000元，民政大病救助需要6000元以上）。今年（2017年）我们家主要靠贷款来的13万元，我今年到电站上看电站，6月到7月拿了一个月的工资2200元，8月份的时候工资提高到每个月2500元。我们家2011年的时候就有低保了，但是中间2014~2016年三年没有低保金，因为我这三年被选为村务监督委员会的委员，三年是任期，每年有1000多块的财政工资，拿了财政的钱，按照规定就不能再拿低保，所以就没评上（低保户）。三年的任期干完后，2016年底又评上了，我们家拿的是二类低保，每个人825元/季度，两个人每季度低保金加起来有1650元，一年有6600元。县建设局是我们村的帮扶单位，而建设局的领导又是我家的对口帮扶人。2015年建设局给我们家修了两间彩钢房（折合人民币三四千块钱），过年过节慰问给我们家送大米、送蔬菜水果。2015年送了17只羊，2016年送了16只羊。现在党的政策好，早些年家里人得一场大病，花多少都是自己出，哪有人给你报销给你帮扶一说。"（访谈编码：20171030GYQNO1）

三 家庭生计方式

赛鼎村一位老牧民这样总结影响牧民收入的几大因素，"第一是政策稳定，牧民收入才能稳定，政策不稳定，会直接影响牧民收入。对于我们牧民来说，政策的冲击性是最大的，新政策直接影响老牧民，老年人不能出去打工，也没有其他收入来源，年轻人还好点，可以外出打工。第二是生产资料少，这是最早草场划分的问题，当然也不可能说重新划分草场，但是草场小就直接影响家庭收入。第三是重大疾病，因病致贫是真正的问题，其他类型的贫困都不能说是真正的问题，针对这种情况，应该有相应的大病救助政策和针对性的社保措施。如果一个牧民家里的草场小，再遇上家里人患重大疾病，这是实在没办法说彻底脱贫的。"
（访谈编码：20181029GYQNO2）

现在说增加牧民收入、为牧民创收的政策都是好的，但是具体落实到牧民身上又是另一回事儿。之前大家都攒足了劲儿准备好好搞一下旅游呢，一个政策就停了，到现在县上也没有具体的措施，大家都在等，主要是等国家公园的试点措施，如果重新划分功能区能把马场滩那片划为核心区和试验区，那么就可以继续搞旅游业。现在是新的政策没出台，老政策不能执行，所以很多东西就放在那儿了，大家都等着呢。肃南前几年有矿上资源，有电站，旅游资源也有，我们牧民干旅游也能有不错的收入。但是现在矿关了，电站关了，旅游业也关了，现在你问我们康乐还有什么，我也说不上来了。从2016年到2017年实在没什么讲头，新政策不出台，原先的措施又不执行了，我感觉肃南整个又返回贫困了。现在旅游业不让搞了，以前花钱建的景点也关闭了，我和孩子办的景点也不让开了，牧业又开始实行以草定畜，以前需要2~3个人放羊，以草定畜以后一个人就可以了，剩下的人干什么去？打工的话，哪有那么多工可以打，肃南又没有什么产业。很多地方实行禁牧，不让放牧了，牧民们把牲畜都卖了，以后也没有什么稳定的收入。以草定畜以前可以养200只羊，现在只能养不到100只羊，这样的收入根本不够。精准扶贫这个政策是好的，但是现在肃南没有产业，没有什么像样的生产创收出路，对我们牧民而言看不到前途是什么。（访谈编码：20171030GYQNO1）

肃南牧区实行禁牧和以草定畜以来，牧民传统的游牧生计面临重大变化，老一代牧民和年轻一代牧民对这种变化的适应程度某种程度决定了牧民家庭生计方式转型的有效性。对老一代牧民来说，离开牧区后的生计来源主要是子女赡养，虽然养老保险在赛鼎村实现了百分百覆盖，但养老金收入远远不够。村里一位早年的老支书这样描述自己的晚年经济来源，"我（男，67岁）有两个儿子一个女儿，小儿子在牧业上经营，大儿子在县里工作，女儿嫁在了村里。2004年开始住在县城，以前还在河坝里种些树、种些草卖，现在就是到处跑着，帮人挖洋芋，挣点零花钱，也没有干过什么正当的生意。我们老两口现在的经济来源有：①小儿子在牧业上收入的40%归我；②每个月150元的退伍兵补贴；③我们两个人的养老金加起来每个月有550元（女性290元/月＋男性260元/月）；④村干部补贴，70元/月。"（访谈编码：20181030TCYNO1）相较于老一代牧民，年轻一代牧民的选择可能更为多元。当然，这种选择多元仅仅是一种可能性而已。青年一代中，一位被村里人视为很能干的牧民这样描述自己家的生计方式和生计来源：

我是1974出生，16岁就不上学，初中上完就回来经营牧业了，那时候主要是家里供不起了，而且哥哥姐姐都出去了，家里怎么也需要留一个人。我们家每年的家庭收入包括：①开店的收入每年有个 5 万~6 万元。家里的羊去年（2016 年）已经全部卖掉了，羊不能离开人，原来是雇人放羊，现在全部养的是牛。②牧业上就是每年的草补，是和父母等 6 口人在一起的，每年有 2.8 万元的收入。③家里养了 190 多头牛，还有 10 只羊是养着吃肉的；每年牛群能生下 40~50 头牛犊子，每年能卖个 12 万~13 万元。每年总的家庭收入有 20 万元的样子，但是还有很多开支，要修围栏、修圈棚，自己得买饲草料，每年饲草料就需要 2 万多元，我们自己种了点地供饲草料，有 17 亩地，每年产的饲草料折合成钱大概有 2.5 万元的样子。现在以草定蓄，冬天有段时间是把牛圈养起来的，全靠喂饲草料。每年一过完年我就到牧场上去了，媳妇在张掖看着孩子。我们家在张掖买了 2 套房子，父母一套，自己一套。哥哥姐姐都出去工作了，家里草场就由我全部继承了，父母一般是跟着小的生活。牧业是我的基础产业，不能丢掉，我冬天到张掖来，春天夏天再到牧场上去。我们家的冬场、夏场、秋场都在缓冲区，只有一小块草场在实验区，如果禁牧的话牛羊就都得卖掉。

我这家店（肃南康乐草原牦牛肉店，张掖）是 2013 年开的，从每年 9 月一直干到来年的春节。刚开始很费劲，当时客户少，我就跑到各大酒店去问人家要不要肉，茶社里也用，只是时间问题，慢慢人就多了。当时想着在张掖开这个店，主要因为孩子在这里上学，父母看着，父母身体不好，太累了。于是在牧业上面冬天就雇了一个人看着，我们两口子就下来，主要是照顾学生，人下来了也不能整天蹲着没事干，坐吃山空，就计划着开了这个店。村里在张掖开店的就我一家，还有一家做服装的，开牛羊店的没有。肉店每年的赢利也好着呢，第一年赢利 3 万多元，第二年有 4 万元，这三年每年有个五六万元，多数宰的是自己家的牛羊和亲戚朋友家的牛羊。店面的房租每年 2.5 万元，设施有冰柜，真空包装机 3 万元，每年的电费相当高，平均每个月有 500 多块，商业用电，用水不怎么多；宰杀需要花钱，屠宰费是 150 元一头牛、25 元一只羊；平均每天卖 100 斤肉，7 个月大概卖 21000 斤牛肉，加上羊肉每年总共要卖出 30000 斤左右的牛羊肉，差不多要宰 200 多头牛、100 多只羊。总的成本是差不多每年 5 万来块钱（房租、电费、屠宰费等）。每年的营业额能达到 30 多万元，自己的牛羊没有算在这里面，自己家的销售不算人在内，给别人宰卖是一斤肉 2 块钱的利润。（访谈编码：20181104LYNO1）

第三节 村镇：一种治理方式

赛鼎村于 2015 年 1 月派驻了第一书记和扶贫工作队。第一书记和工作队成员来自县级单位和乡镇政府，驻村时间均为一年，其间主要工作包括诊断致贫原因、帮助贫困户制定脱贫计划、帮助落实帮扶措施、参与脱贫考核。赛鼎村总人口 348 人，其中中共党员 26 人，设有党员代表大会，党代表人数 3 人，其中 2 人属于村"两委"成员；村支部支委人数 3 人，村民委员会 5 人，村"两委"中 2 人为交叉任职；村民代表 5 人，其中 2 人属于村"两委"成员；设有村务监督委员会，监督委员会成员 3 人。扶贫攻坚过程中，第一书记和驻村工作队全面参与赛鼎村各项扶贫政策和措施的落地实施，而村民大会、村民代表大会、党员大会、村"两委"会议则是村公共事务的重要决策组织。

一 选出贫困户

贫困户的认定和选择对赛鼎村来说无疑是一件重要的村公共和公益事务。《中华人民共和国村民委员会组织法》规定，"村民委员会是村民自我管理、自我教育、自我服务的基层群众性自治组织，实行民主选举、民主决策、民主管理、民主监督。村民委员会办理本村的公共事务和公益事业，调解民间纠纷，协助维护社会治安，向人民政府反映村民的意见、要求和提出建议。村民委员会向村民会议、村民代表会议负责并报告工作"，且"召开村民会议，应当有本村十八周岁以上村民的过半数，或者本村三分之二以上的户的代表参加，村民会议所作决定应当经到会人员的过半数通过"。①

赛鼎村是逐年脱贫的，2013年12月选出了19户56人，2014年底脱贫剩下7户20人，2015年底剩下2户，2016年底还是2户，2017年要全部脱贫，但是剩下了1户没有脱成。选贫困户的时候，刚开始是提名了21户，后面又从21户中选出了7户，因为名额只有这么多，县上下来的文件有个贫困人口占总人口比例的问题。大家共同选，这样能够有效避免矛盾，选出的也差不多是真正贫困的人。（访谈编码：20171106YCH-TCMNO1）

赛鼎村实行逐年脱贫，2013年12月选出了19户56人，2014年底脱贫剩下7户20人，2015年底剩下2户，2016年底还是2户。当时村里选贫困户的时候，先是村"两委"班子开会，根据各自了解的情况列出了一个贫困户清单，然后召开社员大会，社员大会再讨论和重新提名，村"两委"班子审核，再开群众大会，无异议后再经村"两委"班子讨论，然后公示，最后报乡镇政府。（访谈编码：20171102CHLNO2）

赛鼎村也存在一个家族派系的问题，当时工作组挨家挨户走过来了，所以采取的方法是"两委"班子先确定一个

---

① 《中华人民共和国村民组织法》，中国人大网，http://www.npc.gov.cn/npc/xinwen/2019-01/07/content_2070268.htm?from=timeline，2019年5月13日。

名单再上社员大会，如果一开始就上社员大会很可能选不出来。村"两委"班子确定的名单上了社员大会就有4户不通过，村民说这4户的贫困是个人原因比如好吃懒做，老百姓不服，就把那几户踢出去了，新选出来的还算公平，主要在于村班子工作做得到位，如果没有"两委"提前提出的名单，就不一定能选出来，估计还会选出很多矛盾来。（访谈编码：20171102CHLNO2）

现在村里比较大的事情一般要开社员大会，但也不是说全村每个人都要来，一般只要30人以上的社员代表（村民代表）到场就行。因为不可能开大会的时候全村每个人都到场，所以社员们推举出了30人以上的社员代表，社员代表到会就相当于召开了社员大会。评选贫困户和低保户都要召开社员大会，社员大会上社员代表评议，然后结果由村"两委"班子审核，接着是公示，最后报乡镇政府。我们也做了"回头看"，全面排查一下是否还有更加贫困的人，结果下来没什么变化，老百姓自己评下的就服气。虽然有重新识别的程序，但是结果没有变化。当时为了防止有些老百姓张嘴胡说"我没有参加会，评出来的结果不算数"，所以开大会都要搞签到册，有的村上还会在会场摆一个机子录像，处理其他村务的时候也用过这些方法，有时候对着自己的签字村民也会说"我没有签过字，别人签的吧"，所以开社员大会的时候把摄像机架着是最保险的。老百姓提名的名单或人选常常会有个问题，很容易带有更多的个人情感因素，村"两委"班子提名的名单相对而言更理性和合理。（访谈编码：20171102CHLNO2）

贫困户都是社员大会评出来的。村里基本的程序是：村民提议（任何人都可以提议）人选，然后报村委会和村党支部审核通过，再召开村民大会讨论和投票，根据票数多少来定，贫困户和低保户也是有名额的，谁票数多谁就评上，最后报乡政府民政部门审核，到了乡政府这边基本上就没什么问题了，乡政府民政干事要一个队一个队地开会进行情况核实，最后公示和上报。2015年我们村有二十几个人吃低保，2016年有三十多个人吃低保，吃低保的人数每年会增加一些。（访谈编码：20171030GYQNO1）

2014年底选建档立卡的贫困户，上面给的贫困人口数量是20户60人，村民大会选出来的贫困户，当时报上来20户60人，2015年7月就有13户脱贫，留下来7户；县领导实行一对一对口帮扶，当时让县领导每个人包一户，谁包谁就对谁进行对口帮扶；要求县各单位也开展对口帮扶，报名的对口帮扶单位会拿出一部分资金，加上县财政的部分资金，对贫困户进行精准帮扶，比如会给贫困户购买物资。结对帮扶的效果还是挺好的，但是有些人就是等靠要，怎么帮也帮不起来。关于贫困人口数量的变化，前几年贫困人口数量多，后来数量又减少了，这中间有一个政策变化的问题，之前贫困人口数量报得越多就能向上面争取到越多的支持，包括资金支持和政策倾斜，但是后来上面的这些支持少了，而且要求地方上要自己想办法减少贫困人口数量，这样一来地方向上报的贫困人口数量就减少了。（访谈编码：20170520CHLNO1）

贫困户的评选是有一套程序的：村民提名、村"两委"审核、社员大会投票、公示等一系列程序，在操作上还是很规范的。刚开始评选的时候，大家也没有觉得什么；一旦评上贫困户，政策和资金就开始向贫困户倾斜了，慢慢地大家也反应过来了，心理就开始不平衡了。也有些人为了享受扶贫政策就搞分户，老人和孩子一分户，不论从家庭经济收入、生产资料还是劳动力来说都比较容易被选上（贫困户）。大河那边就有这样的例子，有一位八十多岁的老人，是一个单户，老人的子女生活条件很好，但是老人另分户后，就可以吃低保了，为了得到每一户的低保，就分户，这是钻政策空子的一种做法。现在的评选标准只是说家里子女有吃国家财政的就不能入选贫困户，对于子女不是吃国家财政，但是自身条件好且可以赡养老人的情况就没有排除。（访谈编码：20171101ZZRNO1）

我们村的贫困户都是村民大会上选出来的，一个大概的程序是：村民提名、党员会审核、开社员大会、结果公示、报乡政府，这个过程都要经过村委会。选择的标准有几个：有的人家里草原面积小收入少，有的是要供大学生收入少（一供学生就会导致家庭收入减少），有的是得了大病。但也有争议，比如我一个婶子是偏瘫，供了大学生，家里草场小得很，有人就认为都是放羊的凭什么他家选上贫困户，开社员大会的时候把原因解释清楚就行了。其实很多人就是鸡蛋里挑骨头，看到别人拿了自己就不满足。选贫困户选了几次（社员大会），开了几次社员大会后才渐渐达成了一致意见，最后大家商量确定了一个大概的标准。首先看家庭经济收入，然后看家里有没有劳动力，综合各方面的因素后大家才达成一致。按经济收入和家庭条件来看，选得还算公平，有的人家虽然有老人，劳动力少，但是家里草场大；有的人家虽然兄弟好几个，但是出于历史原因草场小，导致家庭经济收入少，也应该予以照顾，总的来讲选得还算公平合理。赛鼎村是周围几个村里人口最多户数最多的村子。村里的贫困户都是通过社员大会选的，所以基本上没有什么矛盾和纠纷，刚开始就是社员大会上定下的，精准扶贫刚开始的时候村里经常开社员大会，要选贫困户，还要动员社员一起搞村建设。首先是动员大家把牛心墩房子修一下，之前那些都是20世纪70年代建定居点的时候修的房子，好多都已经是危房，70年代赛鼎村是农业学大寨的典型，那时候村上（20世纪70年代）修好房子然后分给村民，但过了这么多年那些都成了危房，羊配种的时候都不敢让村民在定居点上站（住），条件一好都去牛心墩站了。这些动员工作还是很有效的，其实就是把政策把事儿给社员讲清楚。（访谈编码：20171106YCH-TCMNO1）

我们镇政府全程参与，尤其是包村干部。赛鼎村的贫困户通过村民大会由村民公推公选，之前我们把条件和标准都告诉他们，讲清楚。基本的程序是：讲解标准要求、村民大会推选、驻村工作队筛选、上报镇上、镇上下批复、公示（纸质张贴公示7天）、公示通过确定名单。贫困的标准是根据国家和省里的标准来定的。今年（2017年）"回头看"了一次：先入户看看家庭情况，基本上全村都走了一遍，之后村上开了一次村民大会，然后回到镇上反馈情况，镇上再集中上报，"回头看"的结果说明当初的贫困户识别没什么问题，信息准确。村上贫困户的致贫原因，有因学致贫的情况，娃娃毕业后情况就好转了，就退出了；村上现在还有两户贫困户，一户是因病致贫，老婆得了癌症，一家人都很勤奋努力干活，但是治病没办法需要很多钱，原先家庭条件还不错；另一户是缺乏发展动力，主要是娃娃也不争气，挣点钱就花掉了，小伙子不定性，还从信用社贷了不少钱，人却不知跑哪儿去了，家里只剩老人，没有劳动力干活，还要还贷款；这两户都选得没问题，我们搞"回头看"主要是因为杨改兰的那个事件，我们到村上也全面核查了一遍。村上的人一年的收入比我的工资还多呢，没有年收入2800元以下的。我们村也没有发生重新识别的情况。（访谈编码：20170523WJYNO1）

我们家是社员大会上评出来的（贫困户），主要是因为我们老两口病多，我和老伴儿都有高血压、静脉血栓，不能干活，所以也没有什么收入来源；而且家里草场小，因为我们家兄弟三个，分家后草场就越分越小了，现在我们全家6

口人的草场面积是 1484 亩，大儿子一直在外面租草场放羊，每年草场租金 3 万元，我们大人给出 1 万元，儿子自己掏 2 万元。不放牲口怎么行，种地也没地种，打工也没处打，只能放牲口。（访谈编码：20171030AGFNO1）

我们家被评为贫困户的原因主要是我媳妇得了大病，村里选贫困户的时候就把我们评上了。2015 年初精准扶贫开始的时候，人口数量我们家报的就是 4 口人，这个人口基数不能变，2015 年底我和儿子才分户，因为按照政策贫困户一家人都可以吃低保，社员大会的时候，村里人认为年轻人跟着吃低保不行，所以我们就干脆分户了，现在牧业上都是把年轻人和老年人分开了，要不然其他人有意见，对于老年人来说选评贫困户什么也方便些。据我所知村里也有小孩子跟着吃低保的，但孩子小也说得过去，但是二十几岁的年轻人如果还跟着吃低保就说不过去，所以我们就分户了，孩子分出去了，只有我们两个人吃低保。（访谈编码：20171030GYQNO1）

村级层面开展的贫困户识别基于村落熟人社会之间的相互了解，通过合理合法的村公共事务决策程序，以及镇、县层级的指导监督，最终得以达成共识。但这一过程中出现和遗留的诸多问题仍旧值得继续讨论和反思。

首先是贫困线标准的设定。"国家的贫困线标准是 2900 多元，甘肃省的标准是 3700 多元，这个标准是怎么定出来的？而且'纯收入'的定位也很模糊，有的地方叫'净收入'，没有一个明确的界定，我们在执行标准的时候就不知道哪些支出需要除掉。比如赛鼎村的一户贫困户，虽然他家的贷款有 13 万元，但是年收入相对比较高，如果根据他的年收入来看，这个贷款就不是问题，但是放到农业地区这个贷款就是个问题，如果把他的200 多只羊全部卖掉的话，就能有二十几万的收入，除了还清贷

款，还有十万来块钱的结余，但是他家后续发展就断了。"（访谈编码：20171102CHLNO2）

其次是扶贫政策执行和实际情况之间存在的偏差调适。"赛鼎村2015年刚刚建档立卡的时候贫困户有7户，按照脱贫的标准，2015年底这7户应该是全部脱贫的。但由于一些政策性收入，就拿草补这一项来说，政府按人头每年每人发到个人手里的现金就是3351元，这显然已经超过了国家定的贫困线。但是，我们2015年把这7户脱贫报上去，上面说不能全脱，要不有作假嫌疑，最后就留了2户，但是2016年还是不让脱，说是今年年底脱，也就是2017年实现全脱。说实话，赛鼎村当初建档立卡的7户也不太符合国家定的贫困户标准，只是当时省里给分配名额，名额分到肃南县，我们下面就得报。当时赛鼎村这7户中的一户，他哥哥都说他根本不需要扶（贫），过个生日1000块钱的酒席吃着，这种人还需要扶贫吗？"（访谈编码：20170520CHLNO1）

还有其他问题，例如以社保取代扶贫进行社会托底。"有些人就不存在扶的问题，就得养，或者是一家人都是残疾，扶什么也不行，只能扶钱。"（访谈编码：20170524JFNO1）扶贫资源由村统筹，"扶贫领域就好比有一块肉，应该拿到村上来，因为村上知道谁最需要吃肉，但是一定要评几户贫困户，然后所有政策和资金都集中在这几户人身上。"（访谈编码：20181031PJPNO1）

总体而言，赛鼎村的贫困户识别与认定结果具有较高的合理性。2017年精准扶贫精准脱贫百村调研住户调查问卷中关于贫困户认定的评价结果显示，受访村民认为本村贫困户的选择很合理的有10户，认为比较合理的有24户，认为一般的有5户，认为不太合理的有4户，认为很不合理的有2户，表示说不清的有3户；如果以问卷填答总户数61户为计算分母，我们可以判定55.7%的受访者（认为很合理和比较合理）认可村里的贫困户认定结果；但如果以对该问题做出有效回答的户数即48户为计算分母，那么可以说 70.8% 的受访村民认为村里贫困户认定的结果很合理和比较合理。

二　贫困村帮扶

赛鼎村实施的各项扶贫项目让全村 121 户 348 人均不同程度受益。2015 年是赛鼎村扶贫攻坚年，仅这一年，新修 60 公里村内道路，新建 108 个蓄水池（窖），完成 6 处电网改造，完成 4 户危房改造和 46 户人居环境改善，支持和培育了 2 项特色产业，培育村合作社 1 个，新扶持乡村旅游农家乐 2 户，村民参加卫生计生相关培训 24 人次，村中每家每户实现了广播电视入户，并建成村文化活动室 1 处。村干部认为全面提升村基础设施水平是扶贫工作的关键，"真正的扶贫应该是第一步把基础设施搞好，应该是改善大环境，大环境搞好了可以刺激贫困户自己想办法脱贫，要不他自己也感觉没有面子呀。"（访谈编码：20170616HBESNO1）村民认为，"水、电、危房改造、道路等一系列基础设施建设给村里带来的变化很大。"（访谈编码：20171030GYQNO1）

村里的扶贫项目包括：①修水窖、修定居点的房屋、棚圈改造、修建蓄水池（包括把水管子直接接通到定居点，定居点上又修了小水窖，把水直接引到小水窖里供日常取用）、铺设引水管道、修村内公路。②各种劳动技能培训，女的都是妇联和党校组织培训，有刺绣、手工制作，只要愿意参加，报名就可以去，有的家实在远的还可以解决食宿，免费提供培训材料；还有创业创新培训；11 月还有女企业家培训，不过这是有条件的，限于参加合作社的成员，有公司的，一般的村民不行；有畜牧养殖的培训，一年至少两次。我们妇联组织的培训还可以，比如刺绣和串珠子，这种技能学了后可以有个出路，做了东西可以卖出去挣点钱。大家认为外出考察的培训挺好的，出去看一趟很多东西就学上来了。培训应该谁感兴趣就去，但是好多这样的培训都有条件限制。只要是朝外走的考察学习，几乎是包吃包住，有些人爱喝酒的、懒散的，走两回也就不让走了。报名培训，一般都是村主任把愿意去的人名往上报。（访谈编码：20171106YCH-TCMNO1）

扶贫项目主要是搞村里的各项基础设施建设，尤其是在路上和房子上解决了很多问题。首先是给村里修路，修了34公里的通村公路，6公里的通村硬化路，以及三条通村的主干道，并在道路两边新加了路灯照明。其次是修房子，对村委会进行了重新维修，建了52套彩钢房，修建了一个广场、一个乡村舞台，建设了3个五米的文化长廊，增加了文体健身设施，修建了一个社区卫生室、一个农家书屋、一个新的蓄水池，并安装了两个暖风机。（访谈编码：20170523WJYNO1）

扶贫项目里最大的工程是通村公路6公里480万元，赛鼎村的土地是黑土地，修路的成本很大。第二是危旧房改造52套，大约356万元。第三是修建牧道，具体数额我也记不太清楚了。各种项目加起来，直接给到赛鼎村的各类扶贫资金投入有1000多万元。（访谈编码：20171102CHLNO2）

2017年精准扶贫精准脱贫百村调研住户调查问卷中，受访村民对扶贫项目的评价方面，认为政府为本村安排的各种扶贫项目很合理的有15户，认为比较合理的有18户，认为一般的有6户，认为不太合理的有1户，认为很不合理的有1户，表示说不清的有7户；如果以问卷填答总户数61户为计算分母，我们可以判定54.1%的受访者（认为很合理和比较合理）认可村里实施的扶贫项目；但如果以对该问题做出有效回答的户数即48户为计算分母，那么可以说68.8%的受访村民认为村里实施的扶贫项目很合理和比较合理。

当然,扶贫成绩和过程的问题同时存在,村民对各项扶贫项目意见反馈较多的是劳动技能培训。各项培训均鼓励青壮年参加,"每年组织扶贫户家里的青年人参加劳动技能培训,还有外出考察的机会,会给村上名额,贫困户都可以去,大部分有想法的人只要想去,只要报名,都能让他们去。"(访谈编码:20170523WJYNO1)但是,"劳动力技能培训这一块是一个很大的问题。在农区这个很受欢迎,但是在牧区就不行,首先是牧民的视野和思想都不行,还有就是培训的内容也不合适,针对性不强。"(访谈编码:20170524JFNO1)村干部和村民均建议,"最好是培训(外出考察的形式最好)和扶持政策配套,培训完了能有配套的资金和政策的支持,才能让培训的东西最后落地实现。"(访谈编码:20181031PJPNO1)

> 各种培训都有,有刺绣、餐饮方面的等,还有搞养殖业的培训,都是专门集中起来培训。培训的内容还是挺多样的,但有些人就是玩儿的。现在的好多培训都是凑数字的,没有达到真正的效果。上面统一安排培训,把人数分到村上,让村上报人数人名上去,实行自愿自主报名,结果就是各种人都有,感兴趣不感兴趣的人都有。培训的目的很好,但是培训内容应该结合牧民们的实际需求,现在的培训大多形式化,去参加就是去凑人数,比如我去不了,就找一个人顶替了事。最好是培训和扶持政策配套,培训完了能有配套的资金和政策的支持,才能让培训的东西最后落地实现。(访谈编码:20171106YCH-TCMNO1)

三 村落治理现状

2017年6月23日,习近平在深度贫困地区脱贫攻坚座谈会上讲话时强调："要把夯实农村基层党组织同脱贫攻坚有机结合起来，选好一把手、配强领导班子，特别是要下决心解决软弱涣散基层班子的问题，发挥好村党组织在脱贫攻坚中的战斗堡垒作用。"①

我们村里没什么集体经济，只有一点村上的集体草场，每年出租给牧民收点租金，所以在钱上面没有多少可以管的事情。村干部选举一般是按照群众提议、村委会评议、村民大会投票、乡镇政府审批这样的程序来。严格按照规定，先选举产生支部委员，村主任也是提议后，经过差额选举得票高的入选。一般来说，村民主要考虑那些有文化有能力的，而且能够为民办事的。村民大会民主选举后要投票，得前后开两次大会。（访谈编码：20171030GYQNO1）

村里最近刚搞完换届选举，现在村委会成员有 5 个人，村党支部委员 4 个人、村监委 3 个人，有村团支部书记。村主任是共推直选的，社员大会先推选出 5 个委员，从中再选一个主任；村党支部书记是两推一选，群众大会和党员大会推选出 3 个委员，从 3 个委员中选 1 个书记；监委会是社员大会推选出 3 个委员，从中再确定 1 个主任。村干部都是按照投票的票数来定的。妥家和兰家是赛鼎的大户，能干的人也多，尤其是妥家，村里大多数党员都是妥家的，也没办法，妥家人之前很早就入党。现在入党好像开始有限制了，一年只能批准一个或两个党员，以前没有这个限制，比如有四个人申请就能通过三个或两个，现在有了名额限制。（访谈编码：20171106YCH-TCMNO1）

村委会 5 个人，村党委有 3 个人，其中 2 个人是重合的。当时选举的时候要求他们相互之间不能有亲戚关系，没

---

① 习近平：《在深度贫困地区脱贫攻坚座谈会上的讲话（2017 年 6 月 23 日）》，人民出版社，2017，第 18 页。

有直系亲属关系，但实际上在一个村里你说相互之间完全没有亲戚关系是不可能的。我们村当村干部其实无利可图，没有工厂也没有矿，当村领导还要自己出钱出力，不像其他农村还要贿选，昨天你见到的那个村主任，人家不当主任之后感觉生活有规律了，轻松了好多，一旦当了村干部，就有一种"原来是自由人，现在被管住不自由了"的感觉，牧村的村党组织书记和村长都很操心。我们村刚搞完了村委会干部的换届，选举搞得还挺成功的，选举之前我们要摸底，推荐人、候选人、选举人都按照法定程序走。说实话，每个村上都有一两个捣蛋的，但他们的意见也不能左右大局，我们村上很好选，大家意见都比较一致。（访谈编码：20170523WJYNO1）

村干部中，党组织书记和村委会主任、监委会主任三个人有财政工资，村长和书记的工资是一样的，一年领两次，刚开始是一年8000多块，今年开始提工资了，一年大概有3万元，肃南县出台了一个村干部管理办法。实际上，这点工资在牧区根本不够花，一年拿到的村干部工资还不够个（汽车）油钱，今天上面给你通知开一个会议，不管你在多远都得来，也不管你是怎么来的，还有电话费也得花不少。村里也没人愿意干，去年我就不想干了，整个"三委"的班子成员都换了，就我没有换，镇上也来给我做工作。不过我也想，如果我也不干的话，新班子工作也干不下去，我们是三年一届，① 我这届干完也差不多了。村干部的人选都是由社员大会提名和投票，按照票数多少来确定人选。当村

---

① 此处需要说明，受访者对村民委员会委员任职时间的认知尚未更新，实际已从之前通行的"三年"改为"五年"。2018年12月29日第十三届全国人民代表大会常务委员会第七次会议通过了全国人民代表大会常务委员会关于修改《中华人民共和国村民委员会组织法》《中华人民共和国城市居民委员会组织法》的决定，对《中华人民共和国村民委员会组织法》作出修改，将原第十一条第二款"村民会议有权撤换和补选村民委员会的成员"修改为"村民委员会每届任期五年，届满应当及时举行换届选举。村民委员会成员可以连选连任"。参见中国人大网，http://www.npc.gov.cn/npc/xinwen/2018-12/29/content_2069911.htm，2019年5月12日。

干部，一个要威信好，还要自己有决断，如果每一件事都要社员大会通过，这根本不现实。"三委"委员的选举主要看的是个人能力，村上有事看有没有去真正操心。今年村里的事情比较多，我们村几乎每个月都有检查组和督察组来看，尤其精准扶贫，比如扶贫工程验收、查看账目支出情况，很多事情。（访谈编码：20171106YCH-TCMNO1）

村"两委"是村落治理的骨干力量，在扶贫攻坚和带领全村致富奔小康的过程中发挥着关键作用。但是，作为基本自治组织，村"两委"同时承受着自下而上的村庄发展压力和自上而下的治理压力，压力汇集，不可避免会产生矛盾冲突，主要体现在如下方面。

首先是"小家"和"大家"之间的矛盾。"当选了村干部，自己的生产就没法搞了，整天要应付各种检查，检查也不好好检查，尽是纸片子工作，社员大会记录、党建工作记录，各种记录，还有那些看都看不懂的数字表格让我们填写。政府部门不干切合老百姓实际需求的事情，三天两头问我们要这个笔记、那个会议记录、这个表、那个信息的。这种情况大概从2010年开始，尤其最近几年越来越严重，把我们村上压得喘不过气。干下政绩是他们的，出了问题是村上的。"（访谈编码：20181031PJPNO1）

一年到头自己家里的生产干不了，村上事情太多，家里的活儿都是媳妇和父母干，我自己在生产上的时间投入很少。以前不当村干部的时候还可以搞些副业，可以搞些买卖牲畜的生意，但是当了村干部后根本搞不成，当村干部能不赔本就行，但是现在看还得赔本。主要是时间不允许，我自己也有想法但是不行，现在只是想着只要不花家里的钱就行。我家里去年就是15万元贷款，今年贷款不变，还增加了四五万元的私人借款，当村干部后收入少了，开支还大了，还多了村上的开支，后面干不干再说吧。现在家里又多了一口人（刚有了二孩），5口人就靠我们两口子养活（与父母同住），又增加了一个人，我要是干公司早就破产了，明年再看能不能继续干吧。漫天跑呢，一年有半年的时间不在家，至少心不在家，两口子关系也紧张，现在好点了，从开始不支持我当村干部到现在慢慢适应了。如果要算我的家庭收入和支出，羊毛、羊羔、村干部工资、卖牛，这些加起来只能算出收入多少钱，算不出来花出去多少。去年干村干部的工作我自己都贴了6000多元，我们是畜牧区，赛鼎村还没有搬迁但是要搞摸底工作，村上的基础工作量大。村干部的工资只能说够干8个月的，剩下几个月就得自己贴钱干了。我去年买了一个小车，8月买上的，5个月就跑了1.1万公里，光油钱就是5000元，电话费每个月保底消费是200元，光油钱和话费，工资下来就差不多顶掉了，还有外出开会的吃喝等，去年我自己贴进去的钱不少，具体多少我也没细算，不过一算账就出来了。但是村里既然把你选上了，就先干满3年再说吧。我现在3天以后的安排都不打算，不知道3天后上面又来什么事。（访谈编码：20181103LDFNO1）

其次是各级政策在村庄治理中落地出现的不适应。一位有多年村干部经验的牧民这样说，"政府部门不干切合老百姓实际需求的事情，三天两头问我们要这个笔记、那个会议记录、这个表、那个信息的，你让我一个牧民来干这些活，如果我能干这些活，早就上学出去了，就不在村里当个牧民了。三天两头开社员大会，问题是一开会也没有什么重要的事情。还有各种表格，县上有那么多对口的部门，那么多干部都干什么去了，这些事情就应该他们自己干的，但是他们只是从县上往乡上压，乡上再往村上压，比如草蓄平衡，县上成立了一个专门的部门，还有统计部门，他们自己派人下来干就行了，但该他们自己干的工作不干，全部让村上来干。这种情况大概从2010年开始，尤其最近几年越来越严重，把我们村上压得喘不过气。"

现在好多事情都歪曲了，具体为什么歪曲了我也说不上。当村干部这些年没多少感悟，就是一肚子的牢骚，牧业地区和农村是不一样的，国家大的政策是对的，但是地区不一样，农村里召开社员大会一个广播就行了，到牧区就根本不行。上面早晨要数据，下午就要交，你叫我怎么交，牧业上的村干部不能干，工资待遇和农村一样，一年的工资都交了电话费和加油费，还把自己家的牧业生产耽误了，算上干村干部的时间今年我就是第13个年头了，说句不好听的，当村干部的脑子都好使，如果自己加油干自家的牧业生产也比干村干部好。干了村干部，自己的生产就没法搞，整天各种检查，检查也不好好检查，尽是纸片子工作，要查各种记录，还有那些看都看不懂的表格让我们填，制表的人来了我们问他们，一个一个问，他们自己都不懂让我们填什么呢，工作干没干好，只要纸片子弄好看就行了，实际干得怎么样不管。比如一个畜牧站，工作就是给牲口看病的，有时候牧民牲口病了打电话，说这表那表没填完，要做表，没时间给牲畜看病，牲畜的病不管能不能看好，药先拿上一箱子来整你个几千块钱，大家都不干自己的活，自己该干的没有干好，也没办法干。（访谈编码：20171106YCH-TCMNO1）

村里没有外来的有实力的企业，村上也没有自己的实业，除了集体草场之外，没有其他集体经济。村干部的工资待遇，如果能够按照公务员的待遇来给，让他们老老实实干活也行，但不是，村干部的工资给不到位，还要想着干自己家里的活，还要挣钱致富，村干部的待遇需要提高。镇上通知的各种检查、查卫生、查环保，村上所有方面都要有体现，村干部是应付这些事情呢，还是全身心投入自己的家庭生产，还是搞好村上经济致富增收？实际上，村干部整天应付各种上面的事情就搞不完，不管是投入精力搞自己的产业还是带动村上致富，这都是不可能的事情。(访谈编码：20181031PJPNO1)

最后是村庄治理过程中需要进行大量协调统筹工作，对治理者的能力提出考验，这种考验本身即是一种压力。一位从县政府派驻村里的扶贫干部这样描述自己进村后开展的工作，"我驻村的主要工作就是入户走访，边走访边解决牧户的问题。我到村上的第一次走访，村委会有电脑但是没有办法联网，QQ上发文件、办网、开网，单就这个事情我就办了2个月。有个供水管道和蓄水池的工程，光是写管道工程的报告就好久，因为保护区的事情，这个民生工程就干不成了，要干就是偷着干，还没有动土，管子就拉在地面上。另一个是网络的事情，工信部门有项目给到村里，但是这个地方是保护区，祁连山保护区给工信局一个函，说不让动，我就只好去协调两个运营商，在这里建设一个基站，但是信号覆盖范围也就100多户，这在商业上是赔本的事情，不让干，我就只好去找电信局，因为私人关系比较好，最后在牛心墩硬是给做了一个电信信号基站，不能动光缆，就加了一个锅，才能把信号接收过来，把无限网络连上；后来保护区自己要建信号基站，就建了，而保护区建的这个基站，是专网，不能民用。"(访谈编码：20181031PJPNO1)

5月底，村里开村"两委"班子会议商量9000亩集体草场怎么出租。经过几人共同商议，决定采取竞拍的方式出租9000亩集体草场，起拍价是1年3万元，租期为3

年。村"两委"班子之所以采取这种方式，主要是考虑到曾经有人想承包但是拿不出钱来（村里一位牧民曾经承租草场，至今已经过去了多年，还欠着4.5万元租金没有给），采取竞拍的方式，价高者得，能够保证草场出租的集体资金能够及时入账，村里没有什么集体经济和集体资产，这笔草场出租的费用基本上是村里的唯一收入；为了保证集体草场最终受益的是我们自己村的牧民，竞拍者就限定为本村的村民，外村人不能参与竞拍。但是也有人反对采用这种方式，建议采取抓阄的方式，按照市场价给草场估价和定价（比如把草场租金定为每年4万元），然后让有意租草场的人一起抓阄，谁抓上谁租，这样至少能够做到公平，人人有机会，大家才会服气；如果采取竞拍的方式，始终是有钱人才能租，这样很不公平。根据上一次竞拍的经验，有人参加竞拍并以每年4.5万元的价格把草场租了下来，之后他一转手又把草场租给了其他村的人，他这中间一转手，不费任何力气每年就能到手一两万元。但是，不管采取什么方案，都需要经过村民大会讨论才行，这只是目前村"两委"班子几人商定的方案，并不是最终的方案。但是，上一个集体草场的承租人在上一个承租期间，自己掏钱安了草场围栏，这笔费用大概是3万元，如果其他人承租，就要把这笔费用先返还给他，如果由村上出这笔钱，那也是一笔支出，如果还是由他来承租，那么村上暂时就不需要出这笔钱。有人就很反对，认为这件事不能让某个人牵着鼻子走，而且安围栏的支出也不是说多少就是多少的，要经过估价，这笔钱即使由村上出也是合情合理的。就因为这个事儿，村"两委"就讨论了很久定不下来，这个村干部实在不好当！（访谈编码：20170523LZJ-GCRNO1）

第四节　县域：一种治理目标

一　为什么是赛鼎村？

赛鼎村是肃南县辖域内 5 个建档立卡的贫困村之一。但是，在地方政府部门和当地牧民看来，赛鼎村的牧民生活水平与周围其他村"差不多"，并不存在显著的贫富差距。一位县干部说，"肃南的牧民家庭经济情况都差不多，如果给建档立卡的贫困户帮扶力度大了，其他非建档立卡的人就不平衡了，除非特别贫困的人大家都没意见，如果说差了那么一点就被评成了贫困户，定成了贫困村，就能享受到各项扶贫的优惠政策，很容易导致大家心理不平衡"。那么，为什么在康乐镇所辖的 13 个行政村和 1 个农牧村社区中，赛鼎村被选定为贫困村呢？一位县政府相关部门全程参与了赛鼎村扶贫脱贫工作的干部这样解释：

赛鼎村是 2015 年经过县常委会研究确定为贫困村的，因为跟（康乐）镇上其他村子比起来，赛鼎村的基础设施比较差，集中定居点上存在大面积的危房。实际上，赛鼎从 1989 年就开始搞基础设施建设，早些时候，跟康乐镇其他村相比，赛鼎村的基础设施建设可以说是最好的。因为赛鼎村人的观念比较先进，很善于学习外面的发展经验，那时候赛鼎村还是我们县上学大寨的典型。但也正是由于赛鼎村基础设施建设搞得早，时间上过早，后来就比不上周围其他后发展起来的村了，时间久了就落后了，所以县上决定把赛鼎确定为贫困村，通过扶贫帮助赛鼎村提升基础设施水平。还有一个原因就是，赛鼎村人口多，人口基数大，比较起来贫困人口也就相对多。赛鼎村是镇上发展比较早的村子，康乐乡（镇）第一辆车和第一辆摩托都是赛鼎人买的，而且赛鼎村各家各户的各类家庭设施也比较齐全，也因为购买这些大件消费品，所以赛鼎村各家的贷款额度也相对比较高。这也是当初县上把赛鼎列为贫困村的一个原因。

康乐镇有 13 个行政村（以及 1 个农牧村社区），这些村子各自的情况都不一样。榆木庄经济发展比较好，产业结构比较好，有畜牧业、养殖业、运输业、旅游业，还是乡镇所在地，是一个资源集散中心。寺大隆村和杨哥村人口少草场大，所以整体收入相对高，两个村子相比之下，寺大隆更好点。杨哥人的思想在享受生活上很开放，但是在发展生产上又很不开放，杨哥人经常干的事儿是把牲口撒到草场上就不管了，人却跑到县城待着，全家人蹲在县城该吃的吃该喝的喝，生活消费上相互攀比，没有投入精力或全力投入去发展家庭生产。东华村这块，靠近县城，具有旅游服务业和多元化产业发展的优势，草补资金发下来之后，村民的年收入就高了，按照国家标准和省标准都不符合。青苔子村比较小，只有 17 户五十几个人，而且已经形成建制了，没办法再划归到别的村里去。隆丰村和上游村，产业是旅游业和畜牧业，上游村的村民中没有买楼房的只有一户，整体经济情况还不错。大草滩村人比较保守，思想也保守，在生活消费支出上也不太高，所以各家手里多少有点积蓄。红石窝、巴音、康丰等村也都相对还可以。各村总的比较下来，赛鼎村人口多、基础设施差、人均草场面积小，所以县上综合考虑后最终决定把赛鼎村定为扶贫村。（访谈编码：20171102CHLNO2）

二　扶贫资金从哪儿来？

2015 年作为赛鼎村的脱贫攻坚年，也是各类扶贫项目集中实施的落地年。2017 年精准扶贫精准脱贫百村调研行政村调查问卷结果显示，赛鼎村 2015 年新建村内道路共计 60 公里，新建蓄水池（窖）108个，完成村电网改造6处，为74户人家解决了供电问题；完成4户危房改造、46户人居环境改善，支持和培育了2项特色产业，培育村合作社1个；来自县镇的数据显示，2015年赛鼎村共实施扶贫项目14项，总投资1139.5万元。那么，这些钱是从哪儿来的呢？负责并参与赛鼎村扶贫脱贫工作的县干部解释道，"投入赛鼎村的项目资金主要来自省、市、县三级的扶贫资金整合；一般的资金整合只能是同部门资金整合，不能跨部门整合资金，但是扶贫部门的资金和不同业务部门的资金可以进行整合，实现条块整合"，并强调，"肃南是牧区又是民族地区，在扶贫脱贫方面值得说的经验主要是整合资金办大事。和农区不同，我们在牧区修1公里的路，受益人可能只有一户或两三户，而在农村修一条路受益人多；如果想要解决牧区的交通道路问题，就要从执行层面灵活运用国家政策，需要依靠扶贫资金去整合其他类别的资金才能最终把事情办成"。整合资金办大事是肃南县解决赛鼎村扶贫项目资金问题的重要方式，但从具体实践来说，也存在诸多问题和障碍，尤其是事权和钱权二分的制度性问题。

扶贫项目资金的划拨和使用，都是上面给项目。按理讲不管什么部门的项目资金，应该直接下到县一级来进行统一规划，但是现在的资金使用存在一个问题，就是先申报项目，然后再审批项目；这样一来，要申报项目就必须搞好前期工作，没有前期工作就可能申不到项目，但是也不可能让县一级把前期工作都做好再申报项目，然后等着上面审批资金。实际操作中，其实没必要浪费前期那么多的工作量，一年只有那么两次申报项目的机会，项目申报下来后又不能一定保证实施，要让地方有更多权力，上级制定项目实施的标准就行，具体在哪儿实施这个由地方来决定就行了。经常是一个问题出来后，急等着解决，写了项目申报后，等不及上面拨款，县上就拿自己的自筹资金把问题解决了，把项目实施完了，等项目审批下来后又面临要实施的问题，这时候县上就很不好弄。上一级监管不需要监管钱花到了哪儿，而是应该监管花钱的行为是否合法合规合情合理。虽然现在说是下放了但还是没有完全下放，项目的批复权限下放了但是资金规划权没有下放。立项权下放，但钱没有下放，如果立项和资金都下放的话，上面的权力就弱了，这才是大问题，而不是说完全下放后会出现多少下面乱花钱的问题。（访谈编码：20171102CHLNO2）

各种扶贫项目的条块分割太厉害，无法形成综合助力，比如政府各个部门都有扶贫项目和资金支持，但是各干各的、各扶各的，无法综合考虑，导致扶贫的综合效应不强。扶贫部门也不敢进行综合和统筹安排，资金使用的规定很多，比如买杯子的钱就不能用来买碗。资金的分配权和责任单位应该分开，比如由一个统一的单位来做整体资金的统筹，如果这笔资金用于水利，那就由水利部门来负责，但现实显然不是这样的。（访谈编码：20170520CHLNO1）

资金整合中间有一个权力下放的问题，现在说是要权力下放，上面要把项目审批、实施和执行权力进一步下放到县级，但是项目规划和资金使用方式的权限并没有下放，还是在省级；而省级对地方情况不熟悉，做出的规划到了县级根本无法执行。真正的权力下放，不仅要下放项目审批、实施和执行的权力，重点还是应该把项目资金的规划和使用权限下放，上面管着大盘子里的资金额度分配，而资金规划使用由县上来决定，这样才好。现在扶贫资金就是全部下放，实行谁使用谁负责的原则，这比以前好很多；以前是往上跑项目，花个两三年把项目跑下来，等项目资金真正到位以后发现项目已经不适合当地的情况了，无法执行下去。现在扶贫资金这块还好，其他部门的很多项目规划和资金使用权限还是在省级，有的部门全部下放了，而有的部门还没有，就形成一个下放的和没下放的相互脱节的局面，对于我们县级来说就无法形成部门协调合作，县上也无法有效整合和协调统一资金的使用。经常出现的情况就是有的项目批下来了，有的没批下来，凡是没有真正批下来的资金对于县上来说就不能列入规划，如果列入规划一旦出现意外没有批下来就面临资金短缺的问题。在项目管理中，要办一些项目相关手续可以去省上，但是具体到项目资金的规划和用途，在上面的人不知道下面的痛处在哪里，就好像一个人，人家明明是头疼但上面给开的却是医脚的药，这让下面很难处理。（访谈编码：20171101ZZRNO1）

三 扶贫效果怎么样？

2017年精准扶贫精准脱贫百村调研住户调查问卷中，受访村民对扶贫效果的评价方面，认为本村扶贫效果很好的有11户，认为比较好的有17户，认为效果一般的有4户，认为不太好的有4户，认为很不好的有1户，表示说不清的有11户；如果以问卷填答总户数61户为计算分母，我们可以判定45.9%的受访者（认为效果很好和比较好）认可村里扶贫工作的成效；但如果以对该问题做出有效回答的户数即48户为计算分母，那么可以说58.3%的受访村民认为村里扶贫工作的效果很好和比较好。

实际上，在不同利益相关方的差异化视角下，赛鼎村扶贫工作的效果评价亦呈现差异。

畜牧业相关的培训有一定作用，适当培训就行了。本来老牧民就有很丰富的牧业经验，有实践经验，所以这方面的劳动技能培训在牧区不适宜讲基础性的知识，而应该讲开阔视野的东西，比如如何发展畜牧业、如何产业化。如果讲什么病虫害防疫，到畜牧站防疫站讲就行了，没必要给牧民培训太多这方面的东西，老百姓更需要如何发展产业、解放思想的培训，比如如何发展旅游业、如何扩大畜牧生产、如何发展畜牧产业化等。这两年还有创业培训，但老百姓也不是很感兴趣。牧民们很喜欢外出考察的培训，不喜欢被关起来讲理论，牧民的受教育水平都不高，这就决定了他们不可能喜欢关起门来学习，而更喜欢实地考察，但是这种外出培训的机会又很少，毕竟资金投入很大。我们现在的考核指标还在说培训人数和培训次数，而不是考核培训质量、培训作用、培训效果，培训的目的是要有效果，而不是仅仅说培训了多少人就完了，应该讲质量而不是数量，不能以数量代替质量，应该让有限的资金实现最大的效果。（访谈编码：20171102CHLNO2）

肃南县每年搞各种技能培训，我参加过养殖业的培训，有用，但是学习之后，实际操作就不行，比如大规模养殖的一些技能就不行。女的搞些刺绣，可以到商店里去卖，也挺好的，但都是零零散散的，各搞各的，没有办法搞成规模。现在动员那些禁牧了的人都去参加技能培训，就这么些人，不出去搞宣传怎么卖出去，最后说通过电商出售，也不行。我们康乐有电商服务中心，我们村上有搞民族服装、刺绣、包包的，花花绿绿的东西多得很，还有少数民族的马鞍等各种东西，也拿去电商卖，但是卖出去的不多。肃南如果继续发展畜牧业，牛羊肉是绿色产品，政府部门能不能打包弄成一个品牌统一销售出去？现在是贩子把钱挣了，但是牧民没有得多少，当地的销路也没有打开。如果肃南县能够统一整合资源，统一销售出去，一只羊的不同部位的价格都不一样，但是现在牧民只知道卖整羊。（访谈编码：20181101GYQNO3）

贫困应该进一步区分出不同的程度。对于深度贫困地区就应该单拎出来，加大扶持力度；而程度不深的地方，比如肃南，就没必要再投入太多资金和人力去搞物质方面的建设，而应该把工作重点放在提升群众的文化程度上，提升地方治理能力，搞好群众教育，群众整体素质提高了，才能够真正有利于各方面条件的进一步改善。对于贫困程度不深的地方，如果和其他深度贫困的地区一样对待，很容易让民众产生安逸感，一旦人有了安逸感，就容易变得蛮缠，优惠和好处给得太多，一旦哪一天少给了一点就会闹事，诉求越来越高，越是扶贫欲望越大，我们现在把人扶到楼上去了还要被骂。（访谈编码：20171101ZZRNO1）

一位拥有丰富基层工作经验的退休县干部这样评价，"各种扶贫项目还是有用的，首先是基础设施建设对乡村的改变还是挺大的；其次是通过一对一帮扶，对牧民的观念改变还是挺大的，尤其是对那些自己愿意努力、积极向上的人还是帮助挺大的。"但是，他认为"这些项目都是一种助力式的扶贫，而不能是一味地给东西，比如对方也想往前走，你去拉一把，他接下来就能走好，但是如果对方是蹲在那里根本不想走，你去拉也拉不动的。有些帮扶项目还是不够精细，无法考虑贫困户的具体特征。贫困户的思想工作很重要，要帮助他们树立战胜贫困的信心，一旦思想垮了就破罐子破摔了，怎么扶也扶不起来了。我曾经工作的几个乡镇，每个村上都有那么一两户，就属于怎么扶也没用的。这类人，我认为通过社会救助的方式养起来饿不死就行了，共产党不能养懒汉，这些人没法同步进步同步进入小康社会"。（访谈编码：20170524JFNO1）

第五章

总体性视域

我国农村扶贫开发工作的历史进程，大体可以划分为体制改革推动扶贫、专项计划推动扶贫开发、扶贫开发与社会救助相结合三个阶段。[①]1982~1985年为体制改革推动扶贫阶段，此阶段农村扶贫开发的主要特征是以体制改革推动扶贫，即主要依靠推进农村经济体制改革，充分调动农民事农积极性，通过增产增收缓解农村贫困；1986~2006年是专项计划推动扶贫开发阶段，这一时期农村扶贫开发工作的主要特征是以专项计划推动扶贫开发，即把解决农村贫困人口温饱问题和对贫困地区的全面开发有机结合；2007年以后则进入扶贫开发和社会救助相结合阶段，这一阶段农村扶贫开发的主要特征是把社会救助与扶贫开发相结合，即在全国农村建立和实施最低生活保障制度，对自身缺乏发展能力的农村贫困人口做出托底性制度安排以保障其基本生存，并实行新的扶贫标准，对扶贫标准以下的全部农村人口实施扶贫

---

① 左常升主编《中国扶贫开发政策演变（2001~2015年）》，社会科学文献出版社，2016，第40~62页。

政策。随着第三个阶段的逐步推进，于2013年迈入"精准扶贫"时期，农村扶贫工作进一步细化为"六个精准"，即扶持对象精准、项目安排精准、资金使用精准、措施到户精准、因村派人精准、脱贫成效精准。

中共中央总书记、国家主席、中央军委主席习近平在参加十二届全国人大四次会议湖南省代表团第五次全体会议时指出，在当前情况下，要全面贯彻党中央决策部署，按照"五位一体"总体布局和"四个全面"战略布局，认真落实五大发展理念，创造性开展工作。习近平要求党和政府要补齐民生短板，"要坚持以民为本，民有所想所求，我们就要帮助他们，为他们服务"。[1]我国目前实行的精准扶贫，虽然也强调提升扶贫对象的内生动力，实现扶贫与扶志、扶智相结合，但是在制度设计和具体实践中，总体上还是将提升贫困人口生活水平和发展能力作为政府扶贫的一个优先目标或主要产出，而不是构建以贫困人口自我发展为中心的扶贫政策和支持体系。从这个意义上说，中国现在实行的精准扶贫可以称为外部介入式全过程精准扶贫，这样既可以区别于国际上主流语境中的目标瞄准扶贫，也可以区别于贫困人口或贫困社区主导的目标瞄准扶贫。[2]在这一语境下，旨在构建经济富裕、政治民主、文化繁荣、社会公平、生态良好的整体性发展格局的经济建设、政治建设、文化建设、社会建设、生态文明建设"五位一体"总体布局就成为理解和把脉我国正在实施的农村扶贫工作的结构性框架。

我国目前通行的脱贫措施大致可分为发展生产、转移就业、易地搬迁、生态补偿、社保兜底五类。习近平总书记在"十三五"规划建议说明里明确表示，到2020年，通过产业扶持，可以实现3000万人脱贫；通过转移就业，可以实现1000万

---

[1] 《按照"五位一体"落实五大发展理念》，中国人大网，http://www.npc.gov.cn/npc/xinwen/2016-03/11/content_1977576.htm，2019年5月10日。

[2] 李培林、魏后凯、吴国宝主编《中国扶贫开发报告（2017）》，社会科学文献出版社，2017，第3页。

人脱贫；通过易地搬迁，可以实现 1000 万人脱贫；还有 2000 多万名完全或部分丧失劳动能力的贫困人口，可以通过全部纳入低保覆盖范围，实现社保政策兜底脱贫；到 2020 年，稳定实现现行标准下农村贫困人口不愁吃、不愁穿，义务教育、基本医疗和住房安全有保障（简称"两不愁、三保障"），贫困地区农民人均可支配收入比 2010 年翻一番以上，增长幅度高于全国平均水平，基本公共服务主要领域指标接近全国平均水平，确保我国现行标准下农村贫困人口实现脱贫，贫困县全部摘帽，解决区域性整体贫困问题。[①] 显而易见，我国的扶贫工作从脱贫措施到脱贫目标，均以经济建设为先导，这一路径选择是我国这些年来减贫成效显著的关键，也对当前正在实施的精准扶贫工作，以及 2020 年后农村发展尤其是实现脱贫的乡村可持续发展提出了其他面向的问题，包括政治建设、文化建设、社会建设、生态文明建设。"五位一体"总体布局，既是建设富强民主文明和谐美丽的社会主义现代化强国的战略路径，也可以成为我们理解农牧村扶贫发展工作成效的视角化指南。

第一节　政治建设

2017 年 6 月 23 日习近平在深度贫困地区脱贫攻坚座谈会上讲话时强调："脱贫计划不能脱离实际随意提前，扶贫标准不能随意降低，决不能搞数字脱贫、虚假脱贫。""脱贫攻坚工作要实打实干，一切工作都要落实到为贫困群众解决实际问题上，切实防止形式主义，不能搞花拳绣腿，不能搞繁文缛节，不能做表面文章。一段时间以来，一些材料反映，一些地方为了做到精准识

---

① 《国务院关于印发"十三五"脱贫攻坚规划的通知》，中国政府网，http://www.gov.cn/zhengce/content/2016-12/02/content_5142197.htm，2019 年 4 月 12 日。

贫、精准扶贫，搞了一大堆表格要下面填写。一些基层干部忙于填写各类表格，加班加点，甚至没有时间进村入户调研办实事。还有一些表格需要贫困群众亲自填报，但表格设计太复杂，填写项目太多，而且有很多术语，农民也弄不清楚。这类问题要注意纠正，精准识贫、精准扶贫要坚持，但要讲究科学、讲究方法、讲究效率，把各方面信息集中起来，建立信息库，实现信息资源共享。"[①] 这一讲话直指扶贫工作中普遍存在的现实问题，用当地牧民的话来说，"中央的政策没有一个不对的，但是一到地方上就不对了"，具体怎么"不对"，主要体现在如下几个方面。

首先是政策执行偏差。一位多年负责扶贫相关工作的乡镇干部这样说，"中央的政策是好的，但是执行的时候就变样了。上面花架子太多，为了应付各种调查检查，要整理档案材料，但又没有一个标准化的东西，以长官意志和喜好为主。大的方向是中央的政策，但是到了省、市、乡镇不同层级，各有各的想法，很多数据信息都是三分统计七分估计，工作都是纸上谈兵，没有足够时间搞实际工作，今天打电话明天就要报表。就是让我今天开始跑，每家每户跑下来至少也得一个月吧。中央的扶贫搞四梁八柱很好，但是到了省级、市级、乡镇就慢慢不一样了，各级都会出问题，主要是各级在理解和落实政策时出了问题。事情做了，痕迹都是纸上看。"

比如搞扶贫手册这个事儿，2015年才提出来要搞扶贫手册，上面就问我们要2014年开始的数据，怎么搞？2015年才提出搞这个事，2014年还没有，怎么搞2014年的？而且是今天通知你，明天就要，也不跟你说怎么搞，就好比又要马儿跑又不给马儿吃草。一个月改档案就改了十次八次，今天县里来个搞法，明天市里又来了另一个搞

① 习近平:《在深度贫困地区脱贫攻坚座谈会上的讲话（2017年6月23日）》，人民出版社，2017，第19页。

法，再过两天省里又来个搞法，目的是让表格档案让领导看得舒服，有逻辑，但扶贫工作实际上有什么逻辑呢，扶贫的重点不是逻辑，而是要把经济搞上去。（访谈编码：20170616HBESNO1）

纸片上的事情太多，很耽误村上的生产生活，很多政策文件可以发到群里，但非要把村书记和主任叫到镇上来开会。（访谈编码：20170523WJYNO1）

政策和问题都是搞一刀切，就好比一人生病全家人都要跟着吃药。马场滩上的那些旅游设施已经拆除了很多，拆除的依据就是甘肃省8月6号省委会的决议，说不上什么法律法规依据或民意，省委会决议说拆除，决议下达到张掖市，张掖市再下达肃南县，县上也没办法，县上压根儿不想拆除，但这样一层一层压下来，不拆不行，最后只能拆了。当初建的时候花了8000多万元建起来的，拆除的时候又花了100多万元，县上总是说县财政没有钱，钱都浪费到这上面去了。（访谈编码：20181029CHLNO3）

中央的政策没有一个不对的，但是一到地方上就不对了。现在第一批核心区搬完了，第二批的缓冲区也开始要搬迁了，现在村里在摸底，核心区搬迁完了有些遗留资金，计划用于缓冲区的搬迁。中央的政策是"充分尊重原住民的意愿"，为什么到了地方上就是要求全部搬出来，把牧民全部搬出来？这些人世世代代就是放牧，把这些人都搬到楼上去，各处去打工，语言没有了，文化也没有了，本来文字就没有。国家下这么大力气搞生态保护，肃南打绿色的牌就好了。（访谈编码：20181031PJPNO1）

其次是扶贫政策执行主体和受惠主体之间的关系冲突。一位拥有丰富扶贫工作经验的县干部特别提出，"扶贫脱贫考核指标中有一个群众满意度的考核项，最终出现的情况是我们投入了大量资金和人力做了很多工作，等到考核的时候老百姓还是说不满意。当然，这其中有我们干部作风的问题，还有就是各种优惠政策给太多了，这个部门今天给点补贴，那个部门明天又有什么优惠和补助，很多时候这些政策给到牧民手里，钱打到他们卡里，他们自己都不知道这是哪儿来的，等到考核的时候问他／她，还是说不知道呀没有呀。我们乡镇的工作压力很大，各种惠民政策很多，但又太零散；而且这些政策下来，我们就要对牧民做区分，有些政策这一户可以享受，其他户不能享受，区分得太多了，就导致户与户之间的关系和心态很微妙。如果区分太明显了也不好，有可能让原先没有矛盾的人产生矛盾。国家说 2020 年要全部脱贫，这个目标是好的，但是结合实际情况就显得太政治化了，人不可能绝对脱贫，很多意外因素比如一场大病一场天灾都会导致贫困和返贫。扶贫工作不能依靠一味地给优惠，只有靠自己劳动而不是靠国家给钱给物走出贫困才是真正的脱贫，扶贫一旦形成依赖，民众不但没有感恩之情，反而会导致分歧矛盾和负面情绪越来越多。"（访谈编码：20171101ZZRNO1）

现在各业务口把持着自己的利益，这个部门如果有钱有项目，下到村里去，牧民就很欢迎，老百姓都学会了区别对待不同部门，而且部门之间的利益区分太大，很难形成资源整合，这是体制的问题。（访谈编码：20171101ZZRNO1）

这次中央督察组来甘肃省督察，发现甘肃省存在"一刀切"的问题，督察组发现的问题其实是兰州市的问题，但最后要让全省一起整改。处分官员不是解决问题而是打击解决问题的积极性；现在各级审查的人来都不管怎么解决问题而都是问整改得怎么样。上面的人来都是不负责任的考察，根本不去基层，公车都取消了，但还是没人跑路，不知高铁修了是干什么的，比如他们说是下来考察，人到酒泉和张掖交界就不走了，就等着让张掖这边派车去接，其实坐高铁很简单的事儿，非得等着让人派车去接。（访谈编码：20181029CHLNO3）

关于政策执行这块的问题很大，上一级一味地要求下面执行政策，根本不听取下面的意见。比如前阵子有个砂石料厂整改的事情，市上要求厂子关停整改，把周围堆放的砂石都清理运走，我们县上考虑到其他工程要用砂石料，如果这个砂石料厂关停，工程用砂石料就要从张掖运过来，这个成本就翻倍了，就跟市上说可以整改但不要关停，市上说"我不管，我只管执行政策"，不执行不行，但是执行就是错的，如果结合实际情况的话，这个砂石料厂就不能完全关闭，但市上才不管这些。还有环境美化，大河有一家人的房子，市上的领导来视察看到人家的房子说不好要求拆，县上和乡上怎么说都没用，还说"这个必须拆掉，不拆掉明天你们县委书记来见我"，乡上就只能去做工作给拆了，看到路边人家的土房子说影响环境美观也让拆了，不拆不行。（访谈编码：20171030CHLNO4）

扶贫资金存在两头限的问题。面对同样问题，在这个县这么干是好典型，在另一个县这么干就成了违规典型。宁夏、青海等地通过招商引资引进企业，让企业吸收贫困户就业，通过企业解决生产资料的问题，效果不错；我们县上对农民合作社和养殖大户也有补贴扶持政策，理想的状态是通过扶持大户带动贫困户就业。不能指望扶持贫困户脱贫，因为本身贫困户也就那么几类人：自身能力低、个人观念问题、自家草场小、等靠要的懒汉、残疾人。但是从本地来说，如果大力扶持本地的大户发展，就会引起当地人的眼红，心理不平衡；如果引进别人来干，本地人就不会说什么；现在很多地方因为扶贫导致村里产生矛盾，很多政府都搞害怕了。（访谈编码：20171101ZZRNO1）

最后是政策的稳定性。一位曾经在村里当过多年村干部的老牧民直言不讳，"政策稳定，我们牧民收入才能稳定；政策不稳定，会直接影响牧民收入。对于我们牧民来说，政策的冲击性是最大的，现在很多新政策直接影响老牧民，老年人不能出去打工，也没有其他收入来源，年轻人还好点，可以外出打工。一个牧民，一旦遇到草场小和害重大疾病，这是实在没办法说彻底脱贫的，人都说现在好多政策是'绳子往细处断'呢。"（访谈编码：20171030AGFNO1）

牧区的产业比较薄弱，畜牧产品单一，没有多少特色。一旦畜牧价格下跌，就会造成牧民增收困难。县上也采取草原奖补、棚圈改造、畜牧补贴等措施支持牧民，之前还鼓励牧民搞旅游发展，现在因为生态的问题，政策风声比较紧张，也不好搞了。其实刚开始牧民也花了点时间转变观念来发展旅游业，或者经营第二副业比如卖蘑菇、卖烧烤等，大家慢慢觉得这是好事，但政策又变化了。（访谈编码：20170523WJYNO1）

村里真正开景点的有3户人家，其他人家也有参与。到了旅游季节，草原上的牧民都可以搞民族服装照相、拉马、卖油果子、卖蘑菇、卖酥油曲拉、扎毛房子吸引游客，只要是在路边上的人家都可以参与。旅游业刚好起来有规模了，一个生态保护的政策出来就给停下了。我2007年开始搞旅游景点，算是村里最早搞旅游的，那时候一年的纯收入也有四五万元，后来把彩钢房建起来了，条件改善了，每年有个8万元左右的收入，再后来又租了集体的草场建景点，2015年把集体草场上建的景点卖掉后，就在自己家草场上修了景点，总共花了34万元（包括基础设施20万元，以及排污达标各项设施等）。2015年刚修起来，正好赶上市里来检查祁连山的生态保护工作，县上就不让办了。2015年8月修起来，到 2017 年 9 月就给拆掉了。拆掉后直到现在还没有处理呢，也没有什么补偿，县上说先等着，看政策怎么办，我们也只好等着。（访谈编码：20171030CHLNO4）

总的来说，国家政策还是给我们牧民带来了很大好处，但是政策不稳定，尤其是环保的事情，搞得人都没有兴趣了，干什么都好像没有意思了，也就没有什么想法了。前几年大家都说着谁家修房子搞装修呢，贷款也有信心说以后肯定能还上。但是环保的事情一来，让牧民们把自己的钱拿出来搞建设的信心没有了，都担心个人的钱投进去了，政策又不稳定，打水漂了。因为环保的事情，现在不让动土了，修房子、修个路、修个塘坝都不行，听说审批权在国家林业和草原局，因为所处的地方在国家公园的功能区里，现在保护区里的各种工程，都要通过审批，还审批不下来。牧民自己家里搞个什么建设也不像以前，不让动土了，所以也没有信心搞什么建设了。我们村里很多人家的草场在缓冲区，现在第一步是搞核心区的搬迁，说有可能缓冲区的也要搬迁。村里有些人家的夏场是在核心区，冬春场在缓冲区和实验区，即使说最后缓冲区和实验区还可以适当放牧，但如果把夏场禁牧了，对于我们来说也没法放牧了。（访谈编码：20181029GYQNO2）

一位拥有多年村、镇、县工作经验的县干部认为政策无法有效落实或者政策跑偏的问题在基层比较常见，他这样总结政策执行过程中存在的诸多问题："首先是政策稳定性不高，牧民说'国家现在是为了下一代把上一代做坏'，主要指很多针对上一代人的鼓励政策和优惠政策，不延续不稳定。很多政策不延续不稳定，搞得老百姓人心惶惶，害怕今天说得天花乱坠，明天就变了，比如之前鼓励老百姓搞旅游，后来因为环保问题一下子就全停了。2014~2015 年是肃南旅游业的高峰期，牧民们拾蘑菇、卖小玩意、牵马拍照，随便干什么都能挣钱，赛鼎村当时牛心墩居民点改建就是为了搞旅游，当时村民的热情高涨，还请了张掖的旅游公司来合作，建了自驾游营地。马场滩热火的时候，旅行社把游客直接带到牛心墩，村干部之前很多关于村子发展的想法当时就快要实现了，但是因为环保问题来了就全部停了。其次是无效，昨天县上来考核计划生育，我就问计划生育已经取消了还考核什么，说省上还在考核，你说这干的是什么事儿。最后是有些政策就不符合地方实际。我们国家的优势是很多事情可以搞先行先试，但是中国太大，同样是牧区在不同的地方就不行，比如肃南和甘南就不一样，内蒙古、青海、西藏的草场都很大而且人少，肃南的草场小而且人多，草原奖补资金的方法适用于草场大人口少的地方，而对草场面积小人口多的地方就不一定适用。现在杨哥和寺大隆整体搬迁出来后，每户每年的草原补偿资金为 5 万~6 万元，而从事牧业生产这两个村的牧户一般每年有 10 万元收入，收入落差大，而且牧民习惯吃肉，放牧的时候吃肉可以说是不花钱，禁牧后，吃肉就要自己掏钱买，每年平均每户在肉食上的支出约为 1 万元。"

（访谈编码：20181029CHLNO3）

第二节　经济建设

2016 年 4 月，中办国办印发《关于建立贫困退出机制的意见》，[①] 根据"贫困户""贫困村""贫困县"实施：①贫困人口退出，贫困人口退出以户为单位，主要衡量标准是该户年人均纯收入稳定超过国家扶贫标准且吃穿不愁，义务教育、基本医疗、住

---

① 《中办国办印发〈关于建立贫困退出机制的意见〉（全文）》，国务院扶贫开发领导小组办公室官方网站，http://www.cpad.gov.cn/art/2016/4/29/art_46_48830.html，2019 年 3 月 28 日。

房安全有保障；②贫困村退出，贫困村退出以贫困发生率为主要衡量标准，统筹考虑村内基础设施、基本公共服务、产业发展、集体经济收入等综合因素；③贫困县退出，贫困县退出以贫困发生率为主要衡量标准。总体而言，此机制认定的贫困户、村、县退出的重要判定依据是经济水平。尽管赛鼎村于2017年达标并实现整村脱贫，但一些关系村落经济可持续发展的现实问题也在整个脱贫攻坚过程中凸显出来，并值得关注。

首先是村落经济发展的资源禀赋制约。一方面是水资源短缺，一位县政府派驻村的干部说："村里最难解决的问题是水的问题，夏天用水没问题，其他时间都是要储水。冬天天干物燥，牲口吃水是个问题，主要靠雨水雪水，牲口喝水的水源问题没办法解决的话就不好谈什么发展牧业生产了。今年水源马上就要干了，肯定跟冰川融化雪线上升有关，牧民家家户户都要用车去拉水，路上跑的运费就是一大笔开销。"（访谈编码：20181031PJPNO1）另一方面是作为生产资料的草场资源不足以支撑村落经济发展的需求。一位老牧民说："草场小就直接影响家庭收入，比如我家兄弟三个，分家后原先家里的草场就分成了三片，我又有两个儿子，以后草场就要分成两户，以后再分，这样越到后面分到个人手里的草场就越小。有些人家草场原本就小，但人口还在增加，草场就那么大一点点，牲口也多，发展不了。我们队上有人家草场小的，还要供孩子上学，只能贷款。村里现在草场大的家庭和草场小的家庭经济条件的差别很大。"（访谈编码：20181029GYQNO2）一位熟悉牧区发展的县干部认为："大包干的政策落实后，草原的流转和使用跟农区农地存在很大不同，草场的流转和农业土地的流转是不同的，农区可以把一块一块的土地单独出租，以收取租金、分红的方式获得收益，但是草原流转如果不连片是不行的，如果牧户没办法联合起来达成一致，把自己的草场以连成片的方式流转就干不成事。"（访谈编码：20171101ZZRNO1）

当初分草场的时候，说是暂时的，就3年。但是3年后又说30年不变，后来又说50年不变。当时分草场的时候，和村干部关系好点的，分到的草场就能好点，那时候领导说话大家都听，也不太在意，都想着是暂时的，3年后还会再调整。成片的草场如果当初没有分下去，现在就根本分不下去了。现在草场生态破坏主要就是成片的夏场破坏得很厉害，没人管，大家都想着多放些牛羊。好些村里没有分下去的夏场，各家只有一个面积数字，没有明确各家草场分界在哪儿。（访谈编码：20170520CHLNO1）

1983年大包干的时候，牲畜按照一个人21只羊、一个半头牛来分到各家各户；草场是以肉眼看着分的，也没有仔细测量，没有明确划下边界，都是大概指一个位置。那时候赛鼎5口之家比较多，5口人的一户当时能分到100多只羊、七八头牛、一匹马；分草场全凭眼睛看着分，挖一个草沟为界限。当时分的时候说是三五年就会调整，那时候人的思想好，都好说话，后来说10年不变、30年不变、50年不变，最后又成了永远不变。现在有人说重新分，但也不可行。1986年到1987年的时候提出在原来的基础上小调整大稳定，当时调整的是存在大问题的，比如因为亲戚关系草场分得大的情况，家里人口多但草场太小的情况，都是小调整，社员们也不多说什么。那时候谁知道什么叫公平，现在也有人说那时候分草场分得有问题，但说的少了。有的人家老人不在了，孩子少了，草场就大了；有的人家姑娘出嫁不带草场，娶媳妇不给草场，一个儿子四个丫头的人家最后就是一个儿子占了5个人的草场；儿子多的就草场越分越小了。对于之前的草场边界还是有矛盾，户与户之间的草场边界也有矛盾，草场分完十几二十年了还有人来找我，让我来帮忙确定边界；我女婿家后山的草场也跟人家有边界的矛盾，以前的老村主任也去了。草场边界闹矛盾，就请村上知道的人尤其

是老领导，还有镇上的人一起去裁决一下，一般是往公平里做。（访谈编码：20181030TCYNO1）

实际上，草原纠纷在肃南是一个历来已久的问题，历史档案中记录了诸多草原纠纷案例。肃南县档案局存有一份 1980 年 9 月 28 日的《关于寺大隆队和巴音队群众因放牧草场发生打架问题的调查处理报告》，详细记录了一起草原纠纷的全过程和处理意见，虽然时过近四十年，但在今天看来仍旧毫无生疏感，且极具借鉴和反思意义。

八月四日寺大隆队和巴音队的部分干部、群众在后山九四坑因草原纠纷打起群架，双方受伤人员达三十四人，为了防止事态扩大，我们根据县委、县革委领导指示，分别于四日、六日到达出事现场九四坑，对打架事件作了调查处理。现将情况报告如下：

一 问题的起因和过程

九四坑草场，原属寺大隆队地界，一九六二年公社体制调整后，一九六三年原康乐公社将寺大隆的九四坑草原调剂划分给康丰生产队放牧，一九六九年由公社主持召开的杨哥会议上考虑到巴音队牲畜多草原紧张的情况，将巴音队放牧十八楞草场和康丰队的九四坑草场，进行了兑换，此后十多年来没有大的争议，也未发生纠纷。只是甘沟横边路和下石节子一块草场上有点争议。今年六月二十五日由寺大隆生产队支部书记安立荣、队长兰志厚、公社生产干事安国荣主持召开的社员大会上提出争回九四坑草场并研究讨论了进入九四坑的计划，随即从七月三日开始先后将八群牲畜（七群小畜、一群大畜）赶入九四坑巴音队的夏秋场放牧。七月三日牲畜进入后，根据县委指示区委派工作组令其限期撤离九四坑放牧的全部牲畜。县委、县革委领导先后三次指示寺大隆撤出牲畜，但寺大隆队干部固执己见，拒不执行上级指示，还一再坚持说："九四坑草原农是寺大隆队先人手里挣下来的，不能把地盘失掉"。区委认为如此下去会引起一系列连锁反应，其后患无穷。七月二十日作出了："关于当前草原问题的四条决定"，决定着重强调指出："这种乱牧抢牧是非常错误的，要求已经越界乱牧抢牧的牲畜必须三日内立撤出"，并派区长苏建国、副区长赵玉清同志带领工作组在九四坑群众大会上进行传达贯彻，并决定将寺大隆在九四坑放牧的八群牲畜撤出四群。而寺大隆干部对区委工作的决定迟迟不贯彻执行，至八月四日才撤出三群牲畜。

七月三十一日巴音队支书安立华、队长安吉才完全不听县委工作组的劝告，带领社员四十三人，赶大小牲畜三千余头（只）进入寺大隆队的底亚尔一带的冬春场抢牧。寺大隆队队长兰志厚于八月一日晚在大杨公路工程指挥部找到了区委书记郎自仁同志汇报了此事，郎自仁同志当面给兰志厚同志讲了注意事项，并给巴音队安立华同志写了信，限两日内将全部牲畜撤出底亚尔，坚决禁止打架闹事。当即派区武装干事张宏昌同志亲赴现场解决。而兰志厚同志返回后，组织群众四十三人到底亚尔驱赶牲畜，双方你挡我赶争执不下，群情激愤，互相进行对骂（言语十分难听），大有打架之势。张宏昌同志在此尽力劝解互相调和，虽发生了一些局部性拉扯厮打，受轻伤四人，由于双方干部未带头起火，未引起群架。八月三日二时至七时巴音队将全部牲畜从底亚尔撤离到九四坑夏场界限。

四日清晨巴音队社员分别到底亚尔找羊、驮柴，剩余二十余人隔羊调群。一时左右寺大隆队集结在九四坑的部分社员分别在常经国、兰天金、兰尕吉的房子里打扑克睡觉。二时多巴音队马群跑下来越过临时界限到兰天金房子附近，巴音队社员常生荣下来赶马时由寺大隆社员兰和英、召玛麦多、兰玉秀、兰玉花、安毛麦多、兰永花、常建国等前去围攻、谩骂，有的手推脚踢，有的打耳光，有的用手指头指，围攻长达一个多小时。与此同时巴音队社员高俊体找马上来路过此地，寺大隆队社员兰和英、段玉民等人大喊"抓住打"，并摔石头追赶，飞石击准了高俊体的马屁股，高拍马而逃，逃到巴音队账房，又有高兴盛骑马接力送信，高兴盛跑到上面隔羊群的人中夸张地说："了不得了，常生荣被寺大隆的人打下了"，众社员一听群情激愤，怒气难忍一轰而起冲下山坡。凑巧寺大隆社员兰建忠捆垛子准备搬房子，巴音队社员便抽出房杆踏成几截呼着"打死兰志厚，活捉走资派安立荣"的口号冲到了兰天金的圈滩，企图威胁寺大隆社员把常生荣交出来，巴音队支书安立华前去和寺大隆队长兰志厚讲理，副队长安吉才和寺大隆支书安立荣讲理，正在互相吵骂中，人群中一声打，一场群架就开始了……有的拿着石头，有的拿着棍棒，有的拿着狗铁绳，群架开始十多分钟正在拼打的紧张时刻，工作组赶赴现场制止了群架，救护了全部伤病员。

二　造成的损失

这起事件造成的损失是严重的，影响是极坏的。双方负伤三十四人，其中巴音二十三人，根据医生检查两名重伤员已送往张掖住院，就地养伤的骨折二人，脑震荡四人，软组织损伤的十五名。寺大隆队负伤十一人，头破脑震荡一人，软组织损伤五人，轻微负伤五人。在互相阻挡牲畜时打伤巴音队绵山羊二十五只，丢失绵山羊二十四只，打死绵山羊十七只，共计六十六只；巴音队社员高兴忠在打架中丢失钱包一个，内装人民币二十五元、粮票十斤、布票一丈五尺；寺大隆队社员兰建忠损坏火炉一个、炉筒子两节、帐房杆子八根；双方抽调劳动力八十余人，没有直接参加生产的有六十人，时达十二天，共浪费劳动日七百二十个，双方打伤人员预计共花药费（包括车辆护送）近千元。

三　对这次发生事端的看法及处理意见

我们认为这起事件的主要责任应由寺大隆队承担，其理由是：一、强行进入别队草场引起草原纠纷；二、拒不执行县委领导指示和区委的决定；三、组编打架小组，装制炸药包、炸药瓶子，准备狗铁绳等凶器制造打架事端，大量致伤群众。这次事件的发生，康乐区委、红石窝、康乐公社党委应负有不可推诿的责任，解决草原矛盾不及时，致使矛盾激化。在寺大隆牲畜撤离九四坑草场问题上区委工作组态度不坚决，措施不果断，留了尾巴，造成了后患，应作自我批评，从中吸取教训。

打架中造成的问题，我们的处理意见是：

1、寺大隆队长兰志厚、支书安立荣、巴音队支书安立华同志，在这次事件中，分别煽动群众抢占对方草原，调动群众打架起事，在上级对双方都有明确指示的情况下，拒不执行上级指示，并参与打群架，造成了严重后果，影响极坏，负有直接责任。建议县委纪律检查委员会，根据情节轻重，分别给予党内处分，教育本人，挽回影响。

2、社员兰和英、段玉民、兰尕吉、兰天金、高新盛，队长安吉才在这起事件中，积极挑起事端，煽动打架，有的亲手致伤、致残群众，除严重批评教育外，应分别承担受伤者医药费 20~30 元，并由两公社负责督促兑现。

3、为了使干部、群众切实吸取教训，严格制止因草场纠纷打架闹事。区、社、队领导认真做好民族团结的教育工作，总结这次打架事件的教训。各自多作自我批评，使其认识错误的危害性，尤其是干部和党团员应该吸取沉痛教训，增强各社队之间的团结。

4、对这次纠纷中打死的牲畜一律由寺大隆队负责赔偿，打伤的牲畜由巴音、寺大隆队各负一半，丢失的由巴音队负责。

5、巴音队损坏寺大隆队社员兰建忠的炉子、炉筒、房杆由巴音队负责赔偿。

6、寺大隆队伤员医药费及住院费（往返路费）由巴音队支付；巴音队伤员医药费及住院费（往返路费）由寺大隆队支付。就地治疗的截至八月十四日，今后所花的药费属于哪个队社员，由那个人负责。在护送伤员中，车费各负一半（护送伤员的专车车费）。

7、双方伤员伤情如果恶化，发生死亡事故者要追究刑事责任。

8、草场损失要赔偿，寺大隆生产队八群牲畜进入巴音队夏秋场放牧一个多月，巴音队三千余头牲畜进入寺大隆队冬场放牧三天，相抵后，应由寺大隆队向巴音队负责赔偿草原损失。决定将今年划给寺大隆队的甘沟和九四坑石节子以上的草原，由巴音放牧一冬春。

草原界限的处理另有报告，以上报告若有不妥，请批转康乐区、社、队执行。

县、区工作组

一九八零年九月四日

表5-1 肃南县历史档案记录的1980年草原纠纷情况

时间	记录来源	事由
1980年7月2日	县委、县革委	山丹军马场越界放牧引起打架的报告
1980年7月4日	县委、县革委	皇城区和山丹军马场草原纠纷情况汇报
1980年7月7日	县委、县革委	皇城区和山丹军马场草原纠纷情况汇报
1980年7月23日	县委、县革委	要求迅速妥善解决与邻近地、县行政草原边界的报告
1980年9月28日	县委、县革委	寺大隆队和巴音队群众放牧草场发生打架的调查报告
1980年6月25日	皇城区委	与山丹军马场草原纠纷汇报（电）
1980年7月9日	县委	给皇城转去山丹军马场草原纠纷电报
1980年8月5日	康乐区	寺大隆队和巴音队群众草原纠纷发生打架的汇报
1980年11月10日	祁丰区	祁林队和珠龙关队群众草原纠纷发生打架的汇报
1980年11月25日	县委	制止祁林队和珠龙关队草原纠纷引起打架的电报

资料来源：肃南县档案局；《肃南县委（永久）卷宗号：350》。

其次是村集体经济薄弱。一位长期主管扶贫工作的县干部认为："发展村集体经济有两个好处：一是可以把村班子和村干部凝聚起来，村民也容易产生一种归属感，对通过村班子凝聚村集体力量很有好处，对村班子的建设非常有用；二是对解决本村的特殊困难群众甚至全部村民的养老、看病和上学等问题都有好处，比如说通过集体经济补贴能给村民的社保交高一点，保额高一点，减轻一点牧民的负担。虽然现在牧区社保是100%覆盖，但实际上牧民们自己交社保还是有点吃力，尤其是经济稍微差点的。但是村集体经济的发展不好在县域层面搞，得各村自己充分发挥作用。肃南有集体经济的村子有97个，最好的村子每年有90多万元的收入，主要是靠出租村集体草场。这些村集体草场主要是大包干的时候没有分包的草场，或是没有分下去的，或是没有人愿意要的草场。现在凡是大包干的时候村草场全部分包到户的村子都没有村集体经济，凡是大包干的时候留下了大片集体草原的村子就都有集体经济收入。村集体经济少的就几千块钱，大多数村子的财务支出都是靠国家转移支付，但转移支付的主要是村干部每个月的工资性支出。"（访谈编码：20171101ZZRN01）现在各牧业村庄，包括赛鼎村，"除了搞一些小型牧场和村集体草场，基本没有什么集体经济。2000年左右，以前的国有企业和集体经济大部分都私有化了（出售了），肃南到现在工业上基本都是一片空白，除了矿产开发和水电开发，但是现在也基本上全部停了，只要是在核心区和试验区的都停了"。（访谈编码：20170524JFN01）

村里唯一的集体经济就是一块集体草场，出租给个人，每年有3万~4万元的租金。县上每年给的草补资金有十几万元，也是放在村集体账上，到了春天买饲草，这是村上开大会决定的，尤其是每年春天饲草料严重不足的时候必须买，饲草料统一买来后分到各家各户。每年春天草不好的时候，牧民每家花在买饲草料上的钱多的达到七八万元，少也有 4 万~5 万元。除此以外村里也没有其他集体经济，村里年轻人很少，大多出去了。（访谈编码：20170523WJYNO1）

村集体的收入和收益主要有两个来源：①草补资金，村集体有 7 万多亩草场，一年草补是 14.5 万元；②集体草场租金 3.8 万元。集体草场的草补资金只能用于购买饲草料，从去年开始村里按人头补贴到每家每户，就那些钱，按人口来分摊，摊到每个人头上就少得可怜了。去年拿的是一年半的奖补资金，是 2016 年到 2017 年一年半的集体草场奖补资金，共有 20 万元，人均 660 元，去年还算可以的，补助是最高的一年。草场出租的租金作为村里的积累资金用于村上的基础设施支出。去年我们村上县农牧办有个围栏工程，搞工程的时候认识一个老板，我去跟人家对接了一下，对方作为一家企业宣传到我们村里扶贫，给我们村里捐赠了 6 万多元配套的围栏，我们就对村集体配种站和集体草场的围栏进行了更换修补。还有就是县上政策来的一些资金和物资，每年县上有个生态修复退牧还草的项目，可以分一些草籽，去年分了 8 吨种子，包括草籽、燕麦，村里再分到各家手里自己种。（访谈编码：20181103LDFNO1）

我们村集体经济方面很单一，除了养殖业没有其他像样的产业。想法很丰满，现实太骨感，了解了政策和现实以及办事程序以后才知道以前我的想法也就是 10% 能做，能办的事情太少，想法多但能实现的不多。村里还是老实地多申请政策补贴和项目更实惠，争取低保，今年村里的低保要重新申请和评定，以前评定的不算。我们村干部只要完成基础性的工作就行了。（访谈编码：20181103LDFNO1）

再次是农牧村的金融风险。一位在农牧金融领域工作了 26 年的信用社部门负责人介绍："我们信用社截至今年总共发放贷款额度 7100 万元，康乐镇 6 个村子的贷款总额是 5700 万元。我们的金融服务面向的是康乐镇的 6 个行政村和白银乡的 3 个行政村，总共 500 多户，平均下来每户的贷款额度是 13 万元左右。这个数字不算高，这些村子都是牧业村，各家各户的牲畜头数在那儿，每户的固定资产也在那，这些村子的村民平均每户有一套楼房。我们信用社每年净增加的贷款是 500 万元，往年这个时候早就完成了一年的贷款额度，但是今年到现在我们的贷款任务还没有完成，今年的贷款额度减少了很多，甚至出现贷款额度负增长 1750 万元，出现这样的情况主要是今年的畜产品价格很好，牧民收入增加，有钱就还了贷款。如果畜产品价格继续这样增长，我们就没事了，农牧民也就不需要贷款了，其实这样我也高兴，说明牧民的经济水平提高了。"根据他的介绍，"2010~2016年是农牧民消费贷款的高峰期，近两年贷款消费已经基本上饱和了。我们这边农牧民贷款的目的主要是购买固定资产，改善生活条件，生活得更好，以及扩大生产，拓展挣钱渠道，这些都需要资金。现在一个村上没有楼房的也就个别几户，绝大多数牧户买了楼房和小车。牧民到我们信用社来贷款的用途主要分为三种：第一个是为了孩子更好的教育，这边牧民总体来说很重视孩子的教育，现在牧民孩子上学，都要在定居点上买房子，各个村上都没有学校，孩子上学要不在（康乐）镇上，要不到（肃南）县城，还有到张掖市的，为了更好地照顾孩子，牧民们都会选择在孩子上学的地方买楼房；第二个是买车子，牧区面积比较大，到哪儿都不太方便，前些年是骑摩托车，近些年很多人买小车，这样自己出行、接送孩子等都很方便，尤其是接送孩子，害怕孩子受风受冻，家里都会想着买车；第三个就是发展生产，尤其是村里的生产大户为了搞生产，扩大经营，会贷款购买牛羊，增加牲畜头数，或者搞舍饲养殖，购买饲草料，租草场，这些都可以贷款。"（访谈编码：20181102HDBNO1）赛鼎村也不例外，"几乎家家都背着贷款"，而我们此次调研的户问卷结果亦印证了这一点；牧村贷款普及，随之而来是不同程度存在的金融风险。

　　金融帮扶、创业贷款和商业贷款的落实方面存在很多问题，真正有需要的人贷不上。而且创业贷款的额度不够：第一是担保，必须财政工薪人员担保，有贷款的人不能做担保人，银行和信用社考虑的是风险问题；第二是抵押，牧民拿什么来抵押？我们县上有不少人就是因为当担保人，最后要去给别人还款，我外父（岳父）就给人还了10万元贷款。（访谈编码：20181031PJPNO1）

　　金融贷款要村干部个人承担担保风险，而不是让村集体来担保；很多农户来贷款的思想就不对，钱是村民花了，而让村干部来承担风险。一种情况是村干部不了解村民的情况，还有一种就是非常了解。有贫困户了解有这个贷款政策，就天天来找我要我来给他担保贷款，我不做你的情人、不做你的爱人，我要做你的贫困户；如果你不管我，到时候脱贫要贫困户签字我就不给你签字。（访谈编码：20170616HBESNO1）

　　商业贷款也是一样的，还有创业贷款，真正需要的人反而贷不上。好多真正创业的贷不上款，比如开了门市部的人贷款贷不上，什么也没干的人贷款贷上了，有人忙得很去不了培训班，拿不到结业证书就贷不了款。这个培训一年能办个3~5期，外面流浪的人（指那些在当地人眼中不务正业、无所事事到处跑着玩的人）整天什么事不干就去参加各种培训，贷款的时候审核不严，一旦这些人贷款还不上就找到我们村上，这些人根本不是我们村报上去的，出了事就找到村上，村干部还得去协调。信用社的担保贷款，担保的时候求着帮忙担保，还不上了就让担保人给还贷款。我就跟信用社说这就是信用社的责任，前期的工作没做好，贷款还不上就被起诉，包括担保人一起被起诉了。我就给人担保了

30万元，三个担保人，那个人出了车祸人不在了，最后我去找到他的外父（岳父），把一套楼房和公司、车都卖了才还了。如果找不到他外父，最后我就得帮着还。（访谈编码：20171106YCH-TCMNO1）

针对牧民们面临的金融风险问题，一位熟悉牧村情况和扶贫工作的县干部非常担忧地说道："牧民贷款的风险评估与控制谁来做？现在针对牧区的各种贷款种类很多，对于发放贷款的机构来说，贷款发放得越多越好，虽然也会有一些程序上的审核，但不会综合评估牧民的生活现状和还贷能力；而牧民只是觉得有钱花就是好事儿，而且这个钱是政府鼓励用的，他们就觉得没什么风险，而不会根据自身的生活生产来做一个风险评估，大家都觉得有草场、有牲畜，还贷就没问题，而不会考虑到一些重大的突发性风险，比如家里有人患有重大疾病，牲畜和草场遭遇天灾导致重大损失；对于政府来说，也不可能去帮牧民做风险评估，各种贷款只是作为一种优惠政策给到牧民就行了。这样一来，信用社和银行不会做综合的风险评估，政府也不会帮牧民做风险评估，而牧民又压根不懂什么风险评估，但是最终如果出现还贷困难，压力还会落到牧民身上，而这对一个牧民家庭来说将会是灾难性的。"（访谈编码：20170520CHLNO1）但是，同一个问题存在不同的面向，对于发放贷款的金融机构来说，牧民贷款的风险控制更多只是一个程序而远非一个问题。

我们信用社现在还有信用贷款，只要查看个人信用就行，最高放贷10万元，最低是2万元，贷款利率是6.9%。信用社针对牧民贷款有优惠政策：比如我们向中国人民银行申请的专项扶贫贷款680万元，每年的利率是4.35%，每户的贷款额度控制在5万元，虽然不说是牧民100%的每家每户都能享受到这个贷款，但是也可以覆盖和支持绝大多数有需要的人了。我们信用社贷款发放很快，一般从提交材料申请到发放贷款只需要3天，第一天提交申请材料，第二天做调查，第三天发放贷款；如果是个人信用贷款更快，差不多5分钟就能完成。我们信用社的赢利就是靠利息，1万元贷款一年能有700元的利息，前些年我们在贷款利息上基本是赢利的，但近几年纯粹是为了牧区发展服务，只要是真正发展生产需要我们就要支持贷款。现在我们信用社主要是靠走量，也就是每年贷款发放的数额越多产生的利息越多，靠利息的收入来解决我们运营支出，比如人员工资、差旅经费等。（访谈编码：20181102HDBNO1）

我们现在给牧户发放的贷款，少的一般在6万~7万元，多的有30万元。金融服务只要是把贷款放出去就存在风险，牧民来贷款，信用社有一套审核程序。首先是资产审核，看家里牲畜的头数，固定资产比如住房，一般我们给夏场上一套砖木结构房子的估价是5000元，冬场上一套砖木结构房子的估价是2万元，镇上一套楼房的估价是5万元，县上一套楼房一般能估到10万元左右，我们有一套针对固定资产的估价标准；其次是查个人信用，这个好查，只要查看以往的贷款、银行资金往来等征信记录就差不多了；最后还要看个人的经营方式，这个主要是看家庭草场面积大小、家庭劳动力、个人评价是不是诚实肯干，我们信用社的客户经理经常下乡，到处入户向左邻右舍了解贷款发放对象的情况。我们的客户经理每家牧户至少要去跑3趟，进冬场了去一次，在夏场上剪羊毛的时候去一次，秋季卖牲畜的时候去一次，这三次是必须跑的。到冬场上主要是看每户的接羔数量，剪羊毛的时候主要是看羊毛的产量和质量，秋场上主要是去了解买卖牲畜的数量和价格。牧民们贷款的风险主要来自市场波动，也有些人是没有做好计划，但主要的风险还是来自市场，如果畜产品价格走高，比如当年一头羊的市场价格是 800 元，第二年降到了 600 元，那么牧民的畜产品卖不出好价格，就面临着头一年的贷款在第二年不能按期还上的风险。针对可能存在的市场风险，我们也会有提示，比如畜产品价格低的时候我们会建议牧民暂时不要卖出。有的牧民因为家里草场小，数量上没办法养太多，需要出售，他们可以先提出申请，我们审核，贷款一到期，我们就要介入，根据实际情况看是否需要办理贷款延期，跟牧户商量是不是一定要出售牲畜。正因为今年的畜产品价格好，比如羊羔子的价格今年卖到了一只 800 元，去年的价格是 500 元左右，所以今年信用社的贷款减少了，产生了 1500 万元的回款。我们在牧区开展金融工作的经验就是要入户，牧区不像农区，牧区的生产处于一个动态过程，每年牲畜的数量都在变化，要随时了解牧户的需求和生产生活现状，才能决定能贷款还是不能贷款，比如今年一只羊羔的价格卖到了 800 元，就有牧民来贷款想要扩大生产经营；如果畜产品的市场行情不行，牧民非要贷款买羊，我们就不会批准，还要看牧民的个人信用和生产经营能力，这些都需要我们经常下乡入户。在入户的过程中，我们也会给牧民介绍相关的新政策和金融知识，各个村上开会，我们都是必须参加的，给村民传递相关政策信息和讲解相关问题。我们信用社现在有不良贷款额是 210 万元，主要是小企业搞工程的，因为过程中操作不好，工程资金不到位，比如说小老板干了活，却没有及时拿到工程方的款，那先前他为了包工程贷下的款就还不上了。目前农牧民没有出现不良贷款，不良贷款主要还是来自工程老板为了包工程的贷款。从信用社的角度来说，对农牧区金融风险的担心，第一是来自市场波动，第二是贷款人的生产经营能力，但是面对这些风险，我们信用社只能起到一个提示的作用，需要政府进行及时有效的引导和指导，比如说今年我们给这家放了 20 万元的贷款，用于买牲畜搞生产，但是遇到

了禁牧，这就坏了。（访谈编码：20181102HDBNO1）

　　最后是地方产业薄弱。一位县扶贫干部直言："最大的问题是牧民增收问题，牧区的基础设施可以通过投资解决，但是产业这块是个大问题。通过招商引资，引入加工企业，但是利润也落不在牧民手里，不能直接让牧民受惠；草原通过流转经营权引进外人的话往往又会存在掠夺性经营的问题，草原超载的问题又会是一个大问题。"（访谈编码：20171101ZZRNO1）事实上，畜牧业主导下的地方产业单一化问题由来已久，或者说作为一个历史问题至今尚未得到有效解决，从 1958 年的一份调查报告可见一斑："肃南裕固族自治县前山草原地区各区乡畜牧生产情况在技术改革创新后提出的具体内容可概括为以下十二优：①冬窝子固定化、大小家畜（至少母畜）棚圈化、棚圈新式固定化；②新式接羔普及化；③羊羔暖洞化；④羊只药浴化；⑤家畜改良普通化、小家畜（主要是绵羊）良社化；⑥草料自足化；⑦母畜、乏畜冬春补饲，饲盐普遍化、豆草细料化；⑧槽道固定化；⑨剪毛打酥机械化；⑩山羊抓绒化；⑪病畜隔离普遍化、消毒防疫措施经常化；⑫干旱草原开泉涝池化。这些先进措施将大大促进草原畜牧业的发展，都在大力贯彻以跃进的步伐付之实现。"①

　　　我们肃南牛羊肉的绿色品牌，需要通过县上支持怎么把这个牌子做起来，这是真正的绿色食品。本地还有很多人搞育肥的牛羊肉，肃南牛羊肉要搞成一个绿色品牌，这个目前还只是一个说法，只是说说而没有什么实际措施，我们跟镇上领导也说过，也没有什么具体措施。现在国家规定不能乱屠宰，要定点屠宰，现在我们的牛羊肉不能在牧区宰杀，全部要到屠宰点定点屠宰，康乐也有屠宰场，但是设施不行，张掖这边屠宰不会给你做绿色有机的认证，这是检验

———

① 肃南县档案局：《肃南裕固族自治县人民委员会 1958 年省、地、县工作组关于肃南县前山地区草原调查报告（包括马蹄区、康乐区、金泉区、祁丰区）》。

质量好不好。肃南的牛羊肉要打出自己的品牌存在三个方面的问题：①屠宰场的问题，康乐屠宰场的设施，没有正规的屠宰工，没有正式形成规模，屠宰工宰一头牛130元，屠宰量没有上去也就留不住屠宰工，本身屠宰场也在做检疫。②质量认证问题，需要有个国家的认证，有一个绿色食品的认证，然后才好去打开销路；我们绿色食品的牛羊肉卖了好几年，但是市场价格跟一般的育肥屠宰的价格一样，这个很吃亏。③销路问题，需要建立一个销售网络，最好是走政府销售渠道，绿色食品没有政府认证认可不行，最好是能够进入政府的食品销售渠道。（访谈编码：20181104LYNO1）

"80后"差不多是最后一批放牧的，之后呢？草场怎么办？这些人呢？再放15年，最多20年就差不多了，草场怎么办呢？通过"三变"，靠村委会搞集体经济，搞大牧场的概念，吸收一部分就业，剩下的人再成立旅游合作社，不能

图5-1　村民经营的一家牛肉店

（林红，摄于2018年11月4日）

单搞什么吃喝住宿，要把牧场的产品和旅游结合，展示游牧和裕固族文化。还有一部分人在康乐定居，也有棚圈，养黄牛和奶牛，再搞一个奶牛合作社。我们现在牧民放牛放羊，就是产羔子、卖羊毛等，需要丰富畜产品，还要打出品牌，要有品牌意识。但是有一个很大的问题，我在这里可以搞，但是我本人不是长久待在这里，村里自己又没有这样的人。搞好各种合作社，需要优秀的经营人才。"三变"改革2018年初就纳入了考核，这个要见效估计至少得3~5年。（访谈编码：20181031PJPNO1）

第三节　社会建设

2018年3月，中共中央印发《深化党和国家机构改革方案》，"为适应统筹推进'五位一体'总体布局需要，加强社会建设，创新社会管理，更好保障和改善民生，推进社会领域法律制度建设，整合全国人大内务司法委员会、财政经济委员会、教育科学文化卫生委员会的相关职责，组建全国人大社会建设委员会，作为全国人大专门委员会"。在"深化全国人大机构改革"的语境下提出"组建全国人大社会建设委员会"，其主要职责是"研究、拟订、审议劳动就业、社会保障、民政事务、群团组织、安全生产等方面的有关议案、法律草案，开展有关调查研究，开展有关执法检查等"。[①] 全国人大社会建设委员会的成立，意味着社会议题正式成为国家整体性发展一个重要的衡量维度。

赛鼎村牧民谈及村子的发展变化，说："首先是住的大变化，2015年村居民点重建修缮了，都是彩钢房。我从1951年生下，

① 《中共中央印发〈深化党和国家机构改革方案〉》，中央人民政府网，http://www.gov.cn/zhengce/2018-03/21/content_5276191.htm#2，2019年5月9日。

村里全部是毛毡房，春夏秋冬都是住毛毡房，夏天还好过，冬天冷得很，就用牛粪在毛毡房周围砌成墙，牲口也进不来，还挡风，毛毡房里面挖坑，铺上木板子，窝上热炕，一床大被子，姊妹几个都在一个大被子里盖着。我们家一直到1995年的时候还在扎毛毡房，那时候村里的毛毡房已经很少了，2001年前后就没有了。我们家现在还留着过去的毛毡房、奶桶、牛鞍子、马鞍子呢，留个念想吧。我们家冬场上的房子是1985年修的，那时候修都花了十几万块钱，材料运输的费用很高，那时候一个砖头2毛钱，一片瓦5毛钱，加上运费就很贵了，我们冬场房子距离夏场太远了，走路要走几个小时。我们家2004年买的楼房，花了5万块钱。第二个大变化是牲畜棚圈，棚圈改造后建起来的都是高标准的棚圈，可以舍饲养殖。第三个大变化是村里的路修得越来越好了，以前村里的路都是各种坑坑洼洼，以前牧区的交通主要是靠人两条腿跑，要不就是骑马，后来有了摩托车，近几年村里人又都买了小车。村里的路修起来以后，车子跑起来很方便，现在到哪儿都很快了。"（访谈编码：20181030TCYNO1）经济发展是社会发展的基础，在国家和社会转型的背景下，赛鼎村作为微观层面的村落社会发展主体亦面临转型问题，主要体现在如下两方面。

首先是经济发展的社会化组织水平不高。2017年精准扶贫精准脱贫百村调研行政村调查问卷结果显示，赛鼎村有牧民合作社2个，均于2015年成立，领衔人均为村干部，且主营皆为养殖业务，亦未分红；有家庭农场2个、专业大户5个；村中无农牧业企业、餐饮企业、批发零售企业、超市、小卖部，也无集体企业。一位当地牧民直言不讳地说："村上搞的羊毛统一销售的做法很好，还有赛马协会，有几个合作社，但成立以来也没做什么事情，就是皮包公司套政府的补贴资金。"

县上这几年一直让我们成立羊毛协会，县长还找过我做工作，我没有成立，实际情况是根本没必要成立羊毛协会，村里出面搞集中销售就行了。有个村说是羊毛协会搞得好，实际上那个羊毛协会整天大会小会不断，搞的事情是从别的村买来羊毛掺到自己家的羊毛里，他们自己村的羊毛就没人买。去年巴音村他们就起了一个好头，搞了集中销售，虽然比我们村卖的价格少了3~4块钱，大家虽然有意见但能克服，明年再一起集中销售就可以谈价格了。我们村的羊毛这几年一直都是集中销售，现在形成习惯了，羊毛贩子如果直接找村民，村民就让去找村干部，村委会商定一个羊毛价格，价格一定下后就集中销售，两三天就卖完了。刚开始的时候大家难免会有不同意见，也会出现这样那样的困难，但只要把意见和困难克服了，后面就好办了。以前那些羊毛贩子到我们村上来收羊毛，那些老板都要拿个刀子把装好的羊毛袋子划开来看羊毛的质量怎么样，现在那些老板再来收的时候，就不会再用刀子划开来看了，已经有信任了，知道我们村的羊毛不会掺假。以前羊毛过秤的时候，大家都吵吵嚷嚷的，今年7月我们村集中卖羊毛的时候你也看到了，大家都没什么吵嚷了。我们采取的做法就是，老板那边出一个人，我们这边出一个人，两个人一直盯着过秤和记账，什么问题都没有。县上来给我做工作让我把羊毛协会搞起来，还拿我前面说的那个村做典型，实际情况是，那个村的羊毛协会问题很大，他们村的羊毛都卖不出去。他们那个羊毛协会是怎么搞的呢，他们搞集中剪羊毛，就是把入社的人家的羊集中到一起，出钱雇人一起剪，还要出剪羊毛的人的伙食，集中剪羊毛的那些天，怎么着也要吃掉一只大羯羊吧；一只大羯羊的市场价现在也是1400元左右，再加上给剪羊毛人的工资，一下子几千块钱就出去了，为什么不自家剪自家的呢？集中到一起雇人剪有什么好处呢？还要额外花出去那么多钱，各家剪完后集中到一起来销售就好了，把好质量

第五章

总体性视域

关。我今年还带着一个羊毛老板去那个村看羊毛呢，那个老汉也是个懂行的人，他把库房里存放的羊毛扒出来，拿去和羊圈里的羊毛一对比，转了一圈就说走。我还纳闷为什么不要了呢，那老汉就告诉我说他们村库房的羊毛和羊圈里羊身上的羊毛都不是一样的，而且问他们什么时候剪的羊毛，说是昨天，这不是胡说呢吗，库房里堆了很多羊毛，怎么可能是一天就剪了这么多羊毛。据我所知，全县合作社搞得好的也就大河和红湾寺的羊毛协会，这两个地方的羊毛每年价格卖得都是最好的，主要是人家协会的质量把关做得好，而不是搞什么雇人统一剪毛。（访谈编码：20171106YCH-TCMNO1）

图 5-2　一户人家的夏季牧场

（林红，摄于 2017 年 7 月 11 日）

其次是伴随生计方式变化而来的代际断裂。一位老牧民对自己儿孙尤其是孙子的未来生计和发展很担忧："村里年轻人很少，多出去了。比如我们村里的党员，26 个党员，有 17~18 个都是 50 岁以上的。我们这一代人从小都是放牧的，牧业上怎么做点什么都能活；禁牧以后，一户只安排一个护林员，那剩下的人怎么过生活呢？现在把人都搬出来，房子拆掉，卖牲口的钱都拿到城里买楼房，要不然就没地方去，现在楼房又那么高的价格，买完楼房，光房子里蹲着不行吧，还得吃饱肚子。护林员的工资是一年3万元，已经有人不想干了，那么点儿钱怎么养活一家人。搬出来后，让我们去干什么？祖祖辈辈都是跟牲口打交道的，拿铁锹也拿不了；护林员的反应大得很，活干不了，一天到晚拿铁锹拿不了，而且工资不能按时发。"（访谈编码：20181030TCYNO1）此外，很多中老年牧民对民族文化的断层亦心存忧虑："如果完全禁牧，人全都搬出来的话，我们游牧民族的生活方式就没有了，蒙古族人数多，藏族人也多，而裕固族的人数很少，现在子女们知道裕固族习俗的已经很少了，裕固族风俗习惯的传承基本上全靠在大山里生活，从山里都搬出来了，很快文化也就没了。"（访谈编码：20171029LSJNO1）

第四节　文化建设

文化的内涵是信仰，一个民族的文化是它的各种信仰体系的集合。[①] 文化更多地表现为一些特定的价值观，共享一套价值观的族群以此为基础构建经济、社会、法律等相关制度，某种程度而言，文化作为一套观念系统构成了社会运作的思想基础，这也是文化建设的重大意义所在。处于转型中的裕固族社会和赛鼎村的村落社会，其"转型"亦体现在某些特定的价值观或者说观念变化上。

首先是对畜牧生产的认识发生了变化。"康乐7~8年以前的畜群结构是以羯羊为主，那时候羊羔子不值钱，羯羊价格好；现在开始重视母羊，是因为羊羔子的价格上来了，市场在变化，牧民的观念也在变化。现在牧民都是买草料喂羊，要不光靠自家草

[①] 蔡华：《人思之人：文化科学和自然科学的统一性》，云南人民出版社，2008，第102页。

场根本不够吃，但是早些年，牧民根本想不到买饲料喂羊，每年春天等着牲畜冻死也没想过买饲料喂羊，那时候也没有考虑到草原生态保护的问题。但是现在牧民观念变了，一是懂得要保护草原生态了，二是知道买饲料喂羊，一旦自己草场不够吃，就会买饲草料。"（访谈编码：20171030CHLNO4）

1996年我在村上当会计的时候我们村上就死了70多头牛，现在看着草场的草不好，就赶紧买饲料喂，这样成本就大了，把牲畜赶到农区去吃苞谷秆子，一只羊吃一个冬天要70块钱左右，光吃苞谷秆子还不行，还要吃苞米，一斤苞米现在的价格是1块钱左右，一只羊过个冬要吃100多块钱，这样算起来一只羊冬天光是饲草料就要200块，这个成本是很高的。（访谈编码：20171030GYQNO1）

其次是消费主义之风渐起。谈及牧区兴起的各种名目的酒席，一位村干部说："现在经济条件好了，有的人就想着找事儿，到处跑着去吃席。现在没有200块钱是吃不了一个席的，而且现在的事情多得很，生孩子、结婚、剃头等，学生考个学也要请，各种请，一弄就是事情，头疼得很。以前这些事情都是请主要亲戚（即以直系亲属为主），现在是全村都请，不管是不是亲戚，同姓不同姓的都请。'十五的月亮家家门上照'，只要人请了就得去呀，下回你请人家人家也才会来。"（访谈编码：20171103LJXNO1）2017年精准扶贫精准脱贫百村调研住户调查问卷结果发现，61户受访牧户中60户均有600元至15000元的礼金支出，其中80%的家庭每年礼金支出在2000元以上，近40%的家庭年礼金支出超过5000元。

各个村在物质上的变化是显而易见的，但是人的思想上却是滑坡了，艰苦奋斗和感恩的心少了，集体主义和助人为乐的精神弱化了。国家发个 2 万块钱嫌少，发个 3 万块钱还是嫌少。不论国家的草原奖补政策还是其他补贴政策，都应该通过适当的劳动来获得，而不能一味地直接发钱。比如全禁牧的地方，不能说给了钱就没有他们什么事儿了，而应该让他们为禁牧后的草原生态保护出力和尽责任，每年应该出一定的工。我发现人是越养越懒，越养越坏。（访谈编码：20170524JFNO1）

　　最后是家庭财务管理理念和金融风险意识缺乏。牧区收入水平相比农区较高，但是牧户几乎家家都有贷款，根据康乐镇信用社的数据估算，"平均下来每户的贷款额度是 13 万元左右"，按当地牧民的话来说，"只能大概算出收入多少，算不出支出多少"。一位驻村干部这样描述："今年一公斤羊毛 42 元，政府补贴 1 元一公斤，通过合作社集中销售，所以价格卖得比周围几个村子要好。今年羊羔子卖到 760~780 元，母羊在 1000 元以上；全村最高收入是 15 万以上，保守估计，最低也有保底 8 万元，平均 10 万元，大部分人是 10 万元左右的收入；但是开销也很大，纯收入也就很少，不好算账，牧民们也不会算。"（访谈编码：20181031PJPNO1）

第五节　生态文明建设

　　从 2007 年党的十七大报告提出"建设生态文明"到十八大提出"五位一体"总布局，到十九大报告进一步强调"必须树立和践行绿水青山就是金山银山的理念，坚持节约资源和保护环境的基本国策，像对待生命一样对待生态环境，统筹山水林田湖草系统治理，实行最严格的生态环境保护制度，形成绿色发展方式和生活方式，坚定走生产发展、生活富裕、生态良好的文明发展道路，建设美丽中国，为人民创造良好生产生活环境，为全球生态安全做出贡献"，[1] 再到 2018 年《世界人权宣言》发表 70 周年座谈会上习近平在讲话中正式提出环境权利作为人权的一部分，党和国家对环境与发展的认知逐步具象化，也使得生态文明建设这一宏观愿景逐步转化为地方实践，例如国家公园制度。

国家公园是指由国家批准设立并主导管理，以保护具有国家代表性的大面积自然生态系统为主要目的，兼有科研、教育、游憩等功能，实现自然资源科学保护和合理利用的特定陆地或海洋区域；将最具有生态重要性、国家代表性和全面公益性的核心资源纳入国家公园，实行最严格的保护，属于全国主体功能区规划中的禁止开发区域。[2] 国家公园是或者说将成为我国自然保护地的重要类型之一，而国家公园制度也是我国生态文明体制改革的重要实践。

图 5-3　祁连山国家公园缓冲区一瞥

（林红，摄于 2017 年 7 月 14 日）

①　习近平：《决胜全面建成小康社会 夺取新时代中国特色社会主义伟大胜利——在中国共产党第十九次全国代表大会上的报告》，http://cpc.people.com.cn/19th/n1/2017/1027/c414395-29613458.html，2019 年 5 月 12 日。
②　唐芳林：《国家林业和草原局加挂国家公园管理局牌子将带来历史性变革》，《中国绿色时报》2018 年 4 月 2 日。

肃南县地处河西走廊中部、祁连山北麓一线，是祁连山国家公园的核心区域。祁连山是中国西部的主要山脉之一，地处甘肃、青海两省交界处，是国家重点生态功能区之一，承担着维护青藏高原生态平衡，阻止腾格里、巴丹吉林和库姆塔格三大沙漠南侵，保障黄河和河西内陆河径流补给的重任，在国家生态建设中具有十分重要的战略地位。[①]2017年9月，中共中央办公厅、国务院办公厅印发了《祁连山国家公园体制试点方案》，确定祁连山国家公园总面积5.02万平方公里，其中，甘肃省片区面积3.44万平方公里，占总面积的68.5%，涉及肃北蒙古族自治县、阿克塞哈萨克族自治县、肃南裕固族自治县、民乐县、永昌县、天祝藏族自治县、凉州区等7县(区)，包括祁连山国家级自然保护区和盐池湾国家级自然保护区、天祝三峡国家森林公园、马蹄寺省级森林公园、冰沟河省级森林公园等保护地和中农发山丹马场、甘肃农垦集团。祁连山国家公园建设，给地处祁连山腹地的裕固族牧区带来了巨大变化，而当地牧民对国家公园建设的认知和态度则为我们理解生态文明建设作为一种地方实践提供了一种本土化视角。

　　首先，牧民们普遍认为国家公园的功能区划分不合理，缺乏实地调查依据。一位负责生态问题整改的县干部坦言："国家公园这个政策出台太仓促，我就没有见过国家公园的人来实地查看，没有调查就没有发言权，当地牧民也没有看到过来搞实地调查的。国家公园最初的初稿应该要一级一级地征求意见，但是没有这样搞，一个很厚的本子发过来搞意见征求，前一天发下来，第二天就要提交，根本没有给下面时间，国家公园的圈子画下后，以后还有没有可能调整？没有实地调研，没有充分听取群众意见，出来的东西就是不合理不科学的，到时候这个东西还要从上往下执行，叫下面怎么执行？肯定是制造矛盾制造问题的。执

---

① 《祁连山国家公园（甘肃片区）简介》，中国林业网，http://www.forestry.gov.cn/qls/3/20190102/110721843289374.html，2019年5月14日。

行要靠县级，但是决策立法不是依据县级意见，国家层面的政策立法是问题，不是要建国家公园的问题，而是要解决发展和保护之间的矛盾，应该采取措施通过发展减少环境破坏，降低畜牧业占比，提高其他产业占比，这样再禁牧的话也是顺理成章的事情。现在这样，导致老百姓对环保的意见很大，对地方政府意见很大。"（访谈编码：20181029GYQNO2）

马场滩上，一条马路，路这边是核心区，路那边是缓冲区，这种以路为界的划分方法，划分的依据是什么？听说现在县上也很困惑，马蹄那边的情况也是一样，以一条路划分出核心区和缓冲区，这边是缓冲区，路那边就变成了核心区，实在让人难以理解。我专门问过林场的人，核心区和缓冲区到底是怎么划分的，他们说核心区一般是有灌乔木等植被覆盖，有水和沼泽等，这么划分的话，我们的夏场可以划为核心区，但是冬场怎么也划成了核心区？而且有些人家的夏场居然还没有划入核心区而被划成了缓冲区。按照林场人说的划分标准，应该被划入核心区的没有划入，看起来不应该划入核心区的反而被划进去了。生态功能区划分的标准让人很难理解，好像看着地图按照等高线画出来的，压根儿没有经过实地调查。（访谈编码：20170522LZJ-GCRNO1）

关于功能区的划分，社员意见很大。比方说一个树林子，左右看都没什么差异，但是这边被划成了核心区，那一边就被划成了缓冲区；一家子的草场被划成了好几个不同的功能区。上面急着出台政策，也要征求下面的意见，但是根本不给下面留空间，今天把征求意见发下来让你明天就要交上去，这让人怎么提意见？根本没时间做调研、请专家评估。国家公园的落脚点执行在县级，但是中间隔了一个省、市级政府，而政策执行只有在县级才能真正发挥作用；应该成立一个专家组，带着县上的人，跑个半年把情况彻底摸清楚再划分功能区，这样才对。现在的功能区划分根本不知道是怎么划分出来的，我们都说是一群专家坐在办公室看着地图画圈圈划出来的。（访谈编码：20171030GYQNO1）

自然保护区最初的区域划分不合理，导致现在很多政策落实不下去；划分的时候按照地图来划分，比如隔着一条沟，一边是核心区，另一边就是缓冲区；划分功能区的时候就没有搞实地调研，草原类别划分是实地跑才能划分出来的，划分相对合理公平，因为这个类别划分涉及不同类型草场的补贴；但是自然保护区功能划分就没有搞实地调研，一道梁子，一模一样的，你家的草场是核心区，我家的就是缓冲区。冬场在缓冲区，海拔高的地方都是夏场，夏场被划为核心区，外围是实验区、缓冲区，很多人家的草场冬场在实验区，秋场在缓冲区，夏场在核心区，如果把夏场划为核心区，禁牧后，只留下实验区和缓冲区的草场，牧民也没办法再放牧了。（访谈编码：20181029GYQNO2）

图 5-4　祁连山国家公园缓冲区一瞥

（林红，摄于 2017 年 7 月 14 日）

其次，牧民们认为有些生态保护的政策和标准缺乏合理性，主要指向禁牧和以草定畜。谈及禁牧，一位老牧民非常担忧地说："我就是一个老牧民，如果完全禁牧的话，我就担心三件事：

第一，禁牧后草都灰掉了，导致草场退化，也就是说没有牲畜吃草，草生长得过于茂盛之后，从表面上看草长得很好，但扒开之后里面的草已经被捂坏发霉了；第二，牧民离开草原后裕固族文化将会消失，裕固族世世代代生活在草原，一旦禁牧，牧民全部迁出，离开草原后，很多裕固族的生活生产方式将慢慢消失，最终裕固族这个民族也就没有了；第三，全部禁牧后牧民的生活无着落，虽然国家现在有草场补贴，按人头每人每年 3351 元，但是依照现在牧民的生活方式，这点补贴是没办法生活的。举个例子，牧民吃肉的量很大，一个四口之家一年仅仅在吃肉上差不多就要花费 10000 元，而政府的草场补贴对于一个四口之家来说总计 13000 多元，根本不够生活。"（访谈编码：20171029CLGNO1）

牲畜吃的草的单位是 1 头牛等于 4 只羊，1 匹马等于 5 只羊。所谓草畜平衡的以草定畜，从开始的 5 亩草场 /1 只羊变成现在的 16 亩草场 /1 只羊。关于这个 16 亩一只羊的标准是怎么定出来的，有一位退休的老村支书还专门跑到县畜牧局去问。他开门进去，里面只有三个愣（年轻的）小伙，他们说，"你这个老汉不懂，这个 16 亩一只羊是根据电脑科学计算出来的"，完了也没有什么解释，老书记在他们办公室坐了一会儿也没人再理会他，就只好缩着脑袋走了。以前定的是 5 亩草场一只羊，这个标准好像是和村里的老牧民商量后定下来的，但是现在老牧民的意见已经没人听了。（访谈编码：20171029LSJNO1）

完全禁牧是破坏，不禁牧也是破坏。禁牧后草长得太高，倒在地上后，草籽落不到地上，新草无法生长；我们牧民都知道，适当的牲畜踩踏有助于草的生长，如果没有牲畜踩踏，草根反而无法往深里长了。祁丰禁牧后狼就多了很多。野生动物的数量不是越多越好，也要适当控制。宁夏贺兰山的草场很早就保护起来了，各种野生动物就多起来了，比如青羊就很多，马蹄那边也是青羊很多。滑雪场那片草场，禁牧后，也就三年的时间，大片的草就枯掉了，新草根本长不出来，扒开草，下面一根青草也没有，长不出来，现在有些地方一坨子一坨子地根本不长草了，老人一直就说"草长着就是让牲畜吃的"，高山细毛羊对草原的破坏还是挺大的，调整牲畜品种和牲畜结构就行了。以草定畜是个很好的措施，但是补偿的标准太低了，无法完全贴补牧民因为减少牲畜数量而导致的收入损失。（访谈编码：20170522LZJ-GCRNO1）

　　哪些地方是必须保护的，哪些是可以通过产业转换实现保护的，这些要搞清楚，不能一竿子把老百姓都撵出去，这是老百姓祖祖辈辈生活的地方，是老祖先留下来的地方。国家公园也是好事儿，但是如何把国家公园建设和当地百姓的发展有效结合起来？政府不要单方面追求政绩和效率，要先搞好调查研究，现在动不动就拿着图纸坐在办公室搞事情。我那时候在村上当村干部，各村跑界限，到红石窝开会的时候，省里来了一个技术人员，很年轻，拿着地图说要勾图，说要确定村界，我们又看不懂图，就说这条沟到那条梁，我们一边说，那个技术人员就拿笔一边在图纸上勾画，最后画出来的村界根本落实不下去。后来是我们乡镇干部和村里的人拿着GPS，穿着黄大衣，大冬天跑界限跑出来的，就这样也还有一些地方至今界限不明。再不能搞一刀切，一定要搞好实地调查。不能先斩后奏，先把人赶出去，也不管，说是安排护林员和护草员，但一年就3万块钱，还吓唬我们说想干就干不想干就不管，如果干的话，也要自己骑着摩托或者开着车去护林护草，政府不给老百姓解决问题，倒是把人祖祖辈辈的草场给拿走。老一辈的人说：以前的干部好，一天到晚都是和老百姓打交道的，乡党委书记和乡长经常下乡，谁家有什么人有多少牲畜都很清楚,现在村上的干部都不知道这些,谁家困难不困难,谁家有多少资产多少牲畜都不知道。现在村干部到处跑着开会学习、拉项目,根本没有时间去走家串户。政策不稳定,搞得人心惶惶。现在好多政策是一竿子插到底了,但是没有解决实际问题。牧业上的锅碗瓢盆,搬上楼房根本用不上,比如大锅、炉子、驮牛的东西,楼房上都不能用。前阵子还有人说"要去(上山)看下呢,那些东西怎么样(搬迁后牧场上使用的家居用品全部留在了山上)",搬走了回去的可能性不大了。年轻人没多大问题,老年人都是哭着走的,要搬家之前邻居之间相互宰羊请客吃饭,很舍不得。(访谈编码:20181029GYQNO2)

最后,当地牧民并不认同过度放牧是导致草原退化的关键因素。一位牧民说,"要说保护草原,我们牧民比谁都上心,我们祖祖辈辈是靠着草原活命的;说是因为我们超载放牧导致了草场退化,我们牧民不背这个锅。"这一认知与三江源类似,三江源地区只有66.7%的牧户对三江源草地生态退化有一定的感知,大部分牧户认为草地生态退化是气候变化所致,他们选择参与生态保护的行为是基于对国家政策的服从,以及对老人治病、子女教育和自身福利损失最小化的综合考虑结果,是一种被动的、无奈的保护补偿响应。[①]

刚开始说休牧,后来又说禁牧,一下子全部禁掉,有的人家草场大的还好,草场小的就不行了,肯定会有矛盾。核心区开始禁牧,赛鼎的夏场是在核心区,估计最近几年可能要禁牧。现在实行的是以草定畜,(饲草料不足或草场草量不足时)有的人家就去农区租草场,或者买饲草料喂羊,

---

① 李慧梅:《三江源草地生态保护中牧户的福利变化及补偿研究》,社会科学文献出版社,2017,第192~193页。

或者租村里人的草场，草场大的没什么问题，不过有草场大的也想养更多羊，就买饲草料或者把羊赶到农区去养。我们也不知道功能区是怎么划分的，退化严重的是外围，缓冲区和试验区又没有林子，什么都没有，保护起来有什么用？一家子的草场，一半是缓冲区，一半是核心区，而正儿八经的黑河源头成了外围，不知道专家们怎么想的。我们家今年蘑菇也没拾好，林业上不让去拾蘑菇，前几天隆丰和康丰发了两起火灾，估计明年管得更严格。这个地方如果禁牧，会出大事，村里有一户人在自己家的圈子里打草尖，5个月没有放羊，草就长得不行，如果禁牧的话草原上很容易起火灾。草原生态退化没退化，当地牧民应该最有发言权，但没有人听牧民的声音。（访谈编码：20171106YCH-TCMNO1）

因为国家把各种野生动物都保护了起来，现在山里野生动物都多了起来，比如雪豹、狼、哈熊（棕熊）、獐子等。前阵子有个明乐的人进山抓獐子遇到了洪水，县上还去营救，救起来之后他第二次又进山来下套子抓獐子，被林业抓了，估计要判刑。今年（2017）10月5号的时候，村里有一家人冬场上30只（或31只）羊被狼杀死了，估计一起杀羊的有两只狼，狼只吃了1只羊，但是杀死了30只，这也没办法，县上不可能给牧民补偿，不过好在牧民买了牲畜保险，保险公司给赔偿了，按照一只羊300元（一头牛2000元）的标准，还算好，虽然比市场价格低，但有总比没有好。前阵子我们家一头牛也受伤了，伤在牛肩膀上，看样子是被雪豹抓伤的，伤口很深。（访谈编码：20171029LSJNO1）

现在最年轻的还在放牧的也是"80后"了，更年轻的人不会放牧了。我不太赞成从生态保护的角度来禁牧，应该以海拔线来定禁牧，四五千米的地方长草不容易，可以禁牧，但是两三千米海拔上的草场不应该禁牧，反而应该有牲口吃草，有牲口吃草还长得好，这样的地方如果禁牧的话，草反而长得不好，还有很大风险，比如防火防灾。以前保护区的功能区划分有问题，该保护的地方没有保护，不该保护的地方划进了保护区，而且这个地方的"80后"基本没多少人留在村里，也没有什么人放牧了。对于年轻人来说，禁牧不禁牧从生活上来说实际没有多大影响，反而还有一笔禁牧款可以拿，主要是年纪大的这一代人。这些老一代牧民家里世世代代都是放牧的，搬迁后，自己没有能力又没有技术，不会种地，也不会干别的，生存就是个大问题。（访谈编码：20181031PJPNO1）

一位拥有多年驻村经验的县扶贫干部结合地方实践和自身经验观察，对国家公园建设和地方环保与发展提出了如下建议："①成立一个专业机构进行系统性评估，和各乡村两级进行对接，可以避免出现这边是缓冲区那边是核心区的荒唐局面。②区域功能划分要明确，不能干什么、能干什么一定要明确，具有可操作性。③人不能完全迁出来，也不能整村迁出来，要给每个村子发展的机会，不能一棒子把整个村子都打死。重要的生态功能区保护起来就行了，巡视员发挥出作用就行了，最外围的地方生态越脆弱就越要投入更多保护，不能相反，核心区的地方其实问题反而不那么严重，保护起来就行了，不需要投入太多。从航拍上看，水电站的地方都是绿的，反而周围都是黑的（地质原因），之前建水电站就要求绿化投入。④生态保护的资金要分类使用，草原有草原的保护方法，山区有山区的保护方法，平原地区有平原地区的保护方法，要因地制宜，但是上面下达指标一般是'给你一千块钱去种树吧'，到了地方上就很难执行，下面也就不愿意争取这样的资金，尤其是生态环境整治，有地域差异和地质生态的差异，要区别对待。⑤自然保护区的高污染企业是怎么界定的？现在我们也不清楚，谁也不敢界定什么是高污染企业，哪怕给个具体界定标准也行，但是没有，给到我们下面，谁也不愿意去界定，没人愿意承担这个责任。⑥民生工程在保护区内的要单列出来，维修和实施加固工程的权力要赋予地方，比如饮水工程，水源地在核心区或缓冲区，饮水的人在试验区，这样的民生工程就要单列出来，不能一刀切。⑦国家统一出台可操作的办法和条例就行了，不要各省再另出台细化的措施，虽然要因地制宜，但是很多地方往下经就念歪了。社保政策就很好，国家统一出台办法下面贯彻执行就好了。⑧国家公园建设需要有一个过程，尤其是老百姓的搬迁，应该先考虑把地方产业发展起来承接，然后再把人搬出来，而不应该先搬出来，再考虑发展产业，各种钱比如草原奖补资金的钱发着，让老百姓蹲个两年三年，人也就懒了废了，还干什么呢？人一懒就都等着政府养活了。前些天还听牧民说'贷款还不了国家会给还'，这怎么可能？任何决策要科学专业，要尊重科学和专业，不能搞拍脑袋的行政决策，要依法决策，更要根据专家意见决策。"（访谈编码：20171102CHLNO2）

第六章

乡村振兴战略

1982 年开始的三西地区扶贫开创了我国有组织、有计划、大规模减贫行动的先河，到 2014 年 12 月 14 日习近平在江苏考察工作时第一次提出"四个全面"，[①] 扶贫作为一种国家行动，其目标、策略、方式经历了一个长时段的进化过程，直至"确保到 2020 年农村贫困人口实现脱贫，是全面建成小康社会最艰巨的任务"的提出。党的十八大以来，中共中央、国务院"把扶贫开发工作纳入'四个全面'战略布局，作为实现第一个百年奋斗目标的重点工作，摆在更加突出的位置"。[②] 2017 年 6 月 23 日习近平在深度贫困地区脱贫攻坚座谈会上说："党的十八大以来，我最关注的工作之一就是贫困人口脱贫""党的十八大以来，党中央把贫困人口脱贫作为全面建成小康社会的底线任务和标志性指标，在全国范围全面打响了脱贫攻坚战。脱贫攻坚力度之大、

---

① 《"四个全面"：国家治理现代化的战略布局》(《习近平复兴中国》连载)，人民网，
　　http://cpc.people.com.cn/n1/2016/0929/c64387-28750190.html，2019 年 5 月 17 日。
② 《中共中央国务院关于打赢脱贫攻坚战的决定》，中央人民政府网，http://www.gov.cn/
　　xinwen/2015-12/07/content_5020963.htm，2019 年 5 月 18 日。

规模之广、影响之深，前所未有"。^①

我国扶贫减贫行动与乡村振兴过程密切相关，某种程度而言，乡村振兴的内涵演变亦体现了扶贫减贫行动的策略变化。乡村是具有自然、社会、经济特征的地域综合体，兼具生产、生活、生态、文化等多重功能，与城镇互促互进、共生共存，共同构成人类活动的主要空间。乡村兴则国家兴，乡村衰则国家衰。我国人民日益增长的美好生活需要和不平衡不充分的发展之间的矛盾在乡村最为突出，我国仍处于并将长期处于社会主义初级阶段的特征很大程度上表现在乡村。全面建成小康社会和全面建设社会主义现代化强国，最艰巨最繁重的任务在农村，最广泛最深厚的基础在农村，最大的潜力和后劲也在农村。实施乡村振兴战略，是解决新时代我国社会主要矛盾、实现"两个一百年"奋斗目标和中华民族伟大复兴中国梦的必然要求，具有重大现实意义和深远历史意义。

从中国共产党延安时期发起的、旨在通过提高农业发展水平来改善地方生活条件的"大生产"运动开始，到 20 世纪 50 年代社会主义新农村建设时期倡导集体化、机械化和电气化，再到 2004 年开启的新农村建设，提出建设农村新面貌的几个方面，生产发展、村庄整洁、乡风文明、生活宽裕和管理民主；一些重要政策措施逐步落地，包括取消农村税费、发展基础设施和公共服务、构建社会保障体系、改善农村居住环境等，以及 2014 年至 2020 年规划实施的系列农村减贫和精准脱贫行动、"五个一批"、基础设施和公共服务建设等；直到 2017 年开启的乡村振兴战略，提出产业兴旺、生态宜居、乡风文明、生活富裕和治理有效，扶贫和乡村振兴一直相伴相生。

十九大报告指出，农业农村农民问题是关系国计民生的根本性问题，必须始终把解决好"三农"问题作为全党工作的重中

---

① 习近平：《在深度贫困地区脱贫攻坚座谈会上的讲话（2017 年 6 月 23 日）》，人民出版社，2017，第 1~2 页。

之重，实施乡村振兴战略。2017 年 12 月 28~29 日中央农村工作会议首次提出走中国特色社会主义乡村振兴道路，让农业成为有奔头的产业，让农民成为有吸引力的职业，让农村成为安居乐业的美丽家园，明确了实施乡村振兴战略的目标任务：到 2020 年，乡村振兴取得重要进展，制度框架和政策体系基本形成；到 2035 年，乡村振兴取得决定性进展，农业农村现代化基本实现；到 2050 年，乡村全面振兴，农业强、农村美、农民富全面实现。[①]2018 年 2 月 4 日，国务院公布了 2018 年中央一号文件，即《中共中央国务院关于实施乡村振兴战略的意见》。2018 年 3 月 5 日，国务院总理李克强在《政府工作报告》中提到，大力实施乡村振兴战略。2018 年 5 月 31 日，中共中央政治局召开会议，审议《乡村振兴战略规划（2018~2022 年）》。2018 年 9 月，中共中央、国务院印发了《乡村振兴战略规划（2018~2022 年）》，并发出通知，要求各地区各部门结合实际认真贯彻落实。

我国乡村数量庞大，第三次全国农业普查共调查了 31925 个乡镇，其中乡 11081 个、镇 20844 个；596450 个村，其中有 556264 个村委会、40186 个涉农居委会；317 万个自然村；15 万个 2006 年以后新建的农村居民定居点。[②] 如此数量级的乡村规模，决定了我国贯彻落实乡村振兴战略任重而道远。赛鼎村作为全国近 60 万个村子之一，也作为乡村振兴战略落地实施的村落主体，从一种更为长远的发展视角来看，我们认为需要重点关注"人""地""系统"相关因素，并以此为基础构建整体的村落适应性发展策略。

① 董峻、高敬、侯雪静、胡璐：《谱写新时代乡村全面振兴新篇章——2017 年中央农村工作会议传递六大新信号》，新华网，http://www.xinhuanet.com/2017-12/30/c_1122188285.htm，2019 年 5 月 16 日。

② 国家统计局：《第三次全国农业普查主要数据公报（第一号）》，http://www.stats.gov.cn/tjsj/tjgb/nypcgb/qgnypcgb/201712/t20171214_1562740.html，2019 年 5 月 18 日。

第一节 人：脱贫的内生动力培育

贫困的影响因素大致可分为内因和外因，与贫困发生主体相关的影响因素皆可归为内因，例如贫困人口的个人意识、能力、生理性老弱病残等；与贫困发生主体无关的影响因素皆可归为外因，例如地方资源禀赋、政策制度、自然灾害等。"精准扶贫，是中国首先使用的一个扶贫概念，是指通过相应的制度安排和政策支持，将扶贫资源通过一定的方式准确地传递给符合条件的目标人群，帮助他们通过一定的合适的形式改善自己的条件和提高自己的能力进而摆脱贫困的一种全过程精准的特殊的目标瞄准扶贫方式。虽然目标瞄准扶贫的思想和实践，在国际上已有数十年的历史，也有少数国家在某些环节的目标瞄准扶贫方面取得了不错的效果，但尚没有任何其他国家和地区在像中国这么大的范围内实施全过程的目标瞄准扶贫。从这个意义上说，精准扶贫是中国继开发式扶贫之后对世界扶贫事业做出的又一大贡献。"[1] 换而言之，精准扶贫是通过一套特定的制度安排和政策支持来实现精准脱贫，可视为一套强有力的外部性支持。

我国扶贫政策作为一种开发式扶贫，一方面资金来源以政府为主，主要包括三大项：第一，主要用于进行生产性项目的贴息贷款；第二，用于改善生产条件项目如修建基础设施的以工代赈；第三，提供社会化服务项目的发展基金，又称财政扶贫基金，主要投入教育卫生等项目中。[2] 另一方面，整体化的任务目标落实，"坚持省负总责，县抓落实，工作到村，扶贫到户。扶贫开发工作责任在省，关键在县……扶贫开发工作重点县，必须把扶贫开发作为党委和政府的中心任务，以扶贫开发工作统揽全局，负责把扶贫开发的政策措施真正落实到贫困村、贫困户。要

---

[1] 李培林、魏后凯、吴国宝主编《中国扶贫开发报告（2017）》，社会科学文献出版社，2017，第3页。

[2] 方黎明、张秀兰：《中国农村扶贫的政策效应分析——基于能力贫困理论的考察》，《财经研究》2008年第33期。

继续实行扶贫工作党政'一把手'负责制，把扶贫开发的效果作为考核这些地方党政主要负责人政绩的重要依据。沿海发达省市的各级党委和政府，也要高度重视扶贫开发工作，积极采取有效措施，帮助当地农村贫困人口增加收入，改善生活"[1]。扶贫工作，不论是资金来源还是目标责任落实均通过我国现有扶贫行政机构的体系化架构自上而下地层层传导（见图 6-1）。

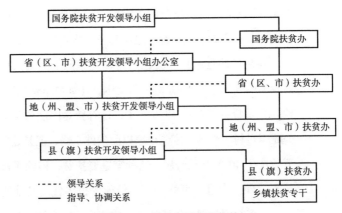

图 6-1　扶贫行政机构架构

资料来源：左常升主编《中国扶贫开发政策演变（2001~2015 年）》，社会科学文献出版社，2016，第 40~62 页。

各地实践表明，自上而下的系统性扶贫工作能够在有限时间内有效地实现把贫困人口"扶起来"，并实现对贫困人口的社会性托底。但是，贫困人口摆脱"生产资料和生活资料缺乏或不足的环境、条件"后，能否自立自主地实现自我发展，这需要一种更为长远的发展视角。2017 年 6 月 23 日习近平在深度贫困地区脱贫攻坚座谈会上曾一针见血地指出这一贫困人口主观能动性弱化的问题，"现在，一些地方出现干部作用发挥有余、群众作用发挥不足现象，'干部干，群众看''干部着急，群众不急'。一些贫困群众'等、靠、要'思想严重，'靠着墙根晒太阳，等着

---

① 《国务院关于印发中国农村扶贫开发纲要（2001~2010）年的通知》，中央人民政府网站，http://www.gov.cn/zhengce/content/2016-09/23/content_5111138.htm，2019 年 3 月 28 日。

别人送小康'。要注重调动贫困群众的积极性、主动性、创造性，注重培育贫困群众发展生产和务工经商的基本技能，注重激发贫困地区和贫困群众脱贫致富的内在活力，注重提高贫困地区和贫困群众自我发展能力……要改进工作方式方法，改变简单给钱、给物、给牛羊的做法，多采用生产奖补、劳务补助、以工代赈等机制，不大包大揽，不包办代替，教育和引导广大群众用自己的辛勤劳动实现脱贫致富。"①2019 年 3 月 5 日《政府工作报告》亦强调，"越是到脱贫攻坚的关键阶段，越要抓实抓细各项工作，确保脱贫有实效、可持续、经得起历史检验"。②

赛鼎村的贫困户状况也一定程度印证了贫困人口主观能动性较弱的问题。"有的是真的很贫困，比如村里最后脱贫的一家，他家光是贷款都超过 40 万元了；还有就是因病致贫的，比如以前还当过村干部的一家，他家以前条件不错，但是媳妇一病，一下子花了 40 多万元治病，这种家庭要扶贫，但除了政策性的扶贫支持外，你也不可能一下子给他发很多钱。其他所谓的贫困户，大多是因为懒，人不勤快，家庭生活生产缺少计划性，整天到处晃荡着，有点钱就吃喝掉了，这种情况的家庭扶了也差不多是白扶。"（访谈编码：20170520CHLNO1）

那么，扶贫到底应该扶谁？多位村镇和县干部均认为，扶贫资源更适宜在村级层面统筹规划，而不适宜分散投入到贫困户，即从贫困户帮扶再回归贫困村帮扶。"真正的扶贫应该是第一步把基础设施搞好，应该是改善大环境，大环境搞好了可以刺激贫困户自己想办法脱贫，要不他自己也感觉没有面子呀。"（访谈编码：20170616HBESNO1）也就是说，扶村相较于扶户来说更有利于实现资源的整合及有效利用；而且，政府需要更多投入，即

---

① 习近平：《在深度贫困地区脱贫攻坚座谈会上的讲话（2017 年 6 月 23 日）》，人民出版社，2017，第 16~17 页。
② 李克强：《政府工作报告（文字实录）》（根据直播整理，2019 年 3 月 5 日第十三届全国人民代表大会第二次会议），中国政府网，http://www.gov.cn/zhuanti/2019qglh/2019zfzgbgdzs/2019zfzgbgdzs.html，2019 年 3 月 14 日。

"加大投入支持力度，要发挥政府投入的主体和主导作用，发挥金融资金的引导和协同作用"。①

一方面，村庄各项基础设施投入需要继续加大，例如饮水工程、卫生防疫设施等。"尤其是卫生防疫方面的基础设施投入，以及食品安全方面的投入，这个成本很高，这方面做好了，就可以降低村民畜牧业的发展成本。我们今年村班子的统一方向就是降成本提高价格，之前是各家剪羊毛，各家自己负责卫生安全，村里统一卖，最近四五年以来都是这样，村上没有投入多少成本，但是以后要搞合作社的整体运营，就得搞好卫生防疫方面，但这些投入很大，我们绿色环保的条件都有了，但是东西卖不出好价格，这是很大困境，这方面没有政府参与支持就没办法，打不出品牌。"（访谈编码：20181103LDFNO1）

> 政府的基础设施项目，让牧民少花些钱，节约成本，也是增收。去年村上争取了好几个项目，唯一成了一个饮水工程，牧民养殖户饮水这块成本很高，一家节省了300~4000元，去年申报了100吨的4个蓄水池，4个点，去年报上，今年修好，明年正式见到效益，铺设自来水管道，享受到的一直享受了，没享受的一直没享受，就想着让村里每家每户至少在冬季牧场吃上自来水，这方面的工作是真正节约了成本。今年报的项目还是关于水的，用水的成本很高，以前铺设的管道无法按计划使用的很多，冬季草场的饮水是主要问题，夏季草场上也就呆1个月可以不多考虑。我们这里用水的成本很高，主要是冬季草场上，在夏季草场上可以接泉水用。村上项目报到镇上，镇上综合一下再报到县上，再审批。（访谈编码：20181103LDFNO1）

① 习近平：《在深度贫困地区脱贫攻坚座谈会上的讲话（2017年6月23日）》，人民出版社，2017，第13页。

另一方面，村庄生产转型和产业发展需要政府引导。"国家公园管理局成立后，我们村更要在转变传统养殖方式上做文章，不论是禁牧搬迁还是以草定蓄都需要考虑转变畜牧业生产方式。下一步具体怎么做，需要政府引导，牧民们需要转变过去传统的养殖方式，比如以草定蓄以后，牧业上养100只羊，下面搞社饲养殖100只羊，怎么能够保证牧民收入不变甚至增加？这几年政府都是引导禁牧不禁养，现在村上也通过合作社的方式在搞尝试，有十几个养殖棚舍，成立了养殖合作社，秋季收购羊羔子搞集中育肥，搞育肥减少了牲畜数量但是不减少收入，所以这几年搞育肥的人越来越多。去年推迟了羊羔出售的时间，整个提高了羊羔价格，有人去年8月开始买羊羔，买入的时候580元一只羔子，然后到别家借牧了三个月，借牧后再卖出，一只卖了780元，短时间内一只羊羔子的价格就高了200元。把羊羔推迟卖出，羊羔价格高了很多，除掉借牧的成本，羊羔价格提高的收入差不多顶掉了到来年3月母羊吃饲草料的成本，在牧区节省成本就是很好的增收方式，没有其他更好的增收方式。这些都需要政府引导，比如帮助牧民们更好地分析市场行情。"（访谈编码：20181103LDFNO1）

产业结构亟须调整，结构单一容易受市场波动影响。2012~2014年老百姓的增收就是问题，增收情况取决于秋天的收成。产业单一后，干什么大家都一拥而上，牧业大户一旦发展起来就会想各种办法把畜牧业做大做强，村书记就想搞大面积的养牦牛，然后和超市对接供货，承包超市货柜，签订收购协议。当时新疆有个屠宰场一次性要几万只羊，我们这边数量达不到，之前没有稳定的货源，养殖规模不大，所以肃南至今畜牧产业搞不起来。现在有人想搞规模化，但是春天签了500元一只羊羔子，到了秋天又有其他人520元来收就卖掉了，你的货源就不足了，我们这里都是散养的牧户，都想各自卖高价，而不考虑联合和规模化。现在合作社就没发挥作用，当初合作社想得很好，联合起来把羊毛压着把价格抬高，但这也是押宝，存在风险，大家思想不统一。羊毛的质量也是个问题，牧民们也不管质量的问题，只管卖出去，肚渣毛也不分开，好的坏的都混到一起。企业来收购都愿意要好的，但是我们的想法就没办法做到，老百姓觉得如果区分的话，差的就卖不掉了。现在的畜产品也基本上还停留在粗加工上，县里有企业，但是发展得不好，主要是经营策略存在问题，比如不重视宣传，不太清楚具体是因为不知道要做宣传还是宣传本身的难度大。（访谈编码：20171102CHLNO2）

村集体没有什么集体产业和企业。今年剪羊毛之前得知旅游也搞不成了，村里畜牧生产不说挣钱，首先要把成本拉低，才能把畜产品价格搞上去。搞整村销售羊毛，村上有两个合作社可以吸纳全村牧户，羊毛由合作社销售，以前是整村销售，今年开始合作化销售，之后再走合作化运营，补贴的钱拿到了，但是合作化运营不是太成熟，没有运营起来。合作销售是按市场价，牧户有其长期合作的羊毛贩子，我们合作社运营的成本比较高，个别零散户自己卖羊毛价格也可以。市场不确定因素太多，不能对接大型养殖场，达不到整村的卫生安全标准，如果整村搞，有一个质量追溯，村里会担风险，村里也没有有效对接的市场。这些工作还是要国家层面的支持，比如有对合作社的补贴，但是做事还需要政府引导，只是靠村上自己干还是不行。（访谈编码：20181103LDFNO1）

当时禁牧说是生态破坏严重，我们祖祖辈辈在这里放牧也没有破坏，挖煤挖矿把祁连山弄坏了，到头来怪到我们牧民身上。禁牧款给得太少了，根本不够生活。牧民还是要放牧，政府只要定好规矩就行了，比如以草定畜这一类的政策。草原上的草籽也要靠牲口才能播撒，现在牲口不撒，草籽和松子落下来没有牲口去踩踏，就没法播种和生长。牧民除了放牧也不会种地，多数人也没有脑子去倒腾买卖做生意，人要有事情干，不能静静地蹲着，蹲久了事情就出来了。搞国家公园是好事，但是人的肚子问题没有解决，有什么好。我们这一代人是一辈子放牧的，再到儿子这一辈子，再往下也没有人放牧了，老百姓最关心的就是吃饭问题。

（访谈编码：20181030TCYNO1）

第二节　地：牧区发展的因地制宜

扶贫作为一种大规模的国家行动，地方实践是其语境化的具体呈现。在近 40 年的国家扶贫历程中，全国各地积极开展了诸多因地制宜的探索，积累了各具特色的地方实践成果和经验。"山西联动实施退耕还林、荒山绿化、森林管护、经济林提质增效、特色林产业五大项目，通过组建造林合作社等，帮助深度贫困县贫困人口脱贫。四川针对大小凉山彝区、川西北高原藏区整体深度贫困地区，制定了大小凉山彝区扶贫规划和方案、藏区六项民生工程行动计划、阿坝州扶贫开发和综合防治大骨节病方案，推进彝家新寨、藏区新居、乌蒙新村、扶贫新村建设。云南对人口较少民族、"直过"民族采取特殊扶持政策，取得明显效果，独龙族群众在打通进山隧道后高兴地给我写信。湖南针对湘西州深度贫困问题统筹推进产业、就业、易地搬迁、生态补偿、教育、社会保障等'十项工程'。"①

---

① 习近平：《在深度贫困地区脱贫攻坚座谈会上的讲话（2017 年 6 月 23 日）》，人民出版社，2017，第 10~11 页。

地方实践的基础是各地差异化的自然生态、人文、社会等资源禀赋。肃南县作为一个以天然草场为基础性放牧资源的传统畜牧业县，是全国唯一的裕固族自治县，拥有丰富的自然和人文资源。以赛鼎村所属康乐镇为例，其人文、自然资源从一份1958年肃南裕固族自治县人民委员会省、地、县工作组关于肃南县前山地区草原调查报告的记述中可得略见，[①] 例如多样化的草原类型和丰富的畜牧资源。

> 肃南裕固族自治县前山草原地区各区乡草原和载畜情况调查结果显示，康乐乡草原面积为328平方公里，寺大隆杨哥乡草原面积为543平方公里。草原类型分为高山草原、亚高山草原、森林草原、干旱草原、荒漠草原。康乐乡的草原载畜量情况为：高山草原占27%，为89平方公里，载畜量为8673只（绵羊单位全年放牧）；亚高山草原占25%，82平方公里，载畜量6905只；森林草原占30%，98平方公里，载畜12339只；干旱草原占15%，49平方公里，载畜3658只；荒漠草原3%，10平方公里，载畜566只。康乐总计草原面积328平方公里，载畜量32141只。寺大隆杨哥乡的草原载畜量情况为：高山草原25%，136平方公里，载畜13250只；亚高山草原30%，163平方公里，载畜13725只；森林草原35%，190平方公里，载畜23921只；干旱草原10%，54平方公里，载畜4032只；荒漠草原5%。寺大隆杨哥乡总计草原面积543平方公里，载畜量54928只。

肃南县"十三五"期间精准扶贫精准脱贫规划拟定的建设任务也体现了其县域资源禀赋的特征，包括：2020年初步建成种养加、产供销协调推进的多元富民产业体系，实现村有主导产

---

① 肃南县档案局:《肃南裕固族自治县人民委员会1958年省、地、县工作组关于肃南县前山地区草原调查报告（包括马蹄区、康乐区、金泉区、祁丰区）》。

业、户有增收门路、劳动者有增收技能的目标；实现村村道路通畅，"乡有客运站、村有汽车停靠点、村村通班车"的农牧村客运网络全覆盖；优先发展教育事业，积极发展医疗事业，繁荣发展文化事业，稳步推进社会保障事业；加大对贫困户的培训倾斜力度，提高培训的针对性和实效性，加强金融资金服务乡村发展；坚持保护治理和自然恢复相结合，以祁连山水源涵养区生态环境综合治理规划为主线，大力实施冰川、森林、草原、湿地、防护林体系建设和中小河流域综合治理等生态保护项目。但是，各项建设任务落实过程中，还需要对自身资源禀赋的总量和特征保持清晰的认识。

实际上，肃南县对自身资源禀赋短板的清醒认识由来已久。1985年肃南县的一份年度工作总结报告指出，县畜牧业生产上存在三个突出问题：一是牲畜承包到户，实行家庭经营后，由于"家家牛马羊，户户小而全"，所以给草原的建设、利用和管护等带来了新的问题，具体表现在夏秋草场利用不充分，管护差，冬春草场严重超载，造成退化；二是牲畜承包到户后，给绵改工作带来了新的问题，集中配种则草场不足，分散配种则种公羊问题又无法解决，加上我们的工作还适应不了新的情况和一些乡村不重视绵改工作，所以1984年上站母羊仅占母羊总数的80%；三是持续干旱给肃南县畜牧业带来了严重危害。10月至次年元月降雪比上年同期减少五至七成，而且这种旱象目前仍在持续发展，对畜牧业生产造成或正在造成损失；现有13万头牲畜缺水缺草，干旱还对以后畜牧业生产带来潜伏性威胁。[1]

虽然时过境迁，但1985年肃南县认识到的畜牧业生产三个突出问题在当下仍旧具有很大程度的参考意义。换而言之，30多年前就存在或出现的短板仍在不同程度上影响和制约当前发展，对此需时刻保持清晰认知，并在制定地方发展规划时扬长避短。

---

[1]　肃南县档案局:《1984年工作总结报告》, 1985年。

首先是水资源禀赋不足。"村里最难解决的问题是水的问题，夏天用水没问题，其他时间都是要储水。尤其是冬天天干物燥，牲口吃水是个问题，下雨的时候牲口喝水少，牲口饮水的时间可以稍微间隔长一点，但即使有的年份雨水还可以，水源也没办法解决。今年水源马上就要干了，牲畜吃水又会是个大问题，干旱肯定跟冰川融化、雪线上升有关。牧民家家户户都要开车去拉水，虽然说水费本身不高，但是路上跑的运费对于牧户来说就是一大笔开销。"（访谈编码：20181031PJPNO1）

牧区存在自然环境方面的条件限制，饮水条件不太好，虽然生活和生产上还不是太大问题，但会带来不少后续影响。比如卫生条件不太好，病从口入，牧民们吃的方面以肉奶为主，蔬菜水果吃得很少，餐饮上也没有实行生熟分开；牧民四季转场，生活设施比较简陋。这两年体检查出来女性乳腺癌、子宫肌瘤，男性关节炎、心脑血管方面的疾病很多，牧民的贫困很大程度上算不上很贫困，一般只要努力肯干生活就没有问题，但是牧业生产生活条件不好是没办法靠着牧民苦干就能解决的，一个是海拔太高，另一个是温度太低。自然环境不好导致牧民的患病率高，一得病就花销很大，虽然到医院去看病能有报销，但是治标不治本。比如村里有一家人的媳妇得病到县医院看病看了一个月，都查不出来是什么问题，直观感受是胸椎侧弯，但是查了很久，跑了好几家医院也没有查出原因，因为看病，这家人就耽误了剪羊毛的时间，后来是我们发动村上的党员和牧户代表去帮他家剪的羊毛。这是一个点，主要意思是因为什么致贫，因病致贫是最严重的问题，我作为扶贫干部怎么去防？不好控制，牧区的卫生状况因为自然条件也没办法改善，天气冷，身体需要，必须吃肉喝奶，要保障热量，要吃高脂肪高热量的东西。牧民们也不是说没有健康意识，现在人人都有手机能上互联网，也有些了解，但是掌握得不系统，牧民们小时候就是这样吃肉喝酒的生活；还有就是牧业上的劳动强度比农区要大，虽然说付出和收入是成正比的，但高强度的牧业劳动对身体健康也是一种损耗。（访谈编码：20181031PJPNO1）

图 6-2　夏季山中的一条河流

（林红，摄于 2017 年 7 月 16 日）

其次是牧区地广人稀，制约公共基础设施投资建设。"PPP模式在农区就很适应，比如建设一个水库，就能让全村人受益，但这个模式在牧区就不行了，一个水库工程受益人就只有几千人，投资的收益很小，基础设施投资当然是受益人口越多收益越多，受益人太少就没人愿意来投资了。比如供水点建设，一个供水点建起来了，只有七八户使用。藏区是国家全额拨款，其他地方就不行了，比如肃南要修一条公路，国家财政拨款只有40万元/公里，而肃南的自然条件不好，修路成本很高，一公里的造价得70万元，这样一条公路修起来，中间就有很多亏空，县财政也没有钱来填补这个空，所以就不修了。我们的项目申请，以前是从上往下拨项目，现在是从下往上报项目，就好多了，以前从上往下拨项目就不接地气，听说以后财政拨款是从上往下打包，这样就很好。"（访谈编码：20170520CHLNO1）

全县建成小康社会目标有 39 项考核指标，县上要根据这些指标推进落实，但其中有些指标对于我们县一级工作来说难度就很大。例如"每万人专利发明的拥有量"，牧区有个最大的问题是科技成果转化，这个指标考核很难，在牧区落实就很难，这一指标还要求县一级实验和研究经费要占全县 GDP 一定比例，对于县一级来讲能够利用别人的发明专利就很好了，根本不可能自己投入实验和研究经费。还有就是幼儿园和村医务室建设的问题。肃南有 102 个行政村，这些村子存在人少地广的问题，人口分布太分散，基础设施投入太大，如果按照小康的标准，比如村村拥有幼儿园，这个指标对于牧区村子而言根本不现实；如果在乡镇一级修建中心幼儿园，采取寄宿制，这对牧区而言是一个很好的措施；但是国家脱贫标准就要求村村有幼儿园，村村有卫生室。卫生医疗方面，牧区现在采用的方式是巡诊，国家还要求村村要有全科医生，对于牧区而言还不如集中力量把乡镇医院建设好，如果把有限的资源分散到各个牧业村，力量太分散了。现在很难的是，扶贫资金不允许投入乡镇医院建设，只能用于村一级卫生服务设施建设，只有这样才符合脱贫标准，但是我们现在是利用乡镇医院资源搞巡诊和村级卫生服务。要求村村有幼儿园的问题，可以让有需求的行政村根据自身实际需求建设村幼儿园，只要儿童数量够，民众也有这个需求，就可以在村里修建幼儿园，但是我们面临的最大问题是国家扶贫脱贫的硬性指标和地方落实的弹性（因地制宜）之间的矛盾。县上下一步想发展乡村旅游，但是需要国家的大量投入来支撑，只有把大的环境建设好了，才可以带动群众，我们也和旅游局等相关部门都提了，但是没作用，主要还是没有国家层面的大笔资金投入。（访谈编码：20171101ZZRNO1）

最后是自然资源和人文资源需进一步有效整合，例如畜牧业生产方式和裕固族民族文化，地域发展与民族优惠政策整合等。一位驻村干部认为，"发展旅游业是一个很好的点，旅游和文化要融合发展，现在做出来的特色产品实际上没有特色，比如文化旅游、观光旅游都可以搞，从一季旅游向四季旅游发展，冬天来这里看雪景，看完后没有地方住，肃南现在的旅游是看完就走了，人来肃南看了一片草原，喝一顿酒就走了，要结合本地的畜牧业和民族文化搞体验式旅游，这样才能把人留在草原。"（访谈编码：20171102CHLNO2）肃南在扶贫方面实现资金有效整合的经验值得借鉴，"肃南在扶贫方面的最大经验应该是资金整合力度比较大，可以集中精力实现基础设施全覆盖，整合资金办大事，我们县委、县政府在这方面的力度很大，由县委、县政府承担这个风险责任，书记县长到赛鼎村开现场会，资金实现条块整合。"（访谈编码：20171102CHLNO2）

肃南是牧区又是民族地区，在扶贫脱贫方面值得说的经验主要是整合资金办大事。作为民族地区，我们把扶贫工作和少数民族工作结合起来，很有效果，以前这两块工作是分开的。举个例子，专项扶贫资金只有200万元，但是少数民族工作有100万元，这两项工作的目标是一样的，把具有共同目标的资金吸纳进来，和扶贫的资金一起投入，进行整合和统一规划，不像以前单独投入实施，各是各的钱各干各的，这样一来就能把牧区存在的一些突出问题统一解决。和农区不同，牧区修一公里路，受益人只有一户或两三户，而在农村修一条路受益人多。解决牧区的交通道路问题，要从执行层面灵活运用国家政策，需要依靠扶贫资金整合其他资金。这中间有一个权力下放的问题，现在说是要权力下放，上面要把项目审批、实施和执行的权力进一步下放到县级，但是项目规划和资金使用方式的权限并没有下放，还是在省级；而省级对地方情况不熟悉，做出的规划到了县级根本无法执行。真正的权力下放，不仅要下放项目审批、实施和执行的权力，重点还是应该把项目资金的规划和使用权限下放，上面管着大盘子里的资金额度分配，而资金规划使用由县上来决定，这样才好。现在扶贫资金就是全部下放，实行"谁使用谁负责"的原则；以前是往上跑项目，花个两三年把项目跑下来了，等项目资金真正到位以后发现项目已经不适合当地的情况，无法执行下去了。现在扶贫资金这块还好，其他部门的很多项目规划和资金使用权限还是在省级，有的部门全部下放了，而有的部门还没有，就形成一个下放的和没下放的相互脱节的局面，对于我们县级来说就无法形成部门协调合作，县上也无法有效整合和协调统一资金的使用，经常出现的情况就是有的项目批下来了，有的没批下来，凡是没有真正批下来的资金对于县上来说就不能列入规划，如果列入规划一旦出现意外没有批下来就面临资金短缺的问题。在项目管理上，要办一些项目相关手续可以去省上，但是具体到项目资金的规划和用途，在上面的人不知道下面的痛处在哪里，人家明明是头疼但上面给开的却是医脚的药，这让下面很难处理。（访谈编码：20171101ZZRNO1）

第三节　系统：适应变异性

习近平在深度贫困地区脱贫攻坚座谈会上指出贫困村存在的普遍现象，"全国 12.8 万个建档立卡贫困村居住着 60% 的贫困人口，基础设施和公共服务严重滞后，村两委班子能力普遍不强，四分之三的村无合作经济组织，三分之二的村无集体经济，无人管事、无人干事、无钱办事现象突出"，^①并把深度贫困地区、贫困县、贫困村的致贫原因和贫困现象背后的共同点归为五个方面：一是集革命老区、民族地区、边疆地区于一体。深度贫困县中，有革命老区县 55 个、少数民族县 113 个。自然地理、经济社会、民族宗教、国防安全等问题交织在一起，加大了脱贫攻坚的复杂性和难度。二是基础设施和社会事业发展滞后。深度贫困地区生存条件比较恶劣，自然灾害多发，地理位置偏远，地广人稀，资源贫乏。西南缺土，西北缺水，青藏高原缺积温。这些地方的建设成本高，施工难度大，要实现基础设施和基本公共服务主要领域指标接近全国平均水平的难度很大。三是社会发育滞后，社会文明程度低。出于历史等方面的原因，许多深度贫困地区长期封闭，同外界脱节。有的民族地区，尽管解放后实现了社会制度跨越，但社会文明程度依然很低，人口出生率偏高，生病不就医、难就医、乱就医，很多人不学汉语、不识汉字、不懂普通话，大孩子辍学带小孩。有的地区文明法治意识淡薄，家族宗教势力影响大，不少贫困群众沿袭陈规陋习，有病不就医靠信教、搞法事，婚丧嫁娶讲排场、搞攀比，"一婚十年穷"。不少群众安于现状，脱贫内生动力严重不足。四是生态环境脆弱，自然灾害频发。深度贫困地区往往处于全国重要的生态功能区，生态保护同经济发展的矛盾比较突出。还有一些地方处在地质灾害频发地带，"十年一大灾、五年一中灾、年年有小灾"，实现脱贫和巩固脱贫成果都存在很大不确定性。五是经济发展滞后，人穷村也穷。很多深度贫困村发展产业欠基础、少条件、没项目，少有的产业项目结构单一、抗风险能力不足，对贫困户的带动作用有限。深度贫困县村均集体收入只有 8800 多元，同所有贫困县平均 5 万元相比，差距较大。并特别指出，需要特别关注因

---

^① 习近平：《在深度贫困地区脱贫攻坚座谈会上的讲话（2017 年 6 月 23 日）》，人民出版社，2017，第 6 页。

病致贫问题，"因病致贫、因病返贫不是个别现象，带有一定普遍性。"①

习近平讲话中指出的普遍现象和原因分析是全国贫困地区面临的共性，肃南县和赛鼎村的发展也在不同程度上面临如上困境和问题。例如 2015 年甘肃省县域竞争力综合评价结果显示，肃南县相较省内其他县域在宏观经济竞争力、产业发展竞争力、社会结构竞争力三大方面相对落后。② 但实践中，任何一个方面的问题都不是某个单独面向的问题，不同的问题和困境基于特定的时间和空间维度相互关联、相互作用，建构起一个地域化的发展系统，任何一方面问题的解决都需要一种系统性视角；而在当下的时空语境下，系统化的地方实践又不能仅仅限于地方性的视角，更需要超越地方，建构一种更为宏观的审视角度；换而言之，地方实践需要置于国家、全球发展和变化的场域。那么，在国家发展转型和全球气候变化的大背景下，地方实践的能动性是什么？我们认为，适应变异性尤其重要，即适应大背景的转型和变化；换而言之，地方实践需要根据国家的发展转型和全球变化例如气候变化等变异因素进行自我调适。

首先，适应民众向往美好生活的需求。"我们的人民热爱生活，期盼有更好的教育、更稳定的工作、更满意的收入、更可靠的社会保障、更高水平的医疗卫生服务、更舒适的居住条件、更优美的环境，期盼孩子们能成长得更好、工作得更好、生活得更好。人民对美好生活的向往，就是我们的奋斗目标。人世间的一切幸福都需要靠辛勤的劳动来创造。我们的责任，就是要团结带领全党全国各族人民，继续解放思想，坚持改革开放，不断解放和发展社会生产力，努力解决群众的生产生活困难，坚定不移走

---

① 习近平：《在深度贫困地区脱贫攻坚座谈会上的讲话（2017 年 6 月 23 日）》，人民出版社，2017，第 8~9 页。

② 朱智文、包东红、王建兵主编《甘肃蓝皮书：甘肃县域和农村发展报告（2017）》，社会科学文献出版社，2017，第 29~85 页。

共同富裕的道路。"[1] 随着禁牧等系列环保政策的实施，以及牧民的城镇化过程，从赛鼎村到肃南县都面临着如何让农牧民拥有美好生活的问题。

《甘肃蓝皮书》总结了四类因素与农业转移人口市民化存在正相关，某种程度上可作参考借鉴。一是经济增长、产业结构变化、失业率与农业转移人口市民化的影响呈正相关，经济增长率越高，越有利于农业转移人口市民化。二是受教育程度、住房、亲戚关系等个人因素与农业转移人口的城镇化呈正相关。三是制度因素与农业转移人口的城镇化呈正相关，农业转移人口市民化不仅要加快推进户籍制度改革，实现农业转移人口身份和职业的转变，更重要的是要在劳动就业、公共服务、社会保障、住房保障、城市融入、政治参与、民主权利等多个领域进行制度改革，全面推进农业转移人口市民化，使农业转移人口在公共服务、社会保障和政治权利等方面享受与城市居民同等的待遇，才能最终实现农业转移人口从传统乡村文明向现代化城市文明的整体转变。四是文化心理也是影响农业转移人口市民化的重要因素。很多人从观念上就抵触城市生活和城市文化。年轻人和年龄大的人相比，更能融入城市生活。有很多农业转移人口不愿意留在城市，说明经济因素、个人素质、社会制度、文化心理四个因素对农业转移人口市民化水平有着重要的影响。[2]

其次，适应生态变化。所谓生态系统中，人应是构成要素之一。故而讨论生态保护和草原保护，需要把人纳入考量范围。当然，与历史数据相比，肃南在草原面积减少的情况下（从1958年的328平方公里减少为2017年的261.7万亩），一方面人口大增，1958年肃南裕固族自治县前山草原地区各区乡基本情况调查结果显示，1958年"康乐乡有牧业社5个，无农业社、公私合营牧场、地方工业，户数 138 户，人口 680 人，劳动力人数 391 人"；[①] 而 2017 年的数据则是"康乐镇辖 13 个行政村、1 个农牧村社区，镇辖内有裕固、蒙古、藏、汉、土家、回、东乡 7 个民族，共 1324 户 3428 人"。仅赛鼎村，"现有户籍人口 121 户 348 人"。另一方面载畜量大增，1958 年肃南前山各区乡草原载畜量估算结果显示，康乐乡总计草原面积 328 平方公里，载畜量 32141 头（只）；[②] 而 2017 年数据显示，康乐镇可利用草原 261.7 万亩（其中禁牧草场 104.6 万亩、草畜平衡草场 157.1 万亩），2016 年末全镇存栏各类牲畜共计 11.14 万头（只）。

但是，长期生态历史实践的结果是，人、牲畜、草原已构建起一个整体性的生态系统，那么，以禁牧和生态搬迁为代表的生态保护政策在实施过程中就需要考虑从生态系统的整体性去考虑。一方面需要给这一生态系统中各要素以继续依存互动的空间，另一方面需要给其预留时间和空间以适应政策落实产生的变异性。以三江源为例，参与生态移民计划后生活成本的增加、因就业技能不足难以通过打工等方式获得经济收入和补偿标准偏低使移民的生活陷入贫困，是目前三江源移民在生态保护响应中遇到的最突出、最困难的问题；牧户由于长期依赖草地放牧的生活习惯，以及汉语言文化和非牧生计技能的欠缺，参与生态保护后产生的福利损失明显比其他保护计划中的农牧民福利损失严重，参与草地生态保护成为牧户生活贫困化的直接原因。[③]

> 禁牧方式对处于不同生态功能区的牧民来说，面临的情况不同。现在政府要求核心区的牧民全部搬出来，一次性给予补偿；处于缓冲区和试验区的牧民，要求以草定畜。我们

① 肃南县档案局：《肃南裕固族自治县人民委员会 1958 年省、地、县工作组关于肃南县前山地区草原调查报告（包括马蹄区、康乐区、金泉区、祁丰区）》。
② 肃南县档案局：《肃南裕固族自治县人民委员会 1958 年省、地、县工作组关于肃南县前山地区草原调查报告（包括马蹄区、康乐区、金泉区、祁丰区）》。
③ 李慧梅：《三江源草地生态保护中牧户的福利变化及补偿研究》，社会科学文献出版社，2017，第 192~193 页。

两个村都在核心区，生态保护之后核心区要变成无人区，国家想用祁连山国家公园把牧民养起来。今天（2017年10月31日）村里开社员大会又说让我们拆自家房子的事情，没人愿意拆自己家的房子，政府要拆就自己去拆，反正我们是不会拆的。当初那些房子修起来多不容易，现在说拆就拆，我们村地方偏得很，当初修房子的时候我们都是靠人背，把修房子的石头和土背进山的，祖先修下的房子让我们后辈来拆，谁愿意拆。让我们自己拆的意思就是到时候如果政策变了，他们还可以有借口开脱自己，说"你们的房子是你们自己拆的，我们可没有跑去拆你们的房子"。现在禁牧让我们把牲口全部卖了、住的房子全部拆了，春天的时候禁牧，到现在才八九个月的样子就要全部拆完，像我们之前因为娃子上学，在县上早买了楼房，还有人在街上也没有房子，一下子全部拆了让人家上哪儿去住呢？政府只管下命令让我们牧民搬出来，但是搬出来之后住到哪里，以后干什么去都没有安排。虽然有禁牧款，但是这个钱给得也很不公平，这个不公平是有历史原因的。当初大包干分草场的时候，不少人就没有草场，尤其是兄弟多的人家，几个兄弟成家后就要分家，分家后原先家里的草场就要分成几块，草场就这样越分越小。禁牧款有的人家每年能达到六七万元，但有的人家每年只能拿到几千块钱，比如我们村里有一家三兄弟和一家五兄弟的，如果靠这每年几千块钱的禁牧款，让人家怎么过？县上说是要每家解决一个就业岗位，当护草员或护林员，每年能有三万多元的收入，但是这种公益性的岗位说不定哪天就不行了，因为听说每年年底还要考核，考核不合格的话就走人。以后怎么办？老人老了，年轻人怎么办？禁牧后，牲畜要全部卖掉，连我们吃肉的牲口都不让留。裕固族是习惯吃肉的，很多老人现在连菜也不会吃；而且裕固族的文化就是大山里的文化，生活的大山都没有了，还谈什么文化保护。我们这儿的政府只知道执行上面的政策和命令，上面说什么就是什么，人家青海那边就不是这样。举个例子，我们肃南县不让本地人挖祁连山的石头，但是人家青海人跑到我们山里去拉石头，县上也不管，人家把石头拉走后卖了还在微信发"你们这块石头卖了50万"，你说气人不气人。反正我们怎么也是过不去了，真的是过不去了，实在不公平。今天有个村开社员大会，又是在动员村民尽快拆除各家的房子，但是牧民们都不同意拆除，说"政府要拆就自己去拆，我们自己是绝对不会拆自家房子的"，最后社员大会也没开下去，大家不欢而散了。(访谈编码：20171031GYHN01)

生态旅游或许可以成为村落发展适应生态变化的选择之一。《全国乡村旅游扶贫观测报告》对全国25个省区市111个建档立卡的试点贫困村的观测结果显示，推进乡村旅游扶贫工作带来了经济效益、社会效益、生态效益，乡村旅游正在成为农民就业的主要渠道、有效吸纳贫困人口就业的主要途径、农村贫困人口脱贫的重要力量、农民增收的重要增长点。2015年度的观测对象包括46532户174456人，其中贫困人口37869人；数据表明，贫困村观测点2015年度通过乡村旅游脱贫人数占脱贫总人数的30.5%，2015年全国建档立卡贫困村通过乡村旅游实现脱贫人口约264万人，占年度脱贫总人数的18.3%。报告发现，乡村旅游扶贫工作还存在思想认识不到位、政府管理不协调、政策支持明显滞后、市场主体作用发挥不够、人力资源匮乏等五大问题。在推动乡村旅游扶贫工作政策建议上，报告提出应该提高认识，完善工作机制；创新模式，发挥政府和市场两个作用；加大投入，增加政策供给精准性和有效性；加强指导，强化人才和智力支持等四条建议。[①]

———————————

① 《旅游局发布〈全国乡村旅游扶贫观测报告〉》，中央人民政府网，http://www.gov.cn/xinwen/2016-08/18/content_5100425.htm，2019年5月19日。

最后，适应气候变化和生物多样性减退。2019年1月23日，世界经济论坛在一份全球风险报告中表示，气候变化是地球面临的最大威胁。该机构对全球经济危机的年度分析将极端天气、自然灾害、人为环境灾害、生物多样性丧失和不适应气候变化视为社会的主要危险，并在其全球风险报告中表示，在全球面临的所有风险中，"与环境相关的风险正在让世界梦游般地走向灾难，气候不作为的后果越来越明显"。[①]

2019年2月，联合国粮农组织根据91个国家和27个国际组织提供的资料对世界各地与粮食和农业相关的生物多样性进行了评估。[②] 在最新发表的《世界与粮食农业相关的生物多样性现状》报告中，该组织指出，生物多样性的恶化正在威胁人类的粮食安全。报告称，生物多样性对粮食安全和可持续发展而言是不可或缺的。它提供许多重要的生态系统服务功能，如形成和保持健康的土壤、为植物授粉、防控害虫、调节水源供给、减少自然灾害等。联合国粮农组织认为，生物多样性可使（农业）生产更好地抵抗气候变化带来的冲击和压力，在增加粮食产量的同时控制（农业）对环境的不利影响，是一种关键性资源。生物多样性具有不可逆的特征，对人类粮食安全至关重要的物种一旦消失就再也无法恢复，因此报告称"与粮食和农业相关的生物多样性的下降使我们的粮食和环境的未来发展受到严重威胁"。综合175位科学家的研究和调查，联合国粮农组织得出的数据显示，在过去的20年里约有20%的地球植被表面生产力下降；目前全球63%的植物、11%的鸟类和5%的鱼类和真菌的数量正在减退，为世界3/4的农作物授粉的昆虫正受到威胁；除了蜜蜂以外，

① Anne C. Mulkern, Climate Forecast: World Is "Sleepwalking into Catastrophe", American Scientific E&E News on January 17, 2019. https://www.scientificamerican.com/article/climate-forecast-world-is-sleepwalking-into-catastrophe/?utm_source=newsletter&utm_medium=email&utm_campaign=weekly-review&utm_content=link&utm_term=2019-01-23_top-stories&spMailingID=58299973&spUserID=Mzg0MzEzNDIyNjUyS0&spJobID=1562967422&spReportId=MTU2Mjk2NzQyMgS2, May 15, 2019.

② 刘芳:《联合国最新报告: 全球生物多样性下降，严重威胁粮食生产》,《界面新闻》2019年2月22日。

17% 的脊椎动物传粉者，如蝙蝠和鸟类也面临灭绝的威胁；全球 1/3 的鱼群被过度捕捞，1/3 的淡水鱼种类面临灭绝；同时，在已知的 7000 多种牲畜种类中，26% 面临灭绝的风险，还有 67% 风险状况未知；目前所知的安全的牲畜种类仅占总数的 7%。另外，虽然目前世界上所生产的粮食总量高于人类历史上任何时期，但粮食种类的单一化趋势令科学家们感到不安。目前，全球栽培植物达到 6000 多种，但有九类粮食作物的产量占到了所有农作物总产量的 2/3，它们是甘蔗、玉米、水稻、小麦、土豆、大豆、油棕桐果实、甜菜和木薯；其余作物的数量正在衰减，野生食物来源也越来越难找。历史上，对范围狭窄的物种的过度依赖曾造成严重的粮食安全问题，例如 19 世纪 40 年代爱尔兰马铃薯枯萎病、20 世纪美国谷类作物歉收和 20 世纪 90 年代萨摩亚群岛芋头低产造成的饥荒，都给人类留下了阴影。

所谓适应性，实际上是一种能够及时采取有效措施应对发展过程中存在的各种变化，并通过自我调适与这些变化更好地共生共存的能力，甚至可以说，变化才是发展的本质。事实上，由于贫困问题的持久性，学界关于贫困的研究本身亦处于变化中。全新的时空语境下，全球贫困研究亦出现了一些新转向或新特征，或可作为中国贫困研究的参考：第一，致力于理解发现和再现贫困的全球语境过程中，大学生和青年专业人士如何面对和帮助"贫穷的其他人"成为关注点；第二，关注知识系统和贫困问题之间的冲突。国际学界认为，应对全球贫困需要新的干预方式和评估方式，贫困议题不再是被授权给社会工作或社会学调查的领域，它已成为工程实验室和整个微观经济田野实验的新时尚。一方面，从经济学到工程学，贫困问题正重塑权力学科和专业；另一方面，贫困的概念化也正在被这些学科及其世界观深刻定义；此外，主流的科学与经济学话语对贫困问题的再建构正在受到挑战。贫困的定义本身，众所周知，在当今语境下被政府、银行、发展实践者、发展经济学家和国际机构的创立者及其雇员所掌控，我们需要重视（以一种人类学家的视角）探索贫困的分析框架如何成为一种建构，不同于那些似乎注定贫困的人们的社会经验，这种建构也总是富有生产性并蕴含特有的制度与规则，且具有一系列实践性意义。第三，把贫困问题放置于发展的历史语境中去看，不论贫困还是发展，在追求经济增长的过程中这二者都是人类进步的意识形态工程。二战后，发展理念及其实践作为一项西方工程被强加给亚洲、非洲、拉丁美洲诸社会，这些社会被诊断为贫穷和落后，而发展被视为富裕和现代化"不容置疑的模式"，从西方社会移植到世界其他社会。新一代全球公民将成为新一代贫困专家，他们经历过志愿主义、慈善、援助倡导和人道主义参与考验后，将（或正在）生产出与众不同的贫困知识形式。[1]

联合国认为，经济增长必须具有包容性，才能提供可持续的就业并促进公平；需要实施社会保护制度，帮助灾害易发国家减轻灾害影响，并在面临巨大经济风险的时候提供帮助；该制度将有助于受灾人口加强应对灾害期间的意外经济损失，并最终有助于在最贫困地区消除极端贫困。[2]2019 年 3 月 5 日第十三届全国人民代表大会第二次会议上，国务院总理李克强做《政府工作报告》，回顾 2018 年工作成绩时总结，"三大攻坚战开局良好"，其中"精准脱贫有力推进，农村贫困人口减少 1386 万，易地扶贫搬迁 280 万人"[3]。并提出 2019 年将"对标全面建成小康社会任务，扎实推进脱贫攻坚和乡村振兴"，继续"打好脱贫攻坚战。重点解决实现'两不愁三保障'面临的突出问题，加大'三区三州'等深度贫困地区脱贫攻坚力度，落实对特殊贫困人口的保障措施。脱贫致富离不开产业支撑，要大力扶持贫困地区特色优势

---

[1] Ananya Roy, Genevieve Negrón-Gonzales and Kweku Opoku-Agyemang et al., *Encountering Poverty: Thinking and Acting in an Unequal World,* Oakland, California: University of California Press, 2016, pp.4–6.

[2] 《可持续发展目标 1：在全世界消除一切形式的贫困》，联合国官方网站，https://www.un.org/sustainabledevelopment/zh/poverty/，2019 年 3 月 22 日。

[3] 李克强：《政府工作报告（文字实录）》（根据直播整理，2019 年 3 月 5 日第十三届全国人民代表大会第二次会议），中国政府网，http://www.gov.cn/zhuanti/2019qglh/2019zfgbg dzs/2019zfgbgdzs.html，2019 年 3 月 14 日。

产业发展。开展贫困地区控辍保学专项行动，明显降低辍学率，继续增加重点高校专项招收农村和贫困地区学生人数，用好教育这个阻断贫困代际传递的治本之策。基本完成'十三五'易地扶贫搬迁规划建设任务，加强后续扶持，对摘帽县和脱贫人口的扶持政策要保持一段时间，巩固脱贫成果。完善考核监督，用好中央脱贫攻坚专项巡视成果。越是到脱贫攻坚的关键阶段，越要抓实抓细各项工作，确保脱贫有实效、可持续、经得起历史检验。抓好农业特别是粮食生产。近14亿中国人的饭碗，必须牢牢端在自己手上。要稳定粮食产量，新增高标准农田8000万亩以上。稳定生猪等畜禽生产，做好非洲猪瘟等疫病防控。加快农业科技改革创新，大力发展现代种业，实施地理标志农产品保护工程，推进农业全程机械化。培育家庭农场、农民合作社等新型经营主体，加强面向小农户的社会化服务，发展多种形式规模经营。支持返乡入乡创业创新，推动一二三产业融合发展。务工收入是农民增收的大头，要根治农民工欠薪问题，抓紧制定专门行政法规，确保付出辛劳和汗水的农民工按时拿到应有的报酬。扎实推进乡村建设、科学编制建设规划，大力改善生产生活条件，加快实施农村饮水安全巩固提升工程，今明两年要解决好饮水困难人口的饮水安全问题，提高6000万农村人口供水保障水平。完成新一轮农村电网升级改造。因地制宜开展农村人居环境整治，推进'厕所革命'、垃圾污水治理，建设美丽乡村。全面深化农村改革。推广农村土地征收、集体经营性建设用地入市、宅基地制度改革试点成果。深化集体产权、林权、国有林区林场、农垦、供销社等改革。改革完善农业支持保护体系，健全粮食价格市场化形成机制，扩大政策性农业保险改革试点。持续深化农村改革，广袤乡村必将焕发新的生机活力"。通过这些从国家到地方的各项行动措施，"坚持农业农村优先发展，加强脱贫攻坚和乡村振兴统筹衔接，确保如期实现脱贫攻坚目标、农民生活达到全面小康水平"。

附　录

精准扶贫精准脱贫百村调研　　　　问卷编码＿＿＿＿＿＿

行政村调查问卷
（调查年度：2016 年）

省（区、市）			
县（市、区）			
乡（镇）			
行政村			
村干部姓名	书记	主任	
受访者姓名／职务			
联系电话			
贫困村类型	□贫困村（□省定　□省以下）□已脱贫村 □非贫困村		
民族类型	□非少数民族聚居村 □少数民族聚居村（填民族代码＿＿＿＿）		
调查日期	＿＿＿＿年＿＿＿月＿＿＿日，星期＿＿＿＿		
调查员姓名			
检查员姓名			

中国社会科学院"扶贫百村调研"总课题组

2016 年

调查说明

中国社会科学院是中国哲学社会科学研究的最高学术机构和综合研究中心，研究成果对政府政策的制定与执行有着重要影响。中国社会科学院国情调研是国家财政全额拨款支持的大型调研项目，通过调查全面翔实地掌握经济社会运行状况，推动研究深入发展，以更好地完成政府智囊团作用。"扶贫百村调研"是在国情调研总体框架下展开的特大国情调研项目，服务中央精准脱贫大局，为进一步的精准脱贫事业提供经验和政策借鉴。

调查获得的所有资料仅用于学术研究，不做任何商业应用，不以任何形式传播个人信息和隐私，特此申明。

A 自然地理

A1 地貌（①平原 ②丘陵 ③山区 ④高原 ⑤盆地）		A6 距乡镇的距离（公里）	
A2 村域面积（平方公里）		A7 距最近的车站码头的距离（公里）	
A3 自然村（寨）数（个）		A8 是否经历过行政村合并（①是 ②否→B1）	
A4 村民组数（个）		a. 哪一年合并（年份，4 位）	
A5 距县城或城市距离（公里）		b. 由几个行政村合并而成（个）	

B 人口就业

B1 总户数（户）		B3 常住人口数（人）	
a. 建档立卡贫困户数		B4 劳动力数（人）	
b. 实际贫困户数		B5 外出半年以上劳动力数（人）	
c. 低保户数		a. 举家外出户数（户）	
d. 五保户数		b. 举家外出人口数（人）	
e. 少数民族户数		B6 外出半年以内劳动力数（人）	
f. 外来人口户数		B7 外出到省外劳动力数（人）	
B2 总人口数（人）		B8 外出到省内县外劳动力数（人）	
a. 建档立卡贫困人口数		B9 外出人员从事主要行业（行业代码，前 3 项）	
b. 实际贫困人口数		B10 外出务工人员中途返乡人数（人）	
c. 低保人口数		B11 定期回家务农的外出劳动力数（人）	
d. 五保人口数		B12 初中毕业未升学的新成长劳动力数（人）	
e. 少数民族人口数		B13 高中毕业未升学的新成长劳动力数（人）	
f. 外来人口数		B14 参加"雨露计划"人数（人）	
g. 文盲、半文盲人口数		a. 参加雨露计划"两后生"培训人数（人）	
h. 残疾人口数			×

C 土地资源及利用

C1 耕地面积（亩）	a. 土地调整面积
a. 有效灌溉面积	C10 2016年底土地确权登记发证面积（亩）
C2 园地面积（亩，桑园果园茶园等）	C11 全年国家征用耕地面积（亩）
C3 林地面积（亩）	C12 农户对外流转耕地面积（亩）
a. 退耕还林面积	C13 农户对外流山林地面积（亩）
C4 牧草地面积（亩）	C14 参与耕地林地等流转农户数（户）
C5 畜禽饲养地面积（亩）	C15 村集体对外出租地面积（亩）
C6 养殖水面（亩）	C16 村集体对外出租山林地面积（亩）
C7 农用地中属于农户自留地的面积（亩）	C17 本村土地流转平均租金（元/亩）
C8 未发包集体耕地面积（亩）	C18 本村林地流转平均租金（元/亩）
C9 第二轮土地承包期内土地调整次数（次）	C19 全村闲置抛荒耕地面积（亩）

抛荒原因代码：①没有劳动力 ②劳动力外出 ③产出太低 ④成本太高 ⑤其他

D 经济发展

（一）经营主体与集体企业

D11 村农民年人均纯收入（元）	D19 其他企业数（个）
D12 农民合作社数（个）	D110 企业中，集体企业数（个）
D13 家庭农场数（个）	a. 资产估价（万元）
D14 专业大户数（个）	b. 负债（万元）
D15 农业企业数（个）	c. 从业人员数（人）
D16 加工制造企业数（个）	d. 吸纳本村从业人数（人）
a. 主要行业（制造业分类代码，前3项）	e. 主要行业（行业代码，前3项）
D17 餐饮企业数（个）	D111 集体企业经营收入（万元）
D18 批发零售、超市、小卖部数（个）	D112 集体企业经营利润（万元）

收入来源代码：①务农 ②本地务工 ③外出务工 ④非农经营 ⑤其他（注明）

（二）农民合作社

	名称	领办人（代码）	成立时间（年月）	成立时社员户数	目前社员户数	业务范围	总资产（万元）	总销售额（万元）	分红额（万元）
D21									
D22									
D23									
D24									
D25									

领办人代码：①村集体 ②村干部 ③村干部以外的农户 ④外来公司 ⑤其他（注明）

（三）农业生产

	主要种植作物	种植面积（亩）	单产（公斤/亩）	市场均价（元/公斤）	耕作起止月份
D31					
D32					
D33					
	主要养殖畜禽	出栏量（头/只）	平均毛重（公斤/头）	市场均价（元/公斤）	✕
D34					✕
D35					✕
D36					✕

E 社区设施和公共服务

（一）道路交通

E11 通村道路主要类型（①硬化路（水泥、柏油）③沙石路（泥土路 ④其他）	a. 未硬化路段长度（公里）
	E14 村内通组道路长度（公里）
E12 通村道路路面宽度（米）	a. 未硬化路段长度（公里）
E13 通村道路长度（公里）	E15 村内是否有可用路灯（①是 ②否）

（二）电视通信

E21 村内是否有有线广播（①有 ②无）	E25 使用卫星电视户数（户）
E22 村委会是否有联网电脑（①有 ②无）	E26 家中没有电视机户数（户）
E23 家中有电脑的户数（户）	E27 家中未通电话也无手机户数（户）
a. 联网电脑户数（户）	E28 使用智能手机人数（人）
E24 使用有线电视户数（户）	E29 手机信号覆盖范围（%）

（三）妇幼、医疗保健

E31 全村卫生室数（个）	E35 当年 0—5 岁儿童死亡人数（人）
a. 若无，最近的卫生室、医院的距离（公里）	E36 当年孕产妇死亡人数（人）
E32 药店（铺）数（个）	E37 当年自杀人数（人）
E33 全村医生人数（人）	E38 当前身患大病人数（人）
a. 其中有行医资格证书人数（人）	E39 村内敬老院个数（个）
E34 全村接生员人数（人）	a. 在村内敬老院居住老年人数（人）
a. 其中有行医资格证书（人）	b. 在村外敬老院居住老年人数（人）

（四）生活设施

E41 已通民用电户数（户）	a1. 自来水单价（元/吨）
a. 民用电单价（元/度）	a2. 使用净化处理自来水户数（户）
b. 当年停电次数（次）	b. 江河湖泊水（%）

E42 村内垃圾池数量（个）	c. 雨水／窖水（％）	
E43 村内垃圾箱数量（个）	d. 受保护的井水或泉水（％）	
E44 集中处置垃圾所占比例（％）	e. 不受保护的井水或泉水（％）	
E45 户用沼气池数量（个）	E47 自来水之外的管道供水户数（户）	
E46 饮用水源比例：	E48 水窖数量（个）	
a. 集中供应自来水（％）	E49 饮水困难户数（户）	

（五）居民住房情况

E51 户均宅基地面积（平方米）	E56 危房户数（户）	
E52 违规占用宅基地建房户数（户）	E57 空置一年或更久宅院数（户）	
E53 楼房所占比例（％）	E58 房屋出租户数（户）	
E54 砖瓦房、钢筋水泥房所占比例（％）	a. 月均房租（如有，按 10 平方米折算，元）	
E55 竹草土坯房户数（户）		

（六）社会保障

E61 参加新型合作医疗户数（户）	E64 五保供养人数（人）	
a. 参加新型合作医疗人数（人）	a. 集中供养人数	
b. 新型合作医疗缴费标准（元／年人）	b. 集中与分散供养相结合五保人数	
E62 参加社会养老保险户数（户）	c. 五保供养村集体出资金额（元）	
a. 参加社会养老保险人数（人）	E65 当年全村获得国家救助总额（万元）	
E63 低保人数（人）	E66 村集体帮助困难户年出资额（元）	

（七）农田水利

E71 近年平均年降水量（毫米）	E75 机电井数量（个）	
E72 主要灌溉水源（①地表水 ②地下水 ③雨水）	E76 生产用集雨窖数量（个）	
E73 正常年景下水源是否有保障（①是 ②否）	E77 水渠长度（米）	
E74 排灌站数量（个）		

F 村庄治理与基层民主
（一）村庄治理结构

F11 全村中共党员数量（人）	F17 村民代表人数（人）	
a. 50 岁以上党员数（人）	a. 其中属于村"两委"人数（人）	
b. 高中及以上文化党员数（人）	F18 是否有村务监督委员会（①是 ②否→ F19）	
F12 是否有党员代表会议（①是 ②否→ F13）	a. 监督委员会人数（人）	
a. 党员代表人数（人）	b. 属于村"两委"人数（人）	
b. 属于村"两委"人数（人）	c. 属于村民代表人数（人）	
F13 党小组数量（个）	F19 是否有民主理财小组（①是 ②否→ F211）	
F14 村支部支委会人数（人）	a. 民主理财小组人数（人）	
F15 村民委员会人数（人）	b. 属于村"两委"人数（人）	
F16 村"两委"交叉任职人数（人）	c. 属于村民代表人数（人）	

（二）村"两委"（先填党支部，后填村委会。按照书记、副书记、委员等顺序填写。注意填写代码。）

	职务	姓名	性别	年龄	文化程度	党龄	交叉任职	工资（元）	任职届数	任职前身份
F211										
F212										
F213										
F214										
F215										
F221							✕	✕			
F222							✕	✕			
F223							✕	✕			
F224							✕	✕			
F225							✕	✕			

职务代码：①支部书记 ②副书记 ③支部委员 ④村委会主任 ⑤副主任 ⑥村委会委员 ⑦委员兼妇女主任 性别代码：①男 ②女 交叉任职：填写党支部干部所交叉担任的村委会职务代码 文化程度选项：①文盲 ②小学 ③初中 ④高中或中专 ⑤大专以上 任职前身份：如是村干部，填写村干部职务代码；如果不是村干部，写明身份。

（三）最近两届村委会选举情况

	年份	有选举权人数	实际参选人数	村主任得票数	是否设有秘密划票间	书记与主任是否一肩挑	是否搞大会唱票选举	投票是否发钱发物	是否流动投票
F31									
F32									

是否选项：①是 ②否

G 教育、科技、文化
（一）学前教育（2016~2017 学年度，下同）

G11 本村 3~5 周岁儿童人数（人）		b. 幼儿园在园人数（人）	
G12 当前 3~5 周岁儿童不在学人数		c. 幼儿园收费标准（元/月）	
G13 本村幼儿园、托儿所数量（个）		G14 学前班在学人数（人）	
a. 其中，公立园数量（个）		a. 学前班收费标准（元/月）	

（二）小学阶段教育

G21 本村小学阶段适龄儿童人数（人）		b. 住校生人数	
a. 其中女生数		G24 在县市小学上学人数	
G22 在本村小学上学人数		a. 其中女生数	
a. 其中女生数		G25 去外地上学人数	
b. 住校生人数		a. 其中女生数	
G23 在乡镇小学上学人数		G26 失学辍学人数	
a. 其中女生数		a. 其中女生数	

（三）初中阶段教育

G31 乡镇中学离本村距离（公里）		G34 在县城中学上学人数	
G32 在乡镇中学上学人数		a. 其中女生数	
a. 其中女生数		G35 去外地上学人数	
b. 住校生人数		a. 其中女生数	
G33 中学是否提供午餐（①是 ②否→G34）		G36 失学辍学人数	
a. 是否免费或有补助（①免费 ②补助 ③无）		a. 其中女生数	

（四）村小学情况

G41 本村是否有小学（①是 ②否→G49）		c. 高中或中专	
G42 最高教学年级为		G46 校舍是否独立使用（①是 ②否）	
G43 在校生数（人）		a. 校舍建成时间（年）	
G44 公办教师人数（人）		b. 校舍建筑面积（平方米）	
a. 本科		G47 是否提供午餐（①是 ②否→G48）	
b. 大专		a. 午餐标准（元/顿）	
c. 高中或中专		b. 是否有补助（①免费 ②部分补助 ③无）	
G45 非公办教师人数（人）		G48 是否配有联网电脑（①是 ②否→G51）	
a. 本科		G49 如无小学，原小学哪年撤销	
b. 大专		G410 最近小学离本村距离（公里）	

（五）科技与文化

G51 是否有农民文化技术学校（①是 ②否）		G58 棋牌活动场所（个）	
G52 村内举办农业技术讲座次数（次）		G59 社团（老年协会、秧歌队等）个数（个）	
G53 村民参加农业技术培训人次		G510 村民最主要宗教信仰（单选，代码1）	
G54 获得县以上证书农业技术人员数量（人）		G511 具有各种宗教信仰群众数量（人）	
G55 村民参加职业技术培训人次		G512 是否有教堂、寺庙等宗教活动场所（①是 ②否→H11）	
G56 图书室、文化站个数（个）			
a. 如有，活动场地面积（平方米）		a. 建设与维护费用主要来源（①群众集资 ②收费 ③社会捐助 ④其它）	
b. 藏书数量（册）			
c. 月均使用人数（人次）		b. 多久举行一次活动（代码2）	
G57 体育健身场所（个）		c. 平均每次活动参加人数（人）	

代码1（宗教信仰）：①无 ②佛教 ③道教 ④伊斯兰教 ⑤基督教 ⑥天主教 ⑦喇嘛教 ⑧其他宗教

代码2（活动频率）：①每天 ②每周 ③每月 ④一个月以上

H 社会稳定情况

H11 打架斗殴事件（件）		H14 判刑人数	
H12 偷盗事件（件）		H15 接受治安处罚人次	
H13 抢劫事件（件）		H16 上访人次	

I 村集体财务
（一）集体财务收支（元）

村财务收入		村财务支出	
I11 上级补助		I114 村干部工资	
I12 村集体企业上交		I115 组干部工资	
I13 发包机动地收入		I116 水电等办公费	
I14 发包荒山、坡地收入		I117 订报刊费	
I15 发包林地收入		I118 招待费	
I16 发包水面收入		I119 困难户补助费	
I17 店面厂房等租金		I120 修建学校	
I18 修建学校集资		I121 修建道路	
I19 修建道路集资		I122 修建水利	
I110 修建水利集资		I123 垫交费用	
I111 社会抚养费（返还）		I124 偿还债务及利息支付	
I112 其他收入 1（注明）		I125 其他支出 1（注明）	
I113 其他收入 2（注明）		I126 其他支出 2（注明）	

（二）集体债权债务（元）

集体债权		集体负债	
I21 村组干部欠		I26 欠村组干部	
I22 农户欠		I27 欠农户	
I23 商户欠		I28 欠商户	
I24 上级政府欠		I29 欠上级政府	
I25 其他人欠（注明）		I210 欠银行	
	×	I211 欠教师	
	×	I212 欠其他人（注明）	

（三）集体资产

I31 办公楼等设施的建筑面积（平方米）		I33 未承包到户的集体山场面积（亩）	
I32 未承包到户的集体耕地面积（亩）		I34 其他集体资产（注明）	

J 公共建设与农民集资

（一）公共建设（2015 年以来）

项目名称（单位）	数量	建设开始时间（年月）	建设完成时间（年月）	投资额（万元）		
				农民集资	集体出资	上级拨款
J11 学校（平方米）						
J12 村办公场所（平方米）						
J13 卫生室（平方米）						
J14 文化体育设施（处）						
J15 其他项目（注明）						

（二）"一事一议"筹资筹劳开展情况（2015 年以来）

	事项内容（代码1）	通过方式（代码2）	建设开始时间（年月）	建设完成时间（年月）	出资出劳户数（户）	户均筹劳数量（个）	户均筹资金额（元）	政府补助（元）	
								补助现金	物资折合
J21									
J22									
J23									
J24									

代码 1：①村内小型农田水利基本建设 ②道路修建 ③植树造林 ④其它集体生产生活及公益事业项目

代码 2：①村民会议或村民代表会议讨论②党支部或村委会决定③其他

K 建档立卡贫困人口

	2014 年	2015 年	2016 年
K1 贫困户数（户）			
K2 贫困人口数（人）			
a. 因病致贫人口			
b. 因学致贫人口			
c. 因缺劳力致贫人口			
K3 调出贫困户数（调整为非贫困户）	×		
a. 调出贫困人口数	×		
K4 调入贫困户数（调整为贫困户）	×		
a. 调入贫困人口数	×		
K5 脱贫户数			
K6 脱贫人口数			
a. 发展生产脱贫			
b. 转移就业脱贫			
c. 易地搬迁脱贫			
d. 生态补偿脱贫			
e. 社保兜底脱贫			

L1 发展干预（2015 年）

	建设项目	单位	数量	受益户数（户）	总投资（万元）	财政专项扶贫资金	行业部门资金	社会帮扶资金	信贷资金	群众自筹资金	其他资金
L11 村级道路	新建通村沥青（水泥）路	公里		×							
	新建村内道路	公里									
L12 农田水利	小型水利建设	处									
	基本农田建设及改造	亩									
L13 饮水安全	新建自来水入户	户		×							
	新建蓄水池（管）	个									
	新建村级自来水厂	座									
L14 电力保障	新增农村电网改造	处									
	解决无电户	户		×							
L15 居住改善	危房改造	户		×							
	人居环境改善	户		×							
L16 特色产业	培育特色产业项目	个									
	培育合作社	个									
L17 乡村旅游	新扶持农家乐户数	户		×							
L18 卫生计生	参加卫生计生技术培训	人次		×							
L19 文化建设	广播电视入户	户		×							
	村文化活动室	个		×							
L110 信息化	宽带入户	户		×							
	手机信号覆盖范围	%		×	×	×	×	×	×	×	×
L111 易地搬迁	易地搬迁（迁出）	户		×							
	易地搬迁（迁入）	户		×							

附 录

L2 发展干预（2016 年）

建设项目		单位	数量	受益户数（户）	总投资（万元）	投资构成（万元）					
						财政专项扶贫资金	行业部门资金	社会帮扶资金	信贷资金	群众自筹资金	其他资金
L21 村级道路	新建通村沥青（水泥）路	公里									
	新建村内道路	公里									
L22 农田水利	小型水利工程	处									
	基本农田建设及改造	亩									
L23 饮水安全	新建自来水入户	户		×							
	新建蓄水池（管）	个									
	新建村级自来水厂	座									
L24 电力保障	新增农村电网改造	处									
	解决无电户	户									
L25 居住改善	危房改造	户		×							
	人居环境改善	户		×							
L26 特色产业	培育特色产业项目	个									
	培育合作社	个									
L27 乡村旅游	新扶持农家乐户数	户		×							
L28 卫生计生	参加卫生计生技术培训	人次		×							
L29 文化建设	有线电视入户	户		×							
	新建村文化活动室	个		×							
L210 信息化	宽带入户	户		×							
	手机信号覆盖范围	%		×	×	×	×	×	×	×	×
L211 易地搬迁	易地搬迁（迁出）	户		×							
	易地搬迁（迁入）	户		×							

村问卷附表（主要问村干部）：
M 第一书记和扶贫工作队

M11 本村现在是否派驻有第一书记（①有 ②以前有、现在没有→M12 ③没有→M12）	
M12 第一书记什么时间派驻（年月 /6 位）	
M13 第一书记姓名	
M14 第一书记性别（①男 ②女）	
M15 第一书记出生年份（四位数年份）	
M16 第一书记学历（①初中及以下 ②高中或中专 ③大专 ④大学本科 ⑤研究生）	
M17 第一书记来自（①中央单位 ②省级单位 ③市级单位 ④县级单位 ⑤乡镇 ⑥其它（请注明））	
M18 第一书记单位属性（①党政机关 ②事业单位 ③企业 ④其它）	
M19 第一书记最近半年在村工作多少天（含因公出差）（天）	
M110 第一书记最近半年在村居住多少天（天）	
M111 第一书记最近半年在乡镇住多少天（天）	
M112 第一书记作为帮扶责任人联系多少贫困户（户）	
M113 第一书记到过贫困户家的数量（户）	
M114 第一书记做了哪些工作（可多选）[①重新识别贫困户 ②诊断致贫原因 ③引进资金 ④引进项目 ⑤帮助贫困户制定脱贫计划 ⑥帮助落实帮扶措施 ⑦参与脱贫考核 ⑧接待、处理群众上访 ⑨其他（注明）]	
M115 2016 年对第一书记考核结果等级（0= 未考核 ①优秀 ②合格（称职）③基本合格（基本称职）④ 不合格（不称职）	
M116 村两委对第一书记工作满意程度（①非常满意 ②满意 ③一般 ④不满意 ⑤非常不满意）	
M21 你村是否派驻有扶贫工作队（①有 ②以前有、现在没有→结束 ③没有→结束）	
M22 工作队什么时间派驻（年月 /6 位）	
M23 工作队有几名成员（人）	
M24 工作队成员来自（可多选）（选项同 M17）	
M25 工作队员最近半年平均在村工作多少天（含因公出差）（天）	
M26 工作队员最近半年在村平均住了多少天（天）	
M27 工作队员最近半年平均在乡镇平均住了多少天（天）	
M28 工作队员作为帮扶责任人共联系多少贫困户（户）	
M29 工作队员到过贫困户家的数量（户）	
M210 工作队员做了哪些工作（可多选）（选项同 M114）	
M211 2016 年对工作队员考核结果不称职（不合格）的人数	
M212 村委会对工作队员工作满意程度（①都满意 ②部分满意 ③一般 ④都不满意）	
M213 工作队长是否是第一书记（①是→结束 ②否）	
M214 工作队长姓名	
M215 工作队长性别（①男 ②女）	
M216 工作队长出生年份（四位数年份）	
M217 工作队长学历（①初中及以下 ②高中或中专 ③大专 ④大学本科 ⑤研究生）	
M218 工作队长来自（①中央单位 ②省级单位 ③市级单位 ④县级单位 ⑤乡镇 ⑥其它（请注明））	
M219 工作队长单位属性（①党政机关 ②事业单位 ③企业 ④其他）	

国民经济行业分类代码表:

1	农、林、牧、渔业	8	住宿和餐饮业	15	居民服务、修理和其他服务业
2	采矿业	9	信息传输、软件和信息技术服务业	16	教育
3	制造业	10	金融业	17	卫生和社会工作
4	电力、热力、燃气及水的生产和供应业	11	房地产业	18	文化、体育和娱乐业
5	建筑业	12	租赁和商务服务业	19	公共管理、社会保障和社会组织
6	批发和零售业	13	科学研究和技术服务业	20	国际组织
7	交通运输、仓储和邮政业	14	水利、环境和公共设施管理业		

制造业二级分类代码表:

1	农副食品加工业	5	纺织业	9	家具制造业
2	食品制造业	6	纺织服装、服饰业	10	造纸和纸制品业
3	酒、饮料和精制茶制造业	7	皮革、毛皮、羽毛及其制品和制鞋业	11	其它制造业:印刷和记录媒介复制、文教、工美、体育和娱乐用品制造、石油加工、化学原料和化学制品制造、医药制造…
4	烟草制品业	8	木材加工和木、竹、藤、棕、草制品业		

民族代码表:

1	汉族	21	佤族	41	塔吉克族
2	蒙古族	22	畲族	42	怒族
3	回族	23	高山族	43	乌孜别克族
4	藏族	24	拉祜族	44	俄罗斯族
5	维吾尔族	25	水族	45	鄂温克族
6	苗族	26	东乡族	46	崩龙族
7	彝族	27	纳西族	47	保安族
8	壮族	28	景颇族	48	裕固族
9	布依族	29	柯尔克孜族	49	京族
10	朝鲜族	30	土族	50	塔塔尔族
11	满族	31	达斡尔族	51	独龙族
12	侗族	32	仫佬族	52	鄂伦春族
13	瑶族	33	羌族	53	赫哲族
14	白族	34	布朗族	54	门巴族
15	土家族	35	撒拉族	55	珞巴族
16	哈尼族	36	毛难族	56	基诺族
17	哈萨克族	37	仡佬族	97	其他
18	傣族	38	锡伯族	98	外国血统中国籍人士
19	黎族	39	阿昌族		
20	傈僳族	40	普米族		

调查提示:

1. 村问卷内容较多,可分多次完成;也可请村干部预先填写,但是一定要当面逐项检查核实。

2. 涉及的专业信息,例如学校、教育等信息,建议通过村委向相关部门联系调研。

3. 调查结束前,请调查员检查一遍问卷,并感谢受访者的配合。

附录二 精准扶贫精准脱贫百村调研住户调查问卷

精准扶贫精准脱贫百村调研　　　　问卷编码_____

住户调查问卷
（调查年度：2016 年）

		编码
省（区、市）		×
县（市、区）		
乡（镇）		×
行政村		
户主姓名		
受访者姓名		
联系电话		×
住户类型	□建档立卡户（□一般贫困户 □低保户 □低保贫困户 □五保户 □脱贫户）□非建档立卡户（□非贫困户 □建档立卡调出户）	
调查日期	_____年_____月_____日，星期_____	
开始时间	_____占_____分	
调查员姓名		
检查员姓名		

中国社会科学院"扶贫百村调研"总课题组

2016 年

调查说明

中国社会科学院是中国哲学社会科学研究的最高学术机构和综合研究中心，研究成果对政府政策的制定与执行有着重要影响。中国社会科学院国情调研是国家财政全额拨款支持的大型调研项目，通过调查全面翔实地掌握经济社会运行状况，推动研究深入发展，以更好地完成政府智囊团作用。"扶贫百村调研"是在国情调研总体框架下展开的特大调研项目，服务中央精准脱贫大局，为打赢脱贫攻坚战提供经验和政策借鉴。

调查获得的所有资料仅用于学术研究，不做任何商业应用，不以任何形式传播个人信息和隐私，特此申明。

A 家庭成员

A1 成员代码		1 户主	2	3	4	5	6	7
A2 姓名	（请填写清楚）							
A3 性别	①男 ②女							
A4 出生年月	公历，填具体年月（如 197001）							
A5 与户主关系	①户主 ②配偶 ③子女 ④儿媳／女婿 ⑤孙子女 ⑥外孙子女 ⑦父母③岳父母 ⑨公公婆婆 ⑩祖父母外祖父母 兄弟姐妹　其他	①						
A6 民族	填写民族代码							
A7 文化程度	①文盲②小学③初中④高中⑤中专（职高技校）⑥大专及以上							
A8 婚姻状况	①已婚②未婚③离异④丧偶⑤同居							
A9 主要社会身份	①村干部 ②离退休干部职工 ③教师医生 ④村民代表⑤普通农民 ⑥其他							
A10 在校生状况	①非在校②学前教育③小学④初中⑤高中⑥中职／高职⑦大专及以上							
A11 当前健康状况	①健康 ②长期慢性病 ③患有大病 ④残疾							
A12 2016 年参加体检	①是 ②否							
A13 劳动、自理能力	①普通全劳动力 ②技能劳动力 ③部分丧失劳动能力④无劳动能力但有自理能力 ⑤无自理能力 ⑥不适用（在校学生或不满 16 周岁）							
A14 在家时间	①3 个月以下②3-6 个月③6-12 个月							
A15 务工状况	①乡镇内务工②乡镇外县内务工③县外省内务工④省外务工⑤其他（包括在家务农、学生、军人等情况）							

A1 成员代码		1 户主	2	3	4	5	6	7
A16 务工时间	①3个月以下②3~6个月③6~12个月④无							
A17 务工收入主要带回家	①是②否							
A18 医疗保障（多选）	①新农合②城镇居民医保③职工医保④商业保险⑤均无							
A19 养老保障（多选）	①城乡居民基本养老保险②城镇职工基本养老保险③商业养老保险④退休金⑤均无							
A20 户籍类型	①农业户②非农业户③居民户④其他（注明）							
A21 户口是否在本户	①是②否							
A22 是否本户常住人口	①是②否（根据A14和A17判断）							

B 住房条件

（一）住房满意度及拥有情况

B11 对当前住房状况的满意程度	①非常满意②比较满意③一般④不太满意⑤很不满意
B12 你家拥有几处住房	指自有住房

（二）当前居住住房情况（仅填当前居住的住房，包括院子，但不包括畜禽圈舍和大棚）

B21 住房来源	①自有②租用（→B24）③借用/寄居（→B25）④其他（注明）（→B25）
B22 如为自有，哪一年建造或购买	年份，四位数
B23 建造或购买花多少钱（→B25）	（万元）
B24 如为租房，租房月租金	（元）
B25 是否与别人共用这处住房	①独立②共用
a. 如果共用，你的家庭占用比例	（%）
B26 住房类型	①平房②楼房
a. 住房状况	①状况一般或良好②政府认定危房③没有认定，但属于危房
B27 住房的建筑材料	①竹草土坯②砖瓦砖木③砖混材料④钢筋混凝土⑤其他（注明）
B28 建筑面积	（平方米）
B29 最主要的取暖设施（单选）	①无②炕③炉子④土暖气⑤电暖气⑥空调⑦市政暖气⑧其他
B210 是否有沐浴设施	①无②电热水器③太阳能④空气能⑤燃气⑥其他
B211 是否有互联网宽带	①是②否
B212 离最近硬化公路的距离	（米）
B213 入户路类型	①泥土路②哇石路③水泥或柏油路

B214 最主要饮用水源（单选）	①经过净化处理的自来水 ②受保护的井水和泉水 ③不受保护的井水 和泉水 ④江河湖泊水 ⑤收集雨水 ⑥桶装水 ⑦其他水源
B215 是否有管道供水	①管道供水入户 ②管道供水至公共取水占 ③没有管道设施
B216 是否存在饮水困难（可多选）	①单次取水往返时间超过半小时 ②间断或定时供水 ③当年连续缺水 时间超过15天④无上述困难
B217 最主要炊事用能源（单选）	①柴草 ②煤炭 ③罐装液化石油气 ④管道液化石油气 ⑤管道煤气 ⑥管道天然气 ⑦电 ⑧燃料用油 ⑨沼气 ⑩其他、无炊事行为
B218 厕所类型	①传统旱厕 ②卫生厕所 ③没有厕所 ④其它
B219 生活垃圾处理	①送到垃圾池等②定占堆放③随意丢弃④其他
B220 生活污水排放	①管道排放 ②排到家里渗井 ③院外沟渠 ④随意排放 ⑤其他

（三）其他自有住房情况（如无→C表）

	代码／单位	第2处	第3处
B31 住宅的建筑材料	①草房 ②土瓦房 ③砖房 ④砖混 ⑤钢混 ⑥其他		
B32 建筑面积	（平方米）		
B33 哪一年建造或购买	年份，四位数		
B34 建造或购买这所房子花了多少钱	（万元）		

C 生活状况
（一）收入与支出

C11 2016 年家庭纯收入（依据分项推算）		
a. 工资性收入	（元）	
b. 农业经营收入	（元）	
b1. 农业经营支出	（元）	
c. 非农业经营收入	（元）	
c1. 非农业经营支出	（元）	
d. 财产性收入	（元）	
e1. 瞻养性收入	（元）	
e2. 低保金收入	（元）	
e3. 养老金、离退休金收入	（元）	
e4. 报销医疗费	（元）	
e5. 礼金收入	（元）	
e6. 补贴性收入（救济、农业及其它）	（元）	
C12 你觉得你们家 2016 年收入怎么样	①非常高 ②较高 ③一般 ④较低 ⑤非常低	
C13 你对你家的家庭收入满意吗?	①非常满意 ②比较满意 ③一般 ④不太满意 ⑤很不满意	
C14 2016 年家庭生活消费总支出（推算）	（元）	

a. 食品支出	（元）	
b. 报销后医疗总支出	（元）	
c. 教育总支出	（元）	
d. 养老保险费	（元）	
e. 合作医疗保险费	（元）	
f. 礼金支出	（元）	

（二）家庭财产状况

a. 彩色电视机	g. 手机	l. 拖拉机
b. 空调	h. 联网的智能手机	m. 耕作机械
c. 洗衣机	i. 摩托车 / 电动自行车（三轮车）	n. 播种机
d. 电冰箱或冰柜	j. 轿车 / 面包车	0. 收割机
e. 电脑	k. 卡车 / 中巴车 / 大客车	p. 其他农业机械设施
f. 固定电话	×	×

C21 家庭耐用消费品 / 农机 / 农业设施拥有数量（当前仍在使用的，不包括已经废弃的）
C22 去年底家庭存款（包括借出的钱）：　　　　（元）
C23 去年底家庭贷款（包括借入的钱）：　　　　（元）

	第1笔	第2笔	第3笔	第4笔	第5笔	第6笔
a. 借贷主体（代码1）						
b. 金额（元）						
c. 主要用途（代码2）						
d. 借贷期限（月）						
e. 月利率（厘）						
f. 贷款利率贴息率（%）						

代码1（借贷主体）：①信用社②银行③私人④社区发展基金⑤贫困村互助资金⑥小额贷款公司⑦其他（注明）
代码2（贷款用途）：①发展生产②易地搬迁③助学④助病助残⑤婚丧嫁娶⑥生活开支⑦其他（注明）

（三）生活评价

C31 总体来看，对现在生活状况满意程度	①非常满意 ②比较满意 ③一般 ④不太满意 ⑤很不满意
C32 你昨天的幸福感程度如何	①非常幸福 ②比较幸福 ③一般 ④不太幸福 ⑤很不幸福
C33 与5年前比，你家的生活变得怎么样	①好很多 ②好一些 ③差不多 ④差一些 ⑤差很多
C34 你觉得5年后，你家的生活会变得怎么样	①好很多 ②好一些 ③差不多 ④差一些 ⑤差很多⑥不好说
C35 与多数亲朋好友比，你家过得怎么样	①好很多 ②好一些 ③差不多 ④差一些 ⑤差很多
C36 与本村多数人比，你家过得怎么样	①好很多 ②好一些 ③差不多 ④差一些 ⑤差很多

（四）环境条件

C41 对你家周围的居住环境满意吗	①非常满意 ②比较满意 ③一般 ④不太满意 ⑤很不满意

C42 你家周围存在的污染情况

污染类型	①有 ②无	污染程度	污染类型	①有 ②无	污染程度
a. 水污染			d. 土壤污染		
b. 空气污染			e. 垃圾污染		
c. 噪声污染				×	×

污染程度代码：①非常严重 ②较严重 ③一般 ④轻微 ⑤没多大影响。若无污染，则无须询问污染程度。

D 健康与医疗

D1 家中身体不健康的人数：_____ 人。调查 A11 代码为 2、3、4 的成员。

		1	2	3
D2 拟调查不健康成员对应的 A1 代码（可另加列）				
D3 患有何种疾病、残疾等	（填病名）			
D4 所患疾病的严重程度（如有多种，评价最主要的疾病）	①不严重 ②一般 ③严重			
D5 2016 年是否发病 / 需要治疗	①是 ②否			
D6 2016 年治疗情况（可多选）	①没治疗（→ D8）②自行买药③门诊治疗④住院⑤急救⑥其他			
D7 治疗总费用（含报销部分）	（元）			
a. 其中自费部分	（元）			
D8 没治疗的主要原因	①经济困难 ②医院太远 ③没有时间 ④不重视⑤小病不用医 ⑥其他			
D9 现在行走方面有问题吗	①没问题 ②有点问题 ③有些问题④有严重问题⑤不能行走			
D10 在洗漱或穿衣等方面是否可以照顾自己	①没问题 ②有点问题 ③有些问题④有严重问题⑤不能洗漱或穿衣			
D11 日常活动（工作、学习、家务、休闲等活动）有问题吗	①没问题 ②有点问题 ③有些问题④有严重问题⑤不能进行任何活动			
D12 身体是否有疼痛或不适	①没有 ②有一点 ③有一些 ④挺严重⑤非常严重			
D13 是否感到焦虑或压抑	①没有 ②有一点 ③有一些 ④挺严重⑤非常严重			
D14 家中是否有 7 周岁以下儿童	①有 ②无（→ E 表）			
a. 如有，是否接受计划免疫	①是 ②否 ③说不清			

E 安全与保障

（一）意外事故和公共安全

E11 2016 年你是否遭受过意外事故	①自己 ②家人 ③自己和家人 ④否（→ E12）
a. 如是，是什么（可多选）	①工伤 ②交通事故 ③火灾 ④其他（注明）
b. 严重程度	①严重 ②一般 ③轻微

精准扶贫精准脱贫百村调研 · 赛鼎村卷

256

c.估计损失金额	（元）	
E12 2016 年你家是否遇到偷抢等公共安全问题	①是 ②否（→E13）	
a.如是，是什么（可多选）	①偷盗 ②抢劫 ③人身安全威胁 ④其他（注明）	
b.严重程度	①严重 ②一般 ③轻微	
c.估计损失金额	（元）	
E13 2016 年你家是否因自然灾害发生财产损失	①是②否（→E21）	
a.如是，估计财产损失金额	（元）	

（二）社区安全

| E21 你家在安全方面采取了哪些具体防护措施（可多选） | ①无 ②安防盗门 ③安警报器 ④参加社区巡逻 ⑤养狗 ⑥其他（注明） |
| E22 在你居住的地方，天黑以后一个人走路，你觉得安全吗 | ①非常安全 ②比较安全 ③有占不安全 ④非常不安全 ⑤不一个人走路 ⑥说不清 |

（三）基本生活保障

E31 去年你家有没有挨饿的情况	①没有 ②小于 7 天 ③7~14 天 ④ 15~30 天 ⑤大于 30 天
E32 你将来养老主要靠什么（可多选）	①子女 ②个人积蓄 ③养老金 ④个人劳动 ⑤其他（注明）⑥说不清
E33 你觉得自己的养老有保障吗	①有 ②没有 ③说不清

（四）农业资源和风险
E41 农业资源面积

农业资源	自有面积	经营面积	农业资源	自有面积	经营面积
a. 有效灌溉耕地			e. 牧草地		
b. 旱地			f. 养殖水面		
c. 园地			g. 养殖设施用地		
d. 林地				×	×

E42 农业风险

a.去年农业生产是否遭遇自然灾害	①是 ②否（→c）③不适用	
b.如是，估计收入损失金额	（元）	
c.去年主要农产品是否遇到卖难问题	①销售困难 ②价格下跌 ③否 ④不适用	
d.如是，估计收入损失金额	（元）	

F 劳动与就业

F1 本地常住人口中劳动力人数：＿＿＿＿人。调查 2 位主要劳动力（男性和女性各 1 位；如无，则少填）

		1	2
F2 拟调查主要劳动力代码	（填入对应 A1 代码）		
F3 去年劳动时间（不含家务劳动）	（天）		
a. 本地自营农业（实际务农天数）	（天）		
b. 本地自营非农业	（天）		
c. 本地打零工	（天）		
d. 本乡镇内固定工资性就业	（天）		
e. 县内本乡镇外打工或自营	（天）		
f. 省内县外打工或自营	（天）		
g. 省外打工或自营	（天）		
F4 去年劳动收入（加总）			
a. 农业经营收入	（元）		
b. 非农业经营收入	（元）		
c. 工资性收入	（元）		
F5 去年最主要工作（按时间）行业代码	（见行业代码表）		
a. 经营还是受雇	①受雇 ②经营		
b. 平均日工资	（元）		
c. 平均月上班天数	（天）		
d. 有哪些社会保险（可多选）	①医疗 ②养老 ③工伤 ④失业 ⑤生育 ⑥公积金		
e. 是否拖欠工资	①是 ②否（→F6）		
e1. 拖欠金额	（元）		
e2. 拖欠时间	（月）		
e3. 是否已付清	①是 ②否		
F6 最近一个星期累计劳动时间	（小时，实际劳动时间）		

G 政治参与

G1 你是否是党员	①是 ②否	
G2 家里有几位党员	（位）	
G3 你或者家人是否参加了最近一次村委会投票	①都参加 ②仅自己参加 ③别人参加④都没参加 ⑤不知道	
G4 你或者家人在去年是否参加了村委会召开的会议	（选项同上）	
G5 你或者家人在去年是否参加了村民组召开的会议	（选项同上）	
G6 你或者家人是否参加了最近一次乡镇人大代表投票	（选项同上）	

H 社会联系

（一）社会组织

	本村或伍近有没有（①有②无③不清楚）	若有，自家是否参加（①是②否）	若是，多长时间参加一次活动（①每天②每周③每月④每季度⑤一年或以上）
H11 农民合作社			
H12 文化娱乐或兴趣组织			
H13 其他组织（注明）			

（二）家庭关系和社会联系

H21 你现在是否已婚	①已婚②非婚同居③未婚④离异⑤丧偶（③④⑤→H26）
H22 去年你与你爱人不在一起的时间	（天）
H23 夫妻不在一起时，多长时间联系一次（包括打电话、网聊、发短信或微信）	①每天②每周至少一次③每月至少一次④没事不联系⑤不适用
H24 你们夫妻间相互信任程度打分	①非常信任②比较信任③一般④不太信任⑤很不信任
H25 夫妻间遇到大事商量吗	①都会商量②很少③不商量④有的商量，有的不商量
H26 无论是那种婚姻状况，对现在的婚姻状况满意吗	①非常满意②比较满意③一般④不太满意⑤很不满意⑥无所谓
H27 你们与不住在一起的父母多长时间联系一次	①每天②每周至少一次③每月至少一次④没事不联系⑤住在一起⑥不适用
H28 不住在一起的子女与你们多长时间联系一次	①每天②每周至少一次③每月至少一次④没事不联系⑤不适用（如无子女或住一起）
H29 伍时有事时，一般找谁帮忙（可多选，按从主要到次要顺序填写，最多3类）	①直系亲属②其他亲戚③邻居或老乡④村干部⑤朋友或同学⑥同事或同行⑦同组织里的人（教友/棋牌友等）⑧其他人（注明）
H210 急用钱时你向谁借（可多选，按从主要到次要顺序填写，最多3类）	（选项同上）
H211 亲戚中是否有干部（可多选）	①村干部②乡镇干部③县干部④县以上干部⑤无

I 时间利用

11 你平常多数时间里是不是很忙	①是的②有点，还好③正常④不忙⑤一点不忙
12 业余时间（工作、睡觉之外的时间）的主要活动（选最主要的三项，按重要性排序）	①上网②社会交往③看电视④参加文娱体育活动⑤参加学习培训⑥读书看报⑦休息⑧做家务⑨照顾小孩⑩什么也不做　其他
13 最近一周平均每天看电视时间	（小时）
14 最近一周每天平均睡觉时间	（小时，包含夜间睡眠和午睡）
15 最近一周累计干活时间合计	（小时）

J 子女教育

J1 填入家庭年满 3~18 周岁子女人数：_____人。

		1	2	3
J2 子女代码	（填入子女对应的 A1 代码）			
J3 出生年月	（对应于 A4）			
J4 现在和谁一起生活	①父母 ②母亲一方 ③父亲一方 ④（外）祖父母 ⑤亲戚 ⑥独自生活 ⑦其他			
J5 今年上半年就学状态	①上幼儿园或学前班 ②上中小学 ③上中等职业学校 ④未上学 ⑤失学辍学（④⑤→J17）⑥初中毕业离校 ⑦高中中专毕业离校（⑥⑦→J19）⑧其他（注明）			
J6 上学地点	①本村 ②本乡镇 ③本县城（市、区）④省内县外 ⑤省外 ⑥其它（注明）			
J7 上学学校类型	①公办 ②民办 ③不知道类型			
J8 上学年级	1~9 分别代表从一年级到初三；10~12 分别代表从高一到高三（含中专、职高）			
J9 学校条件怎么样	①非常好 ②比较好 ③一般 ④比较差 ⑤非常差			
J10 对其学习情况满意吗	①非常满意 ②比较满意 ③一般 ④不太满意 ⑤非常不满意 ⑥不适用			
J11 按最常用的交通方式上学的时间（单程）	①住校 ② 15 分钟以下 ③ 15~30 分钟 ④ 30 分钟–1 小时 ⑤ 1 小时以上			
J12 去年上学直接费用	（元，学费、书本费、住校费、在校伙食费等）			
J13 去年上学间接费用	（元，交通、校外住宿伙食、陪读者费用等）			
J14 赞助费、借读费等额外费用	（元，包括实物折款，没有填 0。主要指因户口不在当地而额外发生的费用）			
J15 去年收到的教育补助	（元）			
J16 去年收到的教育捐款	（元）			
J17 未上学或者失学辍学的主要原因	①生病、残疾等健康问题 ②上学费用高，承担不起 ③附近没有学校 ④附近学校不接收 ⑤孩子自己不想上 ⑥家长 流动 ⑦家庭缺少劳动力 ⑧其他			
J18 失学辍学时间	（阳历，六位数格式）			
J19 失学辍学、毕业离校后去向	①待在家里 ②外出务工 ③参加培训 ④务农 ⑤其他（注明）			

K 扶贫脱贫

（一）此部分填写对象：2016 年底为非建档立卡户（非贫困户、建档立卡调出户）（与封面住户类型对应）

K11 是否曾经为建档立卡贫困户	①是 ②不是（→K18）③不清楚（→K18）	
K12 如是，哪年从建档立卡系统调整出来	① 2015 年 ② 2016 年 ③ 2017 年	
K13 调整时，乡村干部有没有来你家调查	①来过 ②没来过 ③不知道	
K14 调整时，你家有没有签字盖章	①签了字 ②盖了章 ③没有 ④不知道	
K15 调整后的名单有没有公示	①有 ②没有 ③不知道	

K16 你对调整结果是否满意	①满意 ②不满意 ③无所谓	
K17 你对调整程序是否满意	①满意 ②不满意 ③无所谓	
K18 政府为本村安排的各种扶贫项目是否合理	①很合理 ②比较合理 ③一般 ④不太合理 ⑤很不合理⑥说不清	
K19 本村贫困户选择是否合理	（选项同上）	
K110 本村扶贫效果评价打分	①很好 ②比较好 ③一般 ④不太好 ⑤很不好⑥说不清	
K111 你家是否直接享受过扶贫政策	①有 ②没有 ③不知道（②③→K21）	
K112 如有，是什么	（直接文字填写）	

（二）以下部分填写对象：2016 年底为建档立卡户（一般贫困户、低保户、低保贫困户、五保户、脱贫户）

K21 哪一年成为建档立卡贫困户	① 2014 年 ② 2015 年 ③ 2016 年 ④不清楚	
K22 2017 年初是否已经是脱贫户	①是 ②不是（→ K29）	
K23 如是，哪一年脱贫的	① 2014 年 ② 2015 年 ③ 2016 年 ④不清楚	
K24 认定脱贫时，乡村干部有没有来家调查	①来过 ②没来过 ③不知道	
K25 认定脱贫时，你有没有签字盖章	①签了字 ②盖了章 ③没有 ④不知道	
K26 认定脱贫后，脱贫名单有没有公示	①有 ②没有 ③不知道	
K27 你对认定你家脱贫结果是否满意	①满意 ②不满意 ③无所谓	
K28 对认定脱贫程序是否满意（→ K210）	①满意 ②不满意 ③无所谓	
K29 如未脱贫，计划本户哪一年脱贫	填年份。说不清的，填 9999	
K210 本村贫困户的选择是否合理	①非常合理 ②比较合理 ③一般 ④不太合理 ⑤很不合理⑥说不清	
K211 为本村安排的扶贫项目是否合理	①非常合理 ②比较合理 ③一般 ④不太合理 ⑤很不合理⑥说不清	
K212 本村到目前为止扶贫效果如何	①非常好 ②比较好 ③一般 ④不太好 ⑤很不好⑥说不清	
K213 为本户安排的扶贫措施是否适合	①非常适合 ②比较适合 ③一般 ④不太适合 ⑤很不适合⑥说不清	
K214 本户到目前为止的扶贫效果如何	①非常好 ②比较好 ③一般 ④不太好 ⑤很不好⑥说不清	
K215 最主要致贫原因（单选）	①生病 ②残疾 ③上学 ④灾害 ⑤缺土地 ⑥缺水 ⑦缺技术 ⑧缺劳力 ⑨缺资金 ⑩交通条件落后 ⑪自身发展动力不足 ⑫ 因婚 ⑬ 其它（说明）	
K216 其他致贫原因（可多选）	①生病 ②残疾 ③上学 ④灾害 ⑤缺土地 ⑥缺水 ⑦缺技术 ⑧缺劳力 ⑨缺资金 ⑩交通条件落后 ⑪自身发展动力不足 ⑫因婚 ⑬其他（说明）⑭无	
K217 2015 年以来得到的帮扶措施（可多选）	①技能培训 ②小额信贷 ③发展生产 ④带动就业 ⑤易地搬迁 ⑥基础设施建设 ⑦公共服务和社会事业（教育、医疗、低保等）	

附录

以下依据 K217 选中的帮扶措施填写：

（三）技能培 |

K31 参加培训者代码	（填写对应的 A1 代码）	
K32 培训类别 （可多选）	①新成长劳动力职业教育（培训）②劳动力转移就业培训③农村实用技能培训④贫困村致富带头人培训⑤其它（注明）	
K33 参加时间	① 2015 年 ② 2016 年	
K34 培	内容	（填写）	
K35 学制	①一年 ②两年 ③三年④短期（注明天数）	
K36 证书类型	①毕业证 ②结业证 ③职业资格证书 ④无证书 ⑤尚未结束	
K37 补助资金	（元）	
K38 自费资金	（元）	
K39 是否实现稳定就业	①是 ②否 ③尚未结业	

（四）发展生产

K41 产业类型（可多选）	①种植业 ②养殖业 ③林果业 ④加工业 ⑤服务业 ⑥制造业	
K42 开始时间	① 2015 年 ② 2016 年	
K43 产业内容	（填写）	
K44 扶持方式（可多选）	①资金扶持 ②产业化带动 ③技术支持④其他（注明）	
K45 自筹资金	（元）	
K46 扶持资金	（元）	
K47 项目效果评价	①非常满意 ②比较满意 ③一般 ④不太满意 ⑤很不满意	

（五）带动就业

K51 带动就业者代码	（填写对应的 A1 代码）	
K52 就业地占	①本村②本乡镇③本县（市/区）④省内县外⑤省外⑥境外	
K53 就业方式	①零工②季节工③固定就业④劳务派遣⑤其他（注明）	
K54 开始就业时间	① 2015 年 ② 2016 年	
K55 去年带动就业时间	（月数，保留一位小数）	
K56 去年带动就业收入	（元）	
K57 扶贫带动就业评价	①非常满意 ②比较满意 ③一般 ④不太满意 ⑤很不满意	

（六）易地搬迁

K61 搬迁时间（或计划时间）	（年月，如 201608）	
K62 搬迁类型	①一般扶贫搬迁 ②生态扶贫搬迁 ③说不清	
K63 搬迁方向	①迁出 ②迁入	
K64 现居住地为	①搬迁前住址 ②搬迁后住址 ③其它伍时住址	
K65 安置方式	①集中安置 ②分散安置	
K66 安置类型	①自建房 ②购买商品房 ③政府建房	
K67 安置地占	①行政村内 ②村外乡镇内 ③乡外县内 ④县外	

K68 安置房面积	（平方米，建筑面积）	
K69 搬迁总金额	（元）	
a. 自筹金额	（元）	
b. 补助金额	（元）	
c. 补助标准	（元／人）	
K610 原房是否拆除和复垦	①不拆除 ②拆除不复垦 ③拆除且复垦 ④不清楚	
K611 是否重新安排土地	①是 ②否 ③不清楚	
K612 是否提供就业机会	①提供就业机会 ②提供培｜机会 ③否 ④不清楚	
K613 搬迁效果评价	①非常满意 ②比较满意 ③一般 ④不太满意 ⑤很不满意 ⑥说不清	

（七）基础设施建设

K71 项目内容（可多选）	①自来水入户 ②小型水利建设 ③蓄水池（窖）④电入户 ⑤入户路 ⑥危房改造 ⑦设施农业大棚 ⑧牧畜圈舍 ⑨基本农田建设改造 ⑩沼气 ⑪其他（注明）	
K72 基础设施建设评价	①非常满意 ②比较满意 ③一般 ④不太满意 ⑤很不满意	

（八）公共服务和社会事业

	补助标准	2016 年领取金额（元）	累计领取金额（元）
K81 教育补助			
K82 疾病救助			
K83 灾害救助			
K84 低保补助			
K85 五保补助			
K86 其他（注明）			

（问题结束）

行业代码表

1	农、林、牧、渔业	8	住宿和餐饮业	15	居民服务、修理和其他服务业
2	采矿业	9	信息传输、软件和信息技术服务业	16	教育
3	制造业	10	金融业	17	卫生和社会工作
4	电力、热力、燃气及水的生产和供应业	11	房地产业	18	文化、体育和娱乐业
5	建筑业	12	租赁和商务服务业	19	公共管理、社会保障和社会组织
6	批发和零售业	13	科学研究和技术服务业	20	国际组织
7	交通运输、仓储和邮政业	14	水利、环境和公共设施管理业	×	×

民族代码表

1	汉族	21	佤族	41	塔吉克族
2	蒙古族	22	畲族	42	怒族
3	回族	23	高山族	43	乌孜别克族
4	藏族	24	拉祜族	44	俄罗斯族
5	维吾尔族	25	水族	45	鄂温克族
6	苗族	26	东乡族	46	崩龙族
7	彝族	27	纳西族	47	保安族
8	壮族	28	景颇族	48	裕固族
9	布依族	29	柯尔克孜族	49	京族
10	朝鲜族	30	土族	50	塔塔尔族
11	满族	31	达斡尔族	51	独龙族
12	侗族	32	么佬族	52	鄂伦春族
13	瑶族	33	羌族	53	赫哲族
14	白族	34	布朗族	54	门巴族
15	土家族	35	撒拉族	55	珞巴族
16	哈尼族	36	毛难族	56	基诺族
17	哈萨克族	37	仡佬族	97	其他
18	傣族	38	锡伯族	98	外国血统中国籍人士
19	黎族	39	阿昌族	✕	✕
20	傈僳族	40	普米族	✕	✕

（以下为调查员自行记录）调查结束时间：_____占_____分
调查效果评估：

1. 被访人语言能否听懂	①完全能懂 ②问题不大 ③经常听不懂 ④听不懂，借助了翻译	
2. 被访人的态度	①友好且感兴趣 ②不太感兴趣 ③不耐烦 ④不愿合作	
3. 被访人对问题的理解情况	①很好 ②不太好 ③不好	
4. 被访人在调查过程中的表现	①一直紧张 ②有时紧张 ③放松	
5. 被访人对问题的反应速度	①很快 ②正常 ③偏慢 ④非常慢	
6. 被访人的真诚坦率程度	①非常真诚坦率 ②正常 ③不很真诚坦率	

其他问题记录：_____

_____

参考文献

安文华、包晓霞、谢增虎主编《甘肃社会发展分析与预测（2017）》，社会科学文献出版社，2017。

奥迪·海根纳斯、克拉斯·德沃斯:《贫困的定义及测定》,《统计研究》1991年第2期（张宏性译自荷兰《人类资源》XXIII.2）。

白信文:《尧熬尔史文集》,中国戏剧出版社,2013。

蔡华:《人思之人:文化科学和自然科学的统一性》,云南人民出版社,2008。

方黎明、张秀兰:《中国农村扶贫的政策效应分析——基于能力贫困理论的考察》,《财经研究》2008年第33期。

李培林、陈光金、张翼主编《社会蓝皮书:2019年中国社会形势分析与预测》,社会科学文献出版社,2018。

李培林、魏后凯、吴国宝主编《中国扶贫开发报告（2017）》,社会科学文献出版社,2017。

陆汉文、黄承伟主编《中国精准扶贫发展报告（2016）:精准扶贫战略和政策体系》,中国科学出版社,2016。

李慧梅:《三江源草地生态保护中牧户的福利变化及补偿研究》,社会科学文献出版社,2017。

林红:《姓与性:一部裕固族亲属制度的民族志》,中国社会科学出版社,2018。

屈锡华、左齐:《贫困与反贫困——定义、度量与目标》,《社会学研究》1997年第3期。

肃南裕固族自治县裕固族文化研究室:《尧熬尔文化》(内部印刷)2007年第1期。

肃南县档案局:《肃南县委(永久)卷宗号:350》。

肃南县档案局:《1984年工作总结报告》,1985年。

肃南县档案局:《肃南裕固族自治县人民委员会1958年省、地、县工作组关于肃南县前山地区草原调查报告(包括马蹄区、康乐区、金泉区、祁丰区)》。

唐芳林:《国家林业和草原局加挂国家公园管理局牌子将带来历史性变革》,《中国绿色时报》2018年4月2日。

朱智文、包东红、王建兵主编《甘肃蓝皮书:甘肃县域和农村发展报告(2017)》,社会科学文献出版社,2017。

中国社会科学院语言研究所:《现代汉语词典》(第7版),商务印书馆,2017。

王荣党:《贫困线经典定义的百年演变:特质与内核》,《贵州社会科学》2017年第1期。

王秀芸主编《肃南裕固族自治县非物质文化遗产保护名录图典》,甘肃民族出版社,2016。

习近平:《携手消除贫困,促进共同发展——在2015减贫与发展高层论坛的主旨演讲》,《人民日报》2015年10月17日。

习近平:《在深度贫困地区脱贫攻坚座谈会上的讲话(2017年6月23日)》,人民出版社,2017。

习近平:《人民对美好生活的向往,就是我们的奋斗目标》(2012年11月15日),《十八大以来重要文献选编》(上),中央文献出版社,2014。

左常升主编《中国扶贫开发政策演变(2001~2015年)》,社会科学文献出版社,2016。

David Brady, Linda M. Burton (ed.), *The Oxford Handbook of the Social Science of Poverty*, New York: Oxford University Press, 2016.

World Bank, *Poverty Reduction Handbook*, Washington D.C, 1992.

后　记

　　某种程度而言，"精准扶贫精准脱贫百村调研"课题让我有了一个名正言顺的机会再次回到肃南。2008年2月的春节，我第一次去肃南，正式开始我第一个真正意义上的人类学田野调查；2017年5月，我再次到肃南，开展"生计转型视野下的牧村贫困治理"调查；两次到达肃南之间相隔了近十年。

　　第一次到达，我用一年时间完成了一场人类学者的成年礼过渡仪式；而那些善良的裕固族牧民就是整个仪式过程的见证者。其间，从县城到乡村，从大河到康乐，从前山到后山，我住在当地牧民家中，与牧民们同吃、同住、同劳动；每天按部就班地上午参与式观察、下午做田野笔记、晚上围炉喝茶聊天；遵循着游牧节令从冬春场迁往夏场，接着转入秋场，最后再回到冬春场；以"一个丫头"的身份被纳入当地社会，经历了一个游牧生产生活的完整周期。第二次到达，我已不再是"一个丫头"了。离开的近十年间，肃南县发生了巨大变化。从县城的绚丽夜景到九排松的观景台，从十年前以摩托车为主要代步工具到十年后几乎家家户户有机动车，从曾经还间或使用的黑帐篷到几乎每家都购置了楼房，整体的物质生活可以用"翻天覆地"来形容。相较于十年前田野调查的内部性视角，这次再到肃南开展调研，虽然当地人对我熟悉依旧，但我似乎再无法以一种心潮澎湃的激情参与到当地社会发展的滚滚进程中，而只能以一种更为理性化的外部视角来完成全部调研工作。但是，我也非常清楚地知道，这种身份的抽离感并不是一种情感上的疏离，而更多的是一种研究方法差异导致的心理体验落差。或者说，正是对这个地方有了近十年的情感累积，让我产生了一种身为学者的理性，并希望将这种理性以一种恰当的方式呈现，至少从个人意义上实现对这片田野的情感表达。

此次"精准扶贫精准脱贫百村调研"得以顺利完成，很大程度上有赖于我第一次的田野经历，那一年与当地亲友同甘共苦的经历铺垫了这一次调研。正因为是两段不同田野经历的叠加，所以这份调查报告的致谢名单必然更长。那些十年前对我至关重要的人，十年后仍旧重要，他们是安立超夫妇、常立国叔叔和高凤香阿姨、高彩荣姐姐和罗志军姐夫、常海亮夫妇、常燕娜夫妇、铁穆尔、阿尔斯兰、卓玛、赵国鹏……此次还新增了更多需要致谢的人，他们是安光义、吴婧颖、杨存海夫妇、高玉清一家人、兰东福、兰彦……我实在忍不住使用了两个省略号，因为从张掖到肃南，再到康乐镇，需要感谢的人太多；而我也不得不在此处使用省略号，虽显得有失礼貌，但脑海中不断闪现的面孔实在无法用一个一个名字完全表达。此外，还需要特别感谢罗易参与调查，协助我完成了住户问卷调查；感谢张宾，帮我完成了住户问卷的数据分析；还需要特别致谢"精准扶贫精准脱贫百村调研"课题组为子课题提供的各类支持，也正是此次调研为我提供了这样一个机会，得以重返肃南。

其实，所谓致谢，根本无法通过一一罗列的方式穷尽那些需要感恩的人。如果说，父母赋予了我生命；那么，所有在我生命历程中留下意义的人，则成就了我的生活，因此值得铭记和由衷感谢。

林　红

2020 年 6 月

图书在版编目(CIP)数据

精准扶贫精准脱贫百村调研. 赛鼎村卷：生计转型
视野下的牧村贫困治理 / 林红著. -- 北京：社会科学
文献出版社, 2020.10
　　ISBN 978-7-5201-7552-4

　　Ⅰ.①精…　Ⅱ.①林…　Ⅲ.①农村-扶贫-调查报告
-肃南裕固族自治县　Ⅳ.①F323.8

　　中国版本图书馆CIP数据核字（2020）第209201号

·精准扶贫精准脱贫百村调研丛书·

精准扶贫精准脱贫百村调研·赛鼎村卷
　　——生计转型视野下的牧村贫困治理

著　　者 / 林　红

出 版 人 / 谢寿光
组稿编辑 / 邓泳红
责任编辑 / 张　媛

出　　版 / 社会科学文献出版社·皮书出版分社（010）59367127
　　　　　　地址：北京市北三环中路甲29号院华龙大厦　邮编：100029
　　　　　　网址：www.ssap.com.cn
发　　行 / 市场营销中心（010）59367081　59367083
印　　装 / 三河市东方印刷有限公司

规　　格 / 开　本：787mm×1092mm　1/16
　　　　　　印　张：17.75　字　数：234千字
版　　次 / 2020年10月第1版　2020年10月第1次印刷
书　　号 / ISBN 978-7-5201-7552-4
定　　价 / 59.00元